알코올 중독
그 예방과 치유

| 목회적 지침 |

| 김상곤 지음 |

쿰란출판사

알코올 중독
그 예방과 치유

추천사

한국에선 중독이란 말이 생소하게 들리던 20여 년 전부터 저자는 중독에 대하여 나(ACADC 국제담당 이사/ KOREA 대표)의 지도를 받으며 함께 연구하였다.

그 후 저자는 ACADC Institute(미국 기독교 알코올 마약 상담 교육기관) 브라이닝 인스티튜트(Breining Institute)에서 중독 카운셀러 인턴 315시간을 이수하여 미국 국가 인정 중독상담자격증(RAS, Registered Addiction Specialist)을 취득했다.

RAS를 얻기 위해서는 미국의 법적 교육시간에 따라 '알코올과 다른 마약 남용(AOD)'에 대한 155시간을 교육 받아야 하고, 그 후 AOD의 슈퍼바이저(감독자)로서의 160시간 훈련을 받아야 한다. 저자는 이 길고 어려운 교육과정을 마친 후, 미국 캘리포니아 주 정부 교육국 마약과에서 테스트를 거친 후 알코올 중독 전문가 자격증(RAS)을 나이 칠십에 취득했다.

저자에게 얽힌 에피소드가 있다. 저자가 미국에서 시험을 치를 때, 시험관이 나에게 묻기를 'Pastor Kim은 은퇴할 나이인데 무엇 때문에 이런 자격증을 취득하려 하는가? 이런 경우는 미국에서는 처음 보는 일'이라면서 미국의 시험관들이 놀라는 것이었다. 약사도 정신과 의사도 아닌, 줄기차게 목회만 해온 목사로서 저자가 중독에 대해 관심을 가진 것부터가 기이한 일이다.

의사들도 외면한 중독에 대하여 연구한 것을 저자는 그늘진 곳에서, 때로는 교회에서 또는 교회 지도자들에게 강의를 해오다가 '중독'에 대한 책을 발간한다고 할 때 나는 너무도 반가웠다. 나의 강의를 듣고 함께 연구한 사람이, 이렇게 방대한 책을 썼다니 그의 노력에 감탄했다.

특히 저자는 이 책에서 독특하고 강력한 메시지를 전달해 준다. 알코올이나 여타 중독을 질병으로 보는 인문학적 입장에서가 아닌, 그 원인을 근본적으로 죄에서 찾는다. 중독의 원인과 과정을 성경적으로 밝히고, 어떻게 하면 영과 육이 함께 구원을 얻을 것인가 하는 '영혼 구원'에 목적을 둔 성서적 입장에서 연구한 것이며, 상담 역시 성서적 중독 상담에 대한 것이다.

중독에 대해서 아직도 한국교회의 관심이 미흡한 이때, 이 책은 신학대학생이나 목회자들, 그리고 크리스천 가정에 몰래 들어온 알코올이 있다면 교인들이 반드시 읽어야 할 책으로, 목회와 가정사역에 필요한 지침서가 될 것이 분명하여 추천한다. 이 책을 읽고 배운 자들에게 성령의 역사하심으로 교회와 사회에 큰 파장을 일으켰으면 하는 바람이다.

2019년 7월 1일

ACADC Institute(미국 기독교 알코올 마약 국제담당 이사)/ Korea 대표

김종원 목사

추천사

　현대사회를 중독의 시대라 부른다. 중독은 질병만이 아니라 우리 사회의 정치, 문화, 도덕, 사상, 사회, 종교에까지 독버섯처럼 퍼져 있다. 알코올 중독, 도박 중독, 약물 중독, 스마트폰 중독, 게임 중독 등 어린아이에서부터 장년에 이르기까지 한계를 지을 수 없을 정도로 광범위하게 퍼져 심각한 병리현상을 일으키고 있다.

　알코올 중독만 해도 그렇다. 우리나라는 OECD 국가 중 술 소비량이 가장 많다. 그만큼 대한민국은 알코올 중독 사회라고 할 정도로 심각한 문제를 안고 있다. 음주운전으로 인한 수많은 인명피해와 가정폭력과 가정 붕괴 현상은 하루 이틀의 문제가 아니다.

　중독이란 주사 한 대를 맞거나 약 한 봉지로 간단히 치료하는 문제가 아니다. 질병으로서의 중독은 재발이 있을 수밖에 없고, 더군다나 영적 중독은 손댈 수 없으며, 영적 중독의 치유는 하나님의 말씀으로만 가능하다. 근본적으로 인간은 죄에 중독되었다. 중독은 원죄의 싹이다. 그러므로 중독의 해결은 죄 문제가 해결될 때 완전히 치유될 수 있다.

　이런 정신적이고 영적인 중독을 누가 치료할 수 있을 까? 당연히 하나님만 하실 수 있다. 그리스도의 십자가의 복음만이 상처의 가시와 죄악의 쓴 뿌리를 뽑아내고 중독에서 해방을 얻게 할 수 있다. 그러므로 목사는 그리스도의 복음으로 상처를 치유하고 중독으로부터 자유를 얻도록 돕는 안내자가 되어야 한다.

그런 의미에서 중독치료의 궁극적 목표는 질병으로서의 치료를 넘어 영혼 구원에 있다. 예수님께서도 육신의 질병을 고쳐 주신 목적은 영혼을 구원하심이 아니었는가? 그러므로 이 책은 영혼 구원에 목적을 둔 목회상담에 중요하게 적용될 책이다. 현대 문명이 발달할수록 중독의 폐해는 더 다양해지고 심각해질 것이다. 이제 심리학적인 중독치료의 한계를 넘어서 말씀과 기도, 성령의 감화를 통한 전인격적인 중독치료의 길을 열어야 한다.

　교회와 목회자들이 이런 부분에 대해 방관하고 외면하고 있을 때, 평생을 오직 목회에만 전력해 오신 김상곤 목사님께서 남다른 관심을 가지고 연구하셔서 책으로 출간한 것이 너무 감사하다. 이 책은 한 사람의 경험담이 아니라 이론과 임상을 포괄한 성경적 중독치료의 텍스트와 같다. 신학대학이나 교회 현장에서 여러 중독으로 인하여 고통 당하는 사람들을 치료하고 성숙한 그리스도인으로 세워나가는 데 성경적 중독치료의 길잡이가 되어 줄 것이다.

　이 책이 많은 사람들에게 읽혀서 중독으로부터 자유롭게 하는 참 진리의 복음의 기쁜 소식을 전할 수 있기를 바란다.

2019년 7월 1일
새에덴교회 담임
소강석 목사

추천사

우선 김상곤 목사님께서 《알코올 중독, 그 예방과 치유》라는 책을 출간하시게 된 것을 진심으로 축하드리며, 제가 감히 추천사를 쓰게 되어 무한한 영광으로 생각합니다.

현재 우리나라는 알코올중독자를 비롯한 중독자 수가 1,000여만 명에 달할 정도로 많고, 중독으로 인한 폐해나 부작용 또한 매우 커서 중독공화국으로 불리기도 합니다. 이러한 시점에서 김상곤 목사님의 이 책은 알코올 중독뿐만 아니라 제반 중독문제를 해결하는 데 큰 도움이 될 것입니다.

이번 책은 성경을 기본으로 하여, 기독교적 중독관은 인간의 원죄에 뿌리를 두고 있음을 지적합니다. 죄의 문제를 해결하는 것이 곧 기독교적 중독의 근본적 해결책이고, '영혼 구원'이 기독교 중독 치유의 최고의 가치와 목적임을 분명히 하고 있습니다.

따라서 김상곤 목사님께서는 본서에서 '영혼 구원'의 목표에서 한 치도 이탈됨 없이 중독치유의 성경적 모델을 줄곧 제시해 주고 계십니다. 아담의 후손은 모두 죄에 중독되어 있다고 보고 죄의 중독을 극복할 새로운 중독, 즉 '예수 중독'을 소개하고 있습니다. 예수를 '중독의 씨'라고 말씀하시면서 '예수 중독의 씨'만이 사탄이 심어 둔 뿌리 깊은 '원죄의 중독'을 인간의 심령에서 뽑아 버리게 하고, 성령의 역사로 '변하여 새사람으로 천국 백성'이 되게 할 것으로 보시면서 인간의 중독문제를 근본적으로 성경 속에서 해결하려는 노력이 돋보이는 것입니다.

저는 30여 년 동안 알코올, 도박, 미디어(인터넷, 게임, 스마트 폰) 등 다양한 중독 분야에 종사하면서 중독으로부터 벗어나는 게 얼마나 어려운지를 잘 알고 있습니다. 중독자들은 죽어야만 비로소 중독을 끊었다 할 정도로 중독을 끊기가 어려워서 평생 전문상담이나 치유를 받아야 하는데, 이때 영적인 치유는 매우 중요합니다. 이러한 이유로 이번 출판되는 김상곤 목사님의 책은 중독자들이 회복되는 데 많은 도움이 될 것으로 보여 더 소중하게 생각됩니다.

저는 김상곤 목사님께서 쓰신 이 책을 읽으면서 지금까지 출판된 그 어느 중독서적보다도 더 영적이고 전문적인 것에 대해 무척 놀랐는데, 그 어렵고 바쁜 목회를 하시면서 20여 년간 심리학과 중독분야를 연구했다는 말씀을 듣고는 더 놀라고 매우 큰 감명을 받았습니다.

특히 김상곤 목사님 아버님께서 심각한 알코올 중독자셨다는 말씀을 듣고는 어쩌면 알코올 중독자 자녀로서 '중독치유상담 전문가'가 되는 것은 당연하다는 생각이 들면서, 앞으로 김상곤 목사님께서 우리 한국사회의 중독문제를 해결하는 데 하나님의 일꾼으로 크게 쓰임 받게 될 것이라는 확신이 들었습니다.

제 생각에 이 책은 앞으로 교회 밖에서뿐만 아니라 교회 안에서도 널리 사용될 것으로 보입니다. 신학대학교 학생들의 교과서로서도 유용하리라 보이며, 특히 각 장마다 '목회상담적 지침'이 있어서 목회자들이 상담과 설교자료로, 또한 중독문제를 이해하고 치유하는 귀한 참고도서로 사용하셔도 좋을 것 같아 적극 추천해 드립니다.

다시 한 번 김상곤 목사님의 《알코올 중독, 그 예방과 치유》 출판을 진심으로 축하드리며, 앞으로 김상곤 목사님께서 앞장서셔서 한국교회가 우리나라 중독문제를 해결하는 데 일익을 담당해 주시기를 진심으로 부탁드립니다. 고맙습니다.

2019년 7월 1일
한국심리학회장/ 총신대학교 중독재활상담학과
조현섭 교수

알코올 중독
그 예방과 치유

지은이의 말

현대는 한마디로 중독의 시대다. 알코올 중독뿐만이 아니다. 모든 조직과 사회 즉 정치와 종교, 사상 할 것 없이 모든 분야에 있어서 중독이 독버섯처럼 자라고 있다. 중독된 자도 중독되지 않는 것처럼 행세를 하고 있다. 돈에 중독된 것은 말할 것도 없다. 돈에 중독되다 보니 몇 푼의 돈 때문에 사람을 쉽게 죽이기도 하고, 종교지도자들까지도 재물 쌓기에 혈안이 되어 본연의 자세를 흩트리고 있다. 그러고도 뉘우침도 별로 없다. 요즘은 섹스 중독으로 자기 신세는 물론 남의 인생까지 망치고, 심지어 목숨을 빼앗기도 한다. 정치 중독에 빠져 출세욕에 거짓과 술수를 일삼기도 한다. 정치적 보수면 보수, 진보면 진보의 사상에 몰입되어 그것이 우상이 되어 국민을 돌아보지 않는 것이다.

하필이면 무슨 알코올 중독이냐고 묻는 사람이 많다. 나는 술을 다루는 사람이 아니라 알코올 중독을 말하고 있다. 알코올 중독에 빠지지 않으려면 알코올을 마시지 않으면 된다. 중독에 대하여 말을 하다 보면 "목사님은 술을 마셔 보았느냐"는 질문을 자연스럽게 받는다. 술을 마셔 본 일이 없다고 하면 "그런데 어떻게 술을 마셔보지 않고 알코올 중독을 알 수 있느냐"는 것이다. 그때마다 나는 "내과의사가 모든 암에 다 걸려 보고서야 수술을 하느냐"는 말로 대답을 대신하곤 한다. 하긴 평생을 목회만 해온 목사가 알코올을 모르면서도 알코올 중독을 말한다는 게 선뜻 이해가 안 될 수도 있다.

　사실 알코올 중독에 대한 책은 많으나 주로 지은이의 경험이나 임상적 활동을 다룬 책들이다. 교과서적인 책은 그리 많지 않은 것 같다. 또 좋은 술을 어떻게 만들 수 있는가에 대해서는 연구가 많고 그런 책들도 많고 사람들의 관심도 더해간다. 그러나 알코올 중독에 대해서는 별로 심각하게 생각하지 않는 것 같다. 더구나 기독교의 입장에서 성경적으로 어떻게 중독을 해결할 수 있는가에 대해서는 정말로 연구가 깊지 않다. 그리고 알코올 중독은 의학적으로는 신경정신과에서 취급한다. 그러나 알코올 중독이 정신적, 영적인 것이기 때문에 일반 인문학적 방법으로는 한계가 있는 것이 사실이다. 나는 그렇게 생각한다. 알코올이 인간의 영역이라면 알코올 중독은 신의 영역이라 할 것이다. 술은 사람이 마실지라도 중독은 사람이 고치기 어렵다. 그래서 알코올 중독은 현대판 천형이라고 한다.

　내가 중독에 대해서 관심을 갖게 된 이유가 있다. 그런데 대체의학도, 약물치료도 아닌 그저 성경대로 하는 이야기고 보니 사람들은 별로 흥미를 가지지 못한다. 침(針)이라도 한 번 꾹 찔러 주어서 느낌이라도 갖게 해야 할 터인데, 그리고 나무뿌리 하나라도 삶아서 먹는 것이라면 얼마나 흥미를 보일까? 그런데 성경에서는 그렇게 하라는 말씀이 없으니 말이다. 성경에서는 그렇게 감각적이고 실질적인 방법을 말해 주지 않는다. 그래서 중독자에게 가르쳐 주고 보여줄 만한 게 없다.

예수님이 당시에 마셨던 포도주는 어떤 것이며 몇 도나 될 것 같으냐고 물으면 "아, 그걸 어떻게 아느냐"면서 우선 답부터 듣기를 바란다. 그런 걸 어떻게 다 아느냐는 것이다. 그러나 그것도 잠시, 알코올 중독은 목회와 아무런 관계가 없는 것으로 여기고 무관심 속으로 빠져들게 된다.

늘그막에 내가 이 책을 써야 하는 이유라도 있는 것일까? 더구나 전공분야도 아니면서 책까지 쓴다는 게 마음에 회의도 들었다. 오로지 평생을 목사로만 일해 온 내가 쉬기도 아까워해야 할 나이에 맨날 중독 타령만 하고 있으니 어느 땐 아내로부터 "당신은 중독에 중독되었다"는 말을 듣기도 한다. 하지만 결국엔 내 뜻을 받아들여 많은 협력을 해준 아내가 고마울 뿐이다.

교과서도 아니고 참고서도 아닌 것 같다. 그러나 역으로 말하자면 교과서일 수도 있고 참고서일 수도 있다.

솔직하게 말하자면 내가 알코올 중독에 관심을 가진 것은 사실 나 자신도 알코올 중독자의 가정에서 태어났기 때문이다. 내가 기억하기로 아버지는 알코올 중독자였다. 옛날엔 중독이 무엇인지도 몰랐기에 그저 아버지를 술꾼으로 이해했다. 논 몇 마지기 정도로 식구들이 먹고살기도 힘들었는데 마을 사람들은 물론이고 지나가는 나그네도 주막으로 불러다가 술을 대접했다. 가령 다음 날 주막집에 가서 외상 장부를 보면 당신은 1만 원어치를 마셨는데 술값은 5만 원이 적혀 있었다. 아버지가 술에 취하면 아무나 술대접을 했고, 알지 못하는 술집 앞을 지나가는 나그네까지 불러들여 술대접을 했단다. 그것이 외상 장부에 오른 것이다. 결국은 논을 팔아서 술을 드신 격이 되었으니 이것이 알코올 중독자의 증거이기도 했다.

좋은 성품이 아니면 아무나 그렇게 할 수 없다. 그러면서도 아버지는 나에게 일체 술을 멀리하도록 해서 나는 술을 마신 적이 없었다. 그런데 무슨 이유로 알코올 중독에 관심을 가졌을까. 나도 모를 일이다. 아마도 나의 뇌는 마약이나 다른 중독보다는 알코올에 대해서 잘 알고 있었는가 보다. 그럴 만하다. 내가 술은 안 마셔도 아버지와 그 친구들의 술 마시는 모습을 보면서 자랐기에, 어떤 때는 술 마시는 모습을 자라면서 연상하기도 했다. 그러고 보면 내가 알코올 중독을 선택한 것은 우연이 아니라는 것을 알 수 있다.

끝으로 이 책의 진행은 알코올 중독에 대해서 집중한 것이며, 주로 성경적 입장에서 쓴 것임을 알린다.

2019년 7월 1일
김상곤

| 목차 |

추천사
    김종원 목사(ACADC Institute_미국 기독교 알코올 마약 국제담당 이사/
        Korea 대표) _ 4
    소강석 목사(새에덴교회 담임) _ 6
    조현섭 교수(한국심리학회장/ 총신대학교 중독재활상담학과) _ 8

지은이의 말 _ 11
이 책의 내용 _ 23
이 책의 목표 _ 24

 ──────────── 술의 역사

  제1장 중독이란 무엇인가?
    1. 중독에 대한 이해 _ 28
    2. 알코올 중독의 정의 _ 32
    3. 알코올 중독의 특징 _ 36
    4. 알코올 중독학의 시작 _ 39
    5. 현대판 천형으로서의 중독 _ 42
    6. 목회상담적 지침 _ 43

  제2장 인간과 술
    1. 술의 기원 _ 44
    2. 술과 생활 _ 45

3. 역사 속의 술 _ 46
  4. 술의 용어 _ 47
  5. 성경에 나타난 술의 용어 _ 48
  6. 목회상담적 지침 _ 50

제3장 알코올의 역사
  1. 고대의 술 _ 53
  2. 중세의 술 _ 57
  3. 현대의 술 _ 60
  4. 20세기의 술 _ 66
  5. 한국인과 술 _ 69
  6. 목회상담적 지침 _ 71

제4장 알코올의 혼란한 메시지
  1. 성경 _ 76
  2. 다른 경전 _ 77
  3. 초기 미국의 태도와 혼란스러운 경험 _ 78
  4. 목회상담적 지침 _ 80

제5장 금주법
  1. 역사적 접근 _ 82
  2. 의학적 접근 _ 85
  3. 문제의 범위 _ 86
  4. 또 다른 통계 _ 89

5. 금주법의 부작용과 폐지 _ 91
6. 목회상담적 지침 _ 91

 ──────── 중독이란 무엇인가?

제1장 성경과 알코올
1. 성경은 알코올에 대해 무엇이라고 말하는가? _ 94
2. 성경 속의 술 취함과 중독 _ 95
3. 목회상담적 지침 _ 104

제2장 중독은 왜 나쁜가?
1. 알코올은 천사인가, 악마인가? _ 106
2. 알코올은 스트레스 해소에 도움이 되는가? _ 108
3. 알코올의 양면성 _ 117
4. 가정을 파괴하는 달콤한 독주 _ 119
5. 동반의존증 _ 124
6. 대화를 막는 두꺼운 벽 _ 126
7. 자녀의 치명적인 인격 형성 _ 129
8. 중독의 전이성 _ 131
9. 중독의 공존 병리 _ 132
10. 목회상담적 지침 _ 133

제3장 질병으로서의 알코올 중독
1. 중독에 이르는 증상과 과정 _ 136
2. 신체 병리적 문제 _ 141
3. 정신 병리적 문제 _ 143
4. 목회상담적 지침 _ 147

제4장 중독의 재발
1. 한 번 중독은 영원한 중독 _ 149
2. 중독은 재발한다 _ 152
3. 목회상담적 지침 _ 156

 ──────── # 중독의 예방과 치료

제1장 중독의 예방과 교육
1. 예방이란? _ 161
2. 초기 예방의 노력들 _ 163
3. 목회상담적 지침 _ 180

제2장 중독의 치료
1. 미네소타 모델 _ 183
2. 금주 친목회 AA _ 186
3. 가족치료 _ 191
4. 예술 치료 _ 193

5. 성경문학 치료 _ 194
6. 성경의 주장 _ 195
7. 하나님과의 친밀한 관계 _ 196
8. 목회상담적 지침 _ 198

제3장 중독 치유의 일반적 모델
1. 중독에 대한 관점 _ 200
2. 도덕적 모델 _ 201
3. 질병적 모델 _ 201
4. 사회적 모델 _ 203
5. 목회상담적 지침 _ 204

 ──── 중독 치유의 성경적 모델

제1장 중독 치유의 성경적 모델
1. J.E. 아담스의 성경적 상담 _ 209
2. 죄와 중독 _ 212
3. 원인이 되는 성경적 모델의 요소들 _ 216
4. 영적 변화를 위한 최소한의 필요 _ 219
5. 온전한 복종 _ 222
6. 그리스도 안에서의 새로운 중독 _ 224
7. 중독은 중독으로만 고칠 수 있다 _ 227
8. 기독교상담에 성경을 사용하는 핵심적 의미 _ 228

9. 목회상담적 지침 _ 231

제2장 중독의 씨
1. 새로운 삶의 씨, 예수: 한 중독 _ 233
2. 기록된 하나님의 말씀 _ 236
3. 하나님의 약속의 보증 _ 237
4. 해답은 성경에서 _ 240
5. 목회상담적 지침 _ 247

제3장 중독 치유의 목적
1. 육신의 건강을 위해서 _ 249
2. 올바른 크리스천이 되기 위해서 _ 252
3. 영혼 구원 _ 267
4. 목회상담적 지침 _ 269

제4장 중독, 누가 치료할 것인가?
1. 하나님 _ 272
2. 목사 _ 273
3. 더 정확한 3자 상담 _ 278
4. 성경적 상담 전문가 _ 280
5. 목회상담적 지침 _ 282

제5부 ─────── 중독의 현주소

제1장 일반 사회의 알코올 중독
1. 우리나라는 과연 알코올(중독) 청정국인가? _ 287
2. 청소년 알코올 중독 _ 290
3. 늘어나는 여성 음주 _ 292
4. 노인의 알코올 중독 _ 302
5. 다민족과 알코올 사용 _ 306
6. 목회상담적 지침 _ 309

제2장 알코올에 대한 목사의 무관심
1. 목사는 중독에 대해서 얼마나 알고 있는가? _ 311
2. 목사가 알코올에 무관심한 이유 _ 312
3. 목회상담적 지침 _ 322

제3장 한국교회의 중독의 현주소
1. 술에 취한 대한민국 _ 324
2. 중독, 교회 밖의 일이 아니다 _ 329
3. 절주냐, 금주냐? _ 330
4. 교회 안의 술과 교회 밖의 술 _ 335
5. 거절의 방법 _ 337
6. 목회상담적 지침 _ 339

제4장 중독 치유 전략

1. 기도가 첫 번째 전략이다 _ 341
2. 알코올 중독자를 껴안아라 _ 344
3. 고난을 각오하라 _ 345
4. 절대 포기하지 마라 _ 347
5. 투자를 아끼지 마라 _ 349
6. 희망을 가져라 _ 351
7. 기쁨이 있음을 기억하라 _ 352
8. 상급이 있음을 기억하라 _ 354
9. 공동체 노력 _ 355
10. 목회상담적 지침 _ 357

제5장 중독 전문 상담자 양성

1. 상담자의 자질 _ 359
2. 중독 상담 전문인을 양성해야 한다 _ 363
3. 예수 전문가가 필요하다 _ 367

감사의 말 _ 372

맺는 말 _ 374

참고문헌 _ 378

알코올 중독
그 예방과 치유

이 책의 내용

읽기 전에 독자의 이해를 돕기 위해 이 책의 내용을 말한다.

다양한 중독 중에서 알코올 중독에 대하여 기술했다. 알코올 중독에 대한 기독교적, 그리고 성경적 치유에 대한 연구와 설명이다.

기독교적 입장에서 모든 질병의 원인은 인간의 원죄에 뿌리를 두고 있다는 것을 설명하는 데 집중했다.

인문학에서는 중독을 육체적 또는 정신적 질병으로 보는 신경정신과적 문제라고 생각한다. 그러나 이 책에서는 중독의 문제를 신학적이고 성경적인 문제로 취급하고 있다. 모든 질병과 중독은 인간의 원죄에서 기인한 것이라는 신학적, 목회학적 해결의 문제로 본다. 신학과 목회학은 성경에 기초한 것이기에 그 해결도 성경적일 수밖에 없다.

외관상의 질병으로서의 알코올 중독을 말하나 인간의 정신적, 영적인 면에서 다룬다. 그렇다고 질병적 알코올 중독을 경시하는 것은 아니다.

이 책의 목표

　1. 문화문명의 발달과 경제적 풍요로움 속에서 물질만능주의에 빠져 하나님도, 인간의 존엄성도 무시되어 가는 지금, 인간의 자유 의지가 아무런 브레이크 장치도 없이 벼랑 끝을 향해 달려가고 있다. 이 와중에 사람들의 무관심 속에서 중독(알코올)으로 인해 대한민국이 뿌리째 흔들리고 있다는 것은 오늘의 현실만이 아니다. 이때 경성하고 깨어서 술 취한 사회를 향해 선지자적 역할을 해야 할 교회와 지도자들이 침묵하고 있다. 오히려 함께 술에 빠져들어가고 있다. 우선 한국교회를 깨우칠 필요가 절실하다고 본다.

　2. 예수께서 세상에 오셨을 때 가르치고 전도하면서 죽은 자를 살리고 병든 자를 고치는 일을 하셨다. 천국의 복음 선포와 인간의 질병을 고치는 일을 병행하셨다. 그리고 그의 제자들에게 나처럼 너희들도 이렇게 하라고 명하셨다. 그러면서 예수께서는 육신의 병을 고친 것으로만 그 사명을 다하신 것이 아니었다. 궁극적으로는 "다시는 죄를 짓지 말라" 하시면서 영혼의 해방을 명하셨다. 기독교 중독 치유는 병든 자의 육신을 고치는 데서 끝나는 것이 아니라 중독자의 영혼을 구원하는 데 최고의 가치와 목적이 있다. 예수님이 이 땅에 오셔서 십자가에 못 박혀 죽으신 것은 인간의 영혼 구원을 위한 것이다.

알코올 중독
그 예방과 치유

　　인문학적 중독 치유는 육신과 정신적인 치료에 머문다. 그러나 성경적 중독 치유는 혹 육신의 질병에서 자유롭지 못하다 하더라도 그의 영혼이 구원에 이르게 하는 데 목적이 있다. 중독이든지 질병이든지 어떤 물질에 의해 생긴 것으로 보이나 그것이 아니다. 근본적인 것은 인간의 원죄로부터 타락한, 인간의 탐욕에 의해 생긴 것이다. 질병적 치료에 효과가 있을지라도 인간의 영혼 구원에 이르지 못한다면 궁극적 목표에 도달하지 못한 것이다.

　　3. 그렇다고 해서 인간의 육체의 질병을 가볍게 취급하지는 않는다. 성경에서도 하나님께서 때때로 이스라엘 민족을 질병으로 책망하신 것을 보면 인간에게 질병은 더없이 무서운 것이기 때문이다. 기독교의 복음은 이 땅에서 인간의 삶을 더 풍성케 하려 한다. 그러나 언제나 기억할 것은 육체의 질병보다 영혼의 구원이 더 상위에 있다. 예수께서 이 땅에 오셔서 하신 일은 인간의 질병을 고치기 위함이 아니라 질병을 통해 영혼을 구원하기 위함이었다.

제1부

술의 역사

제1장

중독이란 무엇인가?

1. 중독에 대한 이해

　중독을 어떻게 바라보고 이해할 것인가? 사람은 누구나 무엇이든지 본성으로 좋아하는 것을 열심히 하게 된다. 그러나 그것을 너무 열심히 하게 되면 중독이 된다. 결국은 그것 때문에 문제가 생긴다. 왜냐하면 그것이 자기가 제어할 수 없는 상태로 자기를 끌고 가기 때문이다. 그런 상태를 중독이라 한다.[1)]

　무엇이든 지나치게 좋아하면 중독된다. 사람이나 물질을 지나치게 좋아하면 중독이 되는 것인데, 그것이 곧 개인으로부터 시작하여 사회의 질서를 깨뜨리는 결과를 가져온다. 알코올이나 마약으로 인해 가정의 질서가 깨어진다든지, 술로 인해 직장이나 일에 지장을 초래한다면 그것이 곧 중독이다. 왜 알코올에 대한 집착이 생기

---

1) 강경호, 《종교중독의 정체와 상담》(한사랑가족상담연구소), 2018, p.10.
　 강경호 교수는 이단과 이설이 판을 치고 있는 이때에 종교 중독에 대해서 이해하기 쉽게 잘 설명했다. 이 책을 참고하면 좋을 것이다.

는가 하는 것은 미스터리하다.[2]

이전에는 중독을 화학적인 물질에 의한 것으로 이해하였다. 그러나 지금은 그런 화학성과는 상관없이 순전히 정신작용에 의한 것으로까지 넓게 이해하고 있다. 화학성분으로서의 육체적인 즉 몸을 상하게 하는 중독에서 정신적 중독성의 문제로 함께 취급하고 있다. 한때 중독이라는 말은 헤로인이나 코카인 같은 약물 중독에만 사용되다가 인터넷, 포르노, 게임, 도박, 섹스, 쇼핑, 스포츠 중독을 알게 되었고, 이젠 트라우마, 불안, 우울증 같은 정신적 중독도 발견되고 있다. 이렇게 중독의 의미와 범위가 더 넓어졌다. 문화와 문명의 발달로 인해 중독의 이름도 많이 생소하게 달라져 왔다.

예를 들어 우리 사회는 점차로 도박, 게임, 성, 인터넷, 포르노, 스포츠 등을 하는 것이 습관적이 되어 절제할 수 없을 정도로 빠져들고 있다. 이처럼 중독은 화학성을 넘어 정신적 중독에 이르렀다. 중독은 기독교인에게도 예외가 아니다.

중독은 의학적 문제이면서 동시에 심각한 사회문제이기도 한데, 중독에 노출된 이들은 정신적 및 신체적 건강을 해칠 뿐만 아니라 실직, 빈곤, 폭력, 범죄 등 사회적 문제를 초래한다. 정신적 중독을 물질적인 것으로 설명하기에는 한계가 있다. 한 예로 섹스 중독은 자신의 힘으로 통제할 수 없는 강박행동에 사로잡혀 있어서 알코올이나 섹스에 대해서는 무력하다는 것이다.[3]

이미 우리나라도 중독시대로 진입했다. 2014년도 8월, 정부의 보

---

2) 김중원 편역,《알코올 중독 내일이면 끊으리라》(하나의학사, 1997), p.27.
3) 김충렬,《알코올 중독과 목회상담적 치료》, 한들출판사, 2011, p.28.
　알코올 중독에 대해서 상세하게 논했으며, 특히 목회현장에서 상담자로서 목회자들이 적용할 수 있도록 각별한 노력을 했다.

고에 의하면 스마트폰이 4,000만 개나 보급되었고, 만약에 군대에서도 사용한다면 백만 개는 더 추가해야 한다고 했다. 스마트폰은 우리 생활에서 떠날 수 없는 밀접한 관계에 있다. 스마트폰뿐만이 아니다. 자동차의 내비게이션만 해도 그것 없이는 아무 데도 갈 수 없는 바보인간을 만들고 있다. 갈수록 새로운 기계와 새로운 물질이 생겨남으로 인해 그것들에 몰입을 할 수밖에 없도록 환경의 영향을 받게 된다. 어느 한곳에 집중하다 보면 이로 인한 파생되는 문제가 적지 않다. 그런 것이 취향에 맞다 보면 쉽게 중독되고 만다. 중독은 습관적이고 반복적이며, 결과에 대해 통제하기 어렵거나 불가능한 생각이나 행동을 말한다.[4]

알코올이나 니코틴, 마약, 도박, 게임, 섹스 등 보편화된 중독 말고도 말할 수 없이 희귀한 신종 중독이 얼마든지 있다. 물질 중독보다 현대에 와서는 정신적이고 종교적, 영적 중독을 더 무서운 것으로 본다. 그러나 중독이라고 하면 알코올 중독을 말하지 않을 수 없는 것은 모든 중독의 시작은 알코올이며, 중독들이 대개 알코올과 관계가 있기 때문이다. 알코올로 인해 생기는 중독은 뇌 질환으로 번지고, 거기서 생기는 정신병이 너무도 많다. 조선일보에 의하면 2012년 우리나라 알코올 중독자는 155만 명, 인터넷 중독자는 233만 명, 도박 중독자는 220만 명, 마약 중독자는 10만 명 등 총 618만 명으로 추정하고 있다.[5]

---

4) 게리 콜린스, 한국기독교상담·심리치료학회 옮김, 정동섭 감수, 《New 크리스천 카운슬링》, (두란노, 2008), p.746.
   어느 신학교 교수들의 모임에서 "목회자로서 어떤 과목이 제일 중요하느냐?"는 질문에 젊은 목회자는 망설임 없이 '중독 과목'이라고 말했다. 중독이 가장 문제된 것이다. 이 시대에 현실적인 과목이다.
5) 조선일보(2012년).

건국대 마약연구소 조성남 박사는 마약 중독자만 하더라도 나타난 숫자일 뿐 나타나지 않고 숨어서 마약을 취하는 자까지 계산한다면 열 배는 더 될 것이라고 했다. 사회의 문화와 문명은 계속 발전해 나갈 것이 분명하기 때문에 중독자도 계속 늘어만 갈 것이다.

어떤 사람이 중독자가 되는가? "나는 괜찮다"고 하는 사람인데, 그는 실제로 '자신이 괜찮지 않다는 것을 알지 못하는 사람'이라는 것이다.[6] 중독자의 특징은 자신이 중독자인 것을 인식하지 못하는 것은 말할 것도 없고 가족들도 중독에 대해서 잘 모를 뿐만 아니라, 알더라도 어떻게 대처할 것인지 그 방법을 모르기 때문에 오히려 이웃의 눈치만 살필 뿐 숨기고 있다.

중독은 개인뿐만 아니라 가족에게 심한 고통을 안겨 주며, 나아가서 국가의 안녕을 위협하는 중대한 질병인데도 불구하고 본인이나 가족까지도 중독을 질병으로 보지 않는다. 그렇기 때문에 중독에 태만하거나 관심을 가지지 못한다. 국가의 경제적인 손실만 하더라도 알코올, 도박, 인터넷, 마약 중독자로 인해 의료비는 말할 것도 없고 오히려 중독으로 인해 범죄가 늘고, 병들고 게을러지는 중독자들의 특성 때문에 노동력이 저하되므로 생산비 저하와 같은 사회적 비용이 국가 예산의 3분의 1에 해당하는 109조 5,000억 원에 이른 것으로 추산되고 있다.[7]

우리는 중독을 바른 눈으로 보아야 한다. 중독이 이렇게 무서운 질병이라는 것을 알고 중독에 **빠질까** 두려운 마음을 가져야 할 것이며, 이런 중독자가 내 이웃에 있는지 관심을 가져야 한다. 한 번

---

6) 최은영, 《약물중독》(학지사, 2008), p.181.
7) 박상규, 《정신건강론》, (학지사, 2014), p.262.

중독자가 되면 평생을 중독자로 살아야 한다. 자기 개인의 실패와 멸망만이 아니라 자기에게 딸린 처자식들은 어떻게 할 것인가?

2. 알코올 중독의 정의

술에 중독된 것을 알코올 중독이라 한다. 2011년 DSM-4판에서는 알코올 중독을 알코올 남용(alcohol abuse)과 알코올 의존(alcohol dependence)으로 구분했다. 알코올 남용은 재발하는 부정적인 영향에도 불구하고 반복해서 에탄올을 섭취하는 것이고, 알코올 의존은 알코올 남용의 증상에 내성, 금단증상과 함께 통제할 수 없는 음주 충돌을 동반하는 것을 말한다. 알코올 중독이 발생하면 같은 용량의 에탄올로서는 충분하지 못하므로 용량을 늘려야 한다. 그렇게 되면 술 마시는 자가 통제 능력이 없어지게 되어 계속 마실 수밖에 없다. 술을 끊는 데는 본인의 의지가 중요한데도 결국에는 본인의 의지로써는 불가능하게 된다. 달리 방법이 없다.

중독(addiction)의 어원은 라틴어 addicene으로 '동의하다', '양도하다'는 뜻인데, 본래 고대 법정에서 중독자(áddict)는 감금되거나 노예가 된 사람을 묘사하는 데 사용했다. 노예들은 어떤 사물에 대한 소유권을 잃어버릴 뿐만 아니라 자기 자신들에 대한 소유권마저도 상실한 사람들이다.[8] 중독자들은 의식적이거나 아무런 의도 없이, 또한 스스로의 통제를 넘어 중독자 스스로가 그 무엇(알코올)의 노예가 된다.

---

8) 김병오, 《중독을 치유하는 영성》(대서, 2013), p.15.

한때 중독이라는 말은 헤로인이나 코카인 등의 약물 중독에만 사용되었다. 그러나 현재는 더 넓은 의미로 사용되고 있다. 중독의 종류와 정의도 점점 다양해진다. 우리는 알코올이나 마약 같은 물질 중독에 익숙하지만 스포츠, 섹스, 포르노, 쇼핑 같은 것도 있다. 육체적인 것이 아닌 정신적인 중독은 요즘 와서 더 종류가 많다. 운동, 일, 정치, 봉사, 더 나아가서는 불안, 분노, 스트레스 같은 것들이 있다.[9]

중독이 최근 사회문제로 대두되고 있는 것은 중독이 우리의 일상 중에서 생기는 것이기 때문이다. 한 번 중독되면 개인의 사회생활은 물론이고 가정에까지도 파괴적 성향을 유발한다. 이 중독의 문제는 개인을 넘어 이 시대의 골칫거리로 등장하고 있다.

중독은 많은 경제적 손실을 가져온다. 게임, 컴퓨터, 도박, 성 등 모든 중독은 경제적 낭비를 초래한다. 중독은 많은 돈이 들어감으로써 이루어진다. 이제 이 사회에서는 문화와 문명이 발달하고 발전됨에 따라 중독도 따라서 다양한 모양으로 나타나고 있다. 마치 암이 전이되어 여러 가지의 질병으로 확대되어 손을 쓸 수 없는 지경에 이르는 것처럼 중독도 같은 원리라 해야 할 것이다.

다양한 사회에서 중독도 인간들의 취미와 취향에 따라 그 종류가 헤아릴 수 없이 많다.

미국 의학학회(1973)에서는 알코올 중독에 대한 정의를 "편향된 특성을 가진 알코올 중독은 음주에 편향된 특성을 가진 질환으로서 만성적이고 점진적으로 진행되며, 재발하는 경우가 많다"고 하였다. 또한 알코올 중독자란 지속적이고 과도한 음주로 인한 신체

---

9) 게리 콜린스, 《New 크리스천 카운슬링》, p.746.

적, 정신적 장애로 직업 및 사회생활에 적응하지 못하는 사람이라고 정의했다.[10]

"중독은 뇌를 변화시키는 물질(brain altering substance)이 뇌에 영향을 주어 의식이나 마음 상태의 변화를 일으키는 것"이라고 했다.[11]

임효주 교수는 그의 책 《어느 알코올 중독자의 죽음》에서 말하기를, "알코올 중독에 대해서는 무수한 정의와 평가가, 그리고 병의 징후에 대한 해설과 해석, 접근 방법이 있다. 그중에서도 알코올 중독은 모든 것을 파괴하는 가장 무섭고도 처참한 영적이며 육체적인 질병이다"라고 정의한다.[12]

강경호(한국기독교이단연구소) 박사는 중독을 '의지하는 것', '기대는 것'이라면서 "행복한 삶을 위해 무엇인가에 지나치게 기대어서 살아가는 현상"이라 말한다.[13]

중독의 사전적 의미는 "어떤 물질이나 활동에 지나치게 의존하여 일이나 학업, 가족관계, 사회나 친밀한 관계와 같이 삶의 영역에서 자신의 역할을 제대로 못한 것"을 말한다. 또 "생체가 약물, 독물, 독성에 치어서 기능장애를 일으키는 일"이라고 정의한다.[14]

마이클 벨즈먼(Michael Belzman) 박사(미국 알코올마약중독상담협회장)는 그의 〈성경적 기독교 상담 모델〉(The Biblical Christian Counseling Model)이라는 논문에서 중독은 "인생의 굴레에서 피난처

---

10) 이현수, 《현대인의 중독심리》(싸이앤북스, 2018), p.21.
11) 김충렬, op.cit., p.28.
12) 임효주, 《어느 알코올 중독자의 죽음》(쿰란출판사, 2004), p.4.
13) 강경호, op.cit., p.11.
14) 이숭녕, 《국어대사전》(약진문화사, 1998), p.1156.

로 삼는 것"이라고 중독자의 입장에서 말했다.[15] 즉 중독이란 중독자들이 자기에게 찾아온 고통과 극복하기 힘든 환경에서 잠시 피신해야겠다는 생각에서 유혹을 받게 된 것이다. 중독은 중독자에게 피난처가 된다는 역설적인 표현이다. 약물 의존과 포르노, 쇼핑, 불특정 다수와의 성관계, 혹은 TV, 인터넷, 게임, 도박 등을 자신의 피난처로 삼고 있는데, 여기에 약물 중독이건 비약물 중독이건 가장 근본적인 원인은 항상 동일하며, 세상의 방법으로 중독을 해결하는 것은 일시적일 수밖에 없다. 이런 해결 방법들은 지금도 이론이든 실험이든 학교나 전문기관에서 계속 연구 발전하고 있다.

중독은 우리 생활을 비정상으로 만들고, 결국은 죽음의 늪으로 빠져들게 한다. 미국의 예를 들면 미국은 마약에 절어 나라가 폐허가 되어 가고 있다고 한다. 미국에서 마약 퇴치와 치료를 위해 쓰이는 비용이 우리나라 연간 예산의 2배가 된다고 한다. 여기에다 알코올 중독이나 다른 중독 치료비를 합한다면 그 비용은 헤아리기 힘들 정도이다. 그러나 그 많은 비용을 쓰면서도 상황은 점점 악화되어 가고 있다는 것이다.

마약 사용이 지나치면 신체의 면역기능이 떨어져 갖가지 합병증을 초래한다. 성 불구, 기형아 출산, 불안발작, 피해망상 등 정신분열 증상까지 온다. AIDS 환자의 50%가 마약 중독자다. 약물 중독으로 인해 극도의 불안 초조상태에 이르면 정신기능이 마비되어 인간으로서는 상상할 수 없는 끔찍한 범죄를 저지르게 된다. 마약류는 강한 중독성으로 인해 한 번 빠지면 헤어나기 힘들다.

마약이란 쾌감과 황홀감을 느낄 때 분비되는 호르몬과 유사한

---

15) Newgate Institute, *The Addiction Professional*(2010), p.37.

효과를 보이는 물질을 인위적으로 넣어 주는 것이다. 그렇게 비슷한 호르몬이 주입되면 몸에서 자체적으로 생기는 자연의 호르몬은 분비될 필요를 느끼지 않게 된다. 그래서 몸에서 자연의 호르몬을 생산하지 않게 되면 몸에 언제나 그 물질을 인위적으로 넣어 주어야만 만족을 느끼게 된다. 이것이 중독이다.

사람에게는 취미활동이나 여가생활을 통해 나오는 독특한 호르몬이 있다. 예를 들면, 사랑할 때, 운동, 명상, 식사, 게임, 그리고 공부나 연구할 때 우리의 몸에서는 수천 가지의 해당 호르몬에 중독된다. 그러나 그것은 염려할 것이 없다. 자연적인 호르몬에 의해 중독된 것은 약물 반응이 나타나지 않는다. 내부에서 분비된 특유한 호르몬에 중독된 것은 긍정적인 호르몬에 중독된 것이다.

3. 알코올 중독의 특징

중독은 일종의 도피를 제공한다. 현실로부터 유리시킴으로써 불안을 피하게 해준다.

중독은 언제나 쾌감을 준다. 중독적인 행동은 물질이나 활동에 직접 관련되는 또 다른 즐길 만한 감정을 제공한다.

중독행동은 자기 인생의 모든 문제 중 우선순위에 둔다. 중독자는 자신이 중독되었다는 것을 부정한다.

1) 증상적인 특징

증상적인 특징으로는 습관적 반복성과 일상의 파기, 그리고 신체적인 증상을 말한다. 알코올의 습관적 반복성이란 술을 마실 때 규정량이나 사회 통념적인 양을 초과하여 음주자의 건강, 대인관계 또는 경제사정에 악영향을 끼칠 정도로 알코올을 반복하여 마시는 것이다.[16]

일상의 파괴라는 것은, 생활 활동 중에서 음주가 가장 중요한 부분이 되고 다른 취미나 사회활동을 등한시하는 것을 의미한다. 조절능력의 상실로 삶의 여러 기능에 문제가 생긴다. 신체적인 증상으로는 내성으로 인해 음주의 양이 증가하고, 음주를 중단했을 때에 금단증상이 생긴다. 또한 이 금단증상을 해소하기 위해 음주를 반복한다.[17]

2) 질병으로서의 특징

린드스톰(Lindstorm, 1992)은 질병으로서의 알코올 중독의 특징을 4가지로 규정했다.

(1) 만성적
대부분의 알코올 중독은 갑작스럽게 나타나기보다는 시간을 두고 서서히 진행되며 재발의 가능성이 높다는 것을 의미한다.

(2) 진행성

---

16) 주왕기, 《약물남용》(도서출판 세계사, 1999), p.152.
17) 김준·백소진·박훈정 공저, 《알코올 중독의 상담과 재활》(총신대학교출판부, 2014), pp.14-15.

음주기간이 길수록 중독 상태는 악화되고 음주를 하고 있는 동안에는 중독이 진행되는 과정을 막을 수 없다. 알코올 중독에 대한 개입(intervention)이나 회복을 위한 구체적인 노력이 없으면 중독은 점점 더 심해진다.

(3) 치명적

알코올 중독은 신체적, 정신적, 사회적으로 파기적인 영향을 끼친다. 다양한 질병, 가정의 파괴, 실업, 관계의 단절, 법률적 문제, 그리고 자살까지 심각한 문제들의 직접적인 원인이 되므로 구체적인 치료가 필요하다.

(4) 치유 불가능성

알코올 중독은 뇌의 변화를 일으키기 때문에 근본적인 치료가 불가능하다. 알코올 중독자는 보통 사람과 같이 술을 절제하며 마시는 것이 어려우므로 아예 술 마실 기회를 차단하는 단주 생활을 해야 한다.[18]

중독은 습관적이고 반복적이어서 통제하기 어렵거나 불가능한 모든 사고와 행동이다. 대개 중독은 단기적 쾌락을 경험하게 하지만 개인의 건강과 복지 면에 장기적인 결과를 야기한다고 말한다.[19]
처음에는 자신이 중독 대상을 통제하며 그것으로 자신의 삶을 향상시켜 갈 것처럼 되나 나중에는 오히려 자기가 중독의 통제를

---

18) 김준·백소진·박훈정, op.cit., pp.14-15.
19) 강경호, op.cit., p.11.

받게 되는데 이런 측면을 '통제불능'(inability to control)이라 한다.[20]

4. 알코올 중독학의 시작

중독에 대해서 세계에서 제일 먼저 관심을 가진 나라는 역시 미국이다.

'알코올 중독'이란 말은 1849년, 스웨덴의 정신과 의사 마그너스 후스(Magnus Huss)가 의학 저널(medical journal)에 〈만성적 알코올 중독〉(Alcohoismus Chronicus)이라는 논문을 발표하면서 처음으로 이 용어를 사용했다. 후스는 그의 논문에서 심각한 신체 병리학과 특성 있는 만성 알코올 중독의 해독성이 얼마나 위험한가를 알리고자 하였다. 이때부터 중독학이 시작된 것이다.[21]

아편전쟁 이후 1960년대까지는 알코올과 아편 종류의 중독이 주된 문제였다. 이때 약을 계속하지 않을 경우 심한 금단현상이 나타나는 것이 중독 진단의 주요 근거였다. 과학이 발달하고 수많은 치료약들이 개발되었고, 고농도의 대마초, 코카인, 필로폰, 동물 마취제, 본드나 신나 같은 흡입제가 등장하면서 금단현상이 강해야 위험한 약물이라고 했던 과거의 고정관념들이 깨지기 시작했다. 금단증상이 별로 없으면서도 금단증상이 강하다고 알려진 아편이나 신경안정제보다 인간을 더욱 심하게 황폐화시키는 것을 발견하게 되면서, 과거에는 무시되었던 중독이라는 개념이 1980년 후반부터 등

---

20) Ibid., p.11.
21) Newgate Institute, op.cit., p.24.

장하게 되었다.

중세 유럽에서는 음주가 권장사항일 때가 있었다. 샘과 우물이 오염돼 물을 마신 뒤 병에 걸리거나 죽는 일이 잦았기 때문이다. 귀찮게 물을 끓여 마시느니 차라리 술과 친하게 지내는 편이 낫다고 생각했다. 그러다가 술을 지나치게 취급하다 보니 18세기 중반엔 차와 커피가 알코올의 대안으로 떠오르기도 했다. 하지만 카페인의 과용으로 부작용이 만만치 않자 프로이센(독일의 변방국가)의 프리드리히 대왕(Frederick the Great, 1712-1786)은 커피 금지령을 내리고 대신 술을 마실 것을 명령했다.[22] 그러나 과음의 해악이 갈수록 심각해지며 이후 역사는 '술과의 전쟁'으로 점철돼 왔다.

20세기 초반 스칸디나비아 반도에서 아메리카 대륙까지 곳곳에서 실시된 금주령이 대표적이다. 그러나 말리면 더 마시고 싶은 게 인지상정이다. 미국에서는 술을 마시려고 교회 가는 사람들 탓에 성찬식용 포도주가 1922년에는 214만 갤런에서 2년 뒤엔 300만 갤런 가까이로 늘었다. 의사들이 치료용으로 처방한 위스키가 한 해 180만 갤런에 이르기도 했다. 이런 합법적 꼼수 외에도 밀수나 밀주 등 온갖 불법이 판을 친 건 물론이다.[23]

1920년대 미국에서는 금주령을 내리되 교회에서 사용하는 성찬용 포도주는 허락했다. 술이 귀한 때라 사람들은 술을 마시기 위해 교회로 달려갔다. 그래서 교회에서 사들이는 술의 양이 계속 늘어났다.

1985년에 미하일 고르바초프 전 소련 공산당 서기장이 대대적으

---

22) 톰 히크먼, 《사용설명서 술》(뿌리와 이파리, 2005), p.42.
23) Ibid., p.86.

로 펼쳤던 금주령 조치 역시 실패로 끝났다. 고르바초프는 보드카 값을 올리고 생산 판매를 확 줄였지만 알코올 중독은 되레 더 늘었다. 술꾼들이 보드카 대신 열악한 대용품 술을 엄청 마셨던 것이다. 보드카를 사려고 온종일 줄을 섰다가 화가 난 한 남자가 고르바초프를 쏴 죽이겠다고 크렘린으로 향했다. 얼마 후에 그가 돌아와서 하는 말이 "거기 줄은 여기보다 더 길어!"라고 했다는 우스갯소리가 있다.[24]

1870년 미국의 미네소타 주에서는 "술주정뱅이들의 치료와 돌봄은 주 정부의 의무"(The Duty of The State in the Care and Cure of Inebriates)라는 주제로 미네소타 모델의 약물중독 치료의 11개 지침을 만들었다.[25] 점점 이 운동이 확산되어서 미네소타 주를 포함해서 여러 주에서 술주정뱅이 문제를 다루었다. 연구의 결과로 1948년에 알코올 치료 프로그램이 생겼고, 1949년에는 알코올 중독자를 돕는 집 'Hazelden'이 세워졌다.[26] 그리고 1954년에 '알코올 상담자'(counselor on alcoholism)라는 용어와 명칭이 여기서부터 생겨났다.

중독이란 쉽게 그만둘 수 없는 행동이다. 일반적으로 중독은 강박적인 특성으로 나타나는데, 심지어 일정한 습관성을 형성하여 자

---

24) 술 말리는 사회, 중앙일보(2018. 11. 10), 중앙분수대.
25) Newgate Institute, op.cit., p.33.
26) Ibid., p.33.
   1870년에 미국 미네소타 보건청의 찰스 휴이트 박사(Dr. Charles Hewitt)는 주지사 호레이스 오스틴(Horace Austin)에게 "술주정뱅이들의 치료와 돌봄은 주 정부의 의무"라는 제목으로 보고서를 올렸다. 보고서의 내용은 사회복지부가 술 중독자의 금주를 위한 전문적인 도움을 주게 되면 그들의 가족들의 비용도 줄어든다는 것이다. 그래서 미네소타 주에서 술주정뱅이들을 집단적으로 모아 AA의 방침대로 2-3주 동안 치료를 받게 하는 방침을 세웠는데, 1949년에야 비로소 미네소타의 한 농장 집에서 시작한 수양관 'Hazelden'이다. 그 후 성직자와 전문가들에 의해 술 중독자들을 치료하는 곳으로 국제적으로 알려진 것이다.

기 삶에 대한 개인의 통제력에 많은 영향을 주기도 한다. 중독은 뇌를 변화시키는 물질(brain-altering substance)이 뇌에 영향을 주어 의식이나 마음 상태에 변화를 일으킨다. 중독자는 알코올을 그만두고 싶지만 도저히 그만둘 수 없는 행동을 유발시킴으로 중독적 증상에 오히려 조절 당한다.[27] 뇌에 각인된 중독은 중독자의 마음대로 되는 것이 아니라 중독의 힘에 이끌릴 수밖에 없는 상황에 이른다.

5. 현대판 천형으로서의 중독

임효주 교수는 그의 책 프롤로그에서 "알코올 중독에 대해서 무수한 정의와 평가, 그리고 병의 징후에 대한 해설과 해석, 접근 방법이 있다. 그중에서도 알코올 중독은 모든 것을 파괴하는 가장 무섭고도 처참한 영적이며 육체적인 질병"이라고 정의한다.[28]

중독의 처음에는 중독자 자신의 모든 사회적인 능력을 앗아가 버리며, 다음에는 중독자가 가장 사랑하는 모든 것을 차차 없애 버린다. 먼저는 사랑하는 아내와 자식을 비롯해 가족이 해체되고, 다음엔 형제와 친지, 그리고 친한 친구와 동료들이 그로 인해 상처를 받거나 원한을 가지고 그를 떠나게 한다.

---

27) 김충렬, op.cit., p.26.
28) 임효주, op.cit., p.4.

6. 목회상담적 지침

불행한 것은 대개의 목사들이 중독에 대해 무관심하다는 것이다. 무관심은 그늘 속에서 자라는 독버섯처럼 무서운 결과를 가져온다. 한국사회와 목사들 사이에서마저 술이 보편화되어 있어 알코올은 아무나 할 수 있는 것으로 치부하고 있다. 술 정도 가지고는 이렇다 저렇다 할 논쟁거리가 아니라는 것이다. 교회 안에까지 들어와 믿는 가정 속으로 술이 쉽게 들어간다. 술이 주는 결과에 대해서 알려고 하는 마음도 별로 없어 보인다. '술 한잔 정도야' 하는 식의 관대함이다. 알코올에 중독이 된다는 것에 과히 신경 쓰지 않는 것이다.

교회의 지도자들과 교회는 알코올 중독의 결과가 어떠한지 알아야 한다. 무엇을 어떻게 이해하느냐에 따라 문제의 심각성도 달라진다. 어떤 목사는 이렇게 말한다. 만약에 교회에서 술 문제를 다룬다면 교회를 떠날 교인들이 많을 것이란다. 마약이나 담배에 대해서는 야단도 치지만 술에 대해서는 관대하다. 사실 우리 정부에서도 술에는 너무도 관대하다. 술로 인해 2차, 3차의 범죄와 사건 사고가 일어남에도 불구하고 법적으로나 아무런 운동도 하고 있지 않다.

제2장

인간과 술

1. 술의 기원

알코올을 함유하는 음료수를 술이라 한다. 역사적으로 볼 때 아마도 술은 사람의 연대보다 더 앞섰을 것이다. 하나님이 셋째 날에 식물을 만드신(창 1:11) 후에 사람은 여섯째 날에 만드셨으니 하나님은 인간이 나무나 풀을 편리하게 이용할 수 있도록 하셨다.

벌과 화분

사람은 자연을 통해 음식을 얻었을 것이다. 그래서 최초의 알코올은 아마도 벌꿀에서 얻어졌을 것이라 추정한다. 벌이 나뭇잎이나 바위에 꿀을 쏟았을 것을 가능한 이야기로 보면, 처음의 사람들은 그 꿀을 음식으로 삼았을 것이다. 세례 요한도 광야에서 꿀을 먹고 지냈다(마 3:4).[29] 중동 지역처럼 더운 곳에서는 과일이 썩어서 알코올이 형성되었다고 본다. 그리고 포도주가 나오기까지는 여러 세대가 지났을 것이다.

2. 술과 생활

술은 축제, 제사, 종교의식 등에서 자연스럽게 중요하게 사용되어 왔다. 처음에 술은 희로애락과 함께 인간의 삶을 정화시키는 매우 긍정적인 차원에서 평가되었다. 그러나 부정적인 측면이 많다. 중세 유럽에서는 음주가 권장사항일 때도 있었다.[30] 샘과 우물이 오염돼 마실 수 없을 때에는 차라리 술과 친하게 했다. 18세기에는 음료 대신 커피를 대안으로 하기도 했다. 그러나 카페인의 부작용으로 커피 금지령을 내리기도 했다. 오히려 커피 대신 술을 권장했다. 그러나 과음이 해악을 불러일으켜 갈수록 심해짐으로 역사는 '술과의 전쟁'으로 일관한다.

영국의 보건당국자 CMO(Chief Medical Officer) 샐리 데이비스 회장은 '국가 알코올 섭취 가이드라인'에 대해 2012년부터 전면 재검토가 이루어진 후, 2016년부터 새롭게 시정된 알코올 섭취 가이드라인을 발표했다. 보고서에 의하면, "술은 적게 마실지라도 '안전하다' 할 만한 섭취량은 없으며, '마시지 않는 것'이 가장 안전한 양이라는

---

29) 젖과 꿀이 흐르는 땅 가나안.
30) 정남훈·박현주, 《알코올 중독》(학지사, 2013), p.31.

것이다. 그러면서 조금이라도 마시면 암으로부터 자유롭지 못하다는 것을 기억해야 한다"고 했다.[31]

3. 역사 속의 술

사람들이 술을 언제부터 마시게 되었는가에 대해 아무도 정확하게 말할 수는 없다. 그 역사를 아무도 모르기 때문이다. 분명한 것은 술이 인간의 역사와 같이하여 왔다는 것이다. 그러니까 인간의 역사를 알면 술의 역사도 알게 된다. 무엇보다 알코올이란 세상에서 가장 오래된 것이고, 가장 널리 사람들의 생활에서 사용되어 왔다는 것이다. 사실 술 또는 약물이란 말을 원시적인 사람들로서는 딱히 구분하거나 용어를 말할 능력이 없었을 것이다. 다만 후대에 와서 연구에 의해 술이라기보다는 '약물'로 이용했을 것이라고 말하기도 한다. 인류의 조상들이 처음으로 술의 쾌감을 경험한 그 순간부터 술은 음식이고 약이었다. 그리 오래가지는 않았지만 모든 증류주는 약이었다.[32]

바벨론 왕들이 사용한 금잔

창세기에 보면, 노아가 포도나무를 심었고 포도주를 마셨고 취하였고 범죄를 했다.[33] BC 6000-5000년에 중동과 중국의 고대 유적지에서 포도주를 제조하고 저장한 토기들이 발견되었고,

---

31) 영국 새 음주 가이드라인, 서울신문(2016. 1. 9).
32) 톰 히크먼, 《사용설명서 술》(뿌리와 이파리, 2005), p.41.
33) 창세기 9:20-21.

BC 3000년경 고대 메소포타미아의 점토판(粘土版, clay)에도 포도주를 만들어 마셨다는 기록이 있다. BC 3000년경 애굽 파라오의 묘에서 포도주에 관한 기록이 발굴되었고, 애굽의 파라오의 주요한 일 중의 하나는 '좋은 술을 만드는 일'이었다. BC 6세기경, 황금의 제국 페르시아(바사)에서는 신에게 제사를 드리거나 왕에 대한 의례를 지낼 때 술을 사용했다. 다리오 왕이나 고레스(Xerxes, BC 559-465) 왕이 의례 때 음료나 술을 뿔 잔이나 황금 잔에 부어 잔의 아래쪽에 난 구멍으로 흘러내리면 '피알레'(Phiale)로 받아 마셨다. 고고학자들에 의해 에스더와 모르드개의 무덤과 더불어 술이 사용되던 황금 잔도 출토되었다.[34]

우리나라에는 고려 말기에 몽고군을 통해 소주가 들어왔다.[35] 식품기술(food tech), 즉 저장과 보관의 기술이 발전하였다. 세종 때는 곡식의 낭비를 막기 위해 소주 제조를 금하였다.

4. 술의 용어

알코올(alcohol)이란 말은 아랍어 'al kuhul'(숯)에서 온 것이다. 언제, 누가 처음으로 이 용어를 사용했는지에 대해서는 알려지지 않고 있다. 술은 화학물질이며 중추신경 억제제다. 그럼에도 술은 실

---

[34] 황금의 제국 페르시아, 동아일보(2008. 4. 17).
    '피알레'(Phiale)는 황금 술잔을 말한다. 황금 술잔은 '황금의 제국 페르시아'의 출품작 가운데 하나인 '고레스가 새겨진 황금 잔'이다. 잔 입구엔 고대 페르시아어와 바빌로니아어, 엘람어 등 세 개의 언어로 '크세르크세스 위대한 왕'이라고 새겨져 있다.
[35] 최하석, 《알코올 중독》(하나의학사, 2005), p.37.

제로 모든 사람이 애용하고 있다. 대체로 약 1만 년 전부터 과일과 곡류를 발효시켜 대체 음료로 사용해 왔다는 주장도 있다.[36]

'알코올 중독자'(alcoholic)라는 용어는 부정적인 의미를 내포하고 있기 때문에 적절한 명칭은 아니다. 전문가들이 공식적으로 사용하고 있는 용어는 '알코올 의존'(alcohol dependence)이고, 문제가 될 만한 정도의 음주를 하는 사람에게는 '알코올 남용'(alcoholic abuse)이나 '해로운 음주'(harmful drinking)라는 용어를 쓰기도 한다.[37]

5. 성경에 나타난 술의 용어

성경은 두 종류의 포도주에 대하여 언급한다. 사용할 수 있는 포도주(즙)와 금지된 포도주(술)이다. 성경원어로써는 이것을 구분할 수 없다.

1) 구약에 나타난 술의 용어

* '야인'(히브리어 yayin)은 142회 사용되었고, 이것은 포도주를 의미하며 일반적인 용어다(창 9:21, 14:18).

* '티로쉬'(히브리어 Tirosh)는 주로 '새 포도주'라는 뜻으로 사용되는, 묵히지 않은, 그해에 딴 포도로 담은 포도주와 포도즙을 의미한다(호 4:11; 삿 9:13; 행 2:13).

---

36) 김충렬, op.cit., p.148.
37) 한국심리학회.

* '헤멜'(히브리어 Chamar)은 발효시킨다는 뜻인데, 포도주를 나타내는 시적인 표현이다(스 6:9, 7:22).

* '샤칼'은 혼합한 음료를 말하는데, 아주 독해서 사람을 망하게 하는 술이다(레 10:9; 민 6:3).

요즘처럼 술을 섞어서 먹는 혼합술이다.

제사장의 금주(레 10:9), 나실인의 금주(민 6:3; 삿 13:4,7,14; 눅 1:15).

2) 신약에 나타난 술의 용어

* '게네마루스'(마 26:29)

* '데스'(막 14:25)

* '암페루'(눅 22:18)

이 이름들은 비효소성 음료였는데, 주로 예수님의 성찬식 때만 사용했다. 예수님이 성찬식 때 효소성 포도주를 쓰신 것은 아니다.

3) 포도즙과 포도주

성경에 쓰여진 포도주(즙)를 표현한 원어를 통해서는 포도즙과 포도주를 구분할 수 없다. 같은 단어가 두 가지 의미를 다 포함하고 있기 때문이다. 그러므로 앞뒤의 문맥을 살펴서 포도즙과 포도주를 구별해야 한다. 발효되면 포도주(술)가 된다.

성경시대의 팔레스타인 지방에서는 포도 재배를 많이 했다. 포도주(즙)는 두 가지 방법으로 만들었다. 첫째, 포도를 수확해서 포도즙 틀에 넣고 발로 밟아 터뜨린 즙으로 만든다(삿 6:11; 사 63:2; 학

2:16). 둘째, 건포도를 끓여서 만들었다.

취하는 포도주는 발효된 포도주를 말한다. 발효되면서 알코올 성분이 생기기 때문이다(창 9:20-21; 사 5:11).

성경에서 사용하도록 한 포도주는 발효되지 않은 순수한 포도즙이다. 이 포도즙도 성경에서는 포도주라고 칭했다. 포도즙을 발효시켜 포도술을 만들었다. 발효된 포도즙은 독주의 일종인 포도주가 된다. 성경은 발효된 포도주 사용을 금한다. 성경은 오직 발효되지 않은 포도주만 사용하라고 한다(사 65:8; 시 104:15; 요 2:9; 창 40:11; 딤전 5:23).

모든 종류의 알코올 음료는 뇌 신경을 마비시켜 영적인 교통을 방해한다(잠 20:1, 23:31-33; 사 5:22; 갈 5:21)[38]

6. 목회상담적 지침

질병관리본부가 내놓은 '우리나라 성인 음주현황'의 보고서에 따르면, 음주 경험자 가운데 17.6%는 '고위험' 음주자이고, 71.4%는 '폭음' 경험이 있다. 한국 남자의 43%가 '맥주 폭음'을 한다고 한다. 세계 평균의 3배에 이른다. 정신병동의 30%가 알코올 중독자다.

지구상에서 가장 무섭고 고통스러운 병은 알코올 중독이다. 많이 마신 자가 아닐지라도 안심할 수 없다. 술은 중독성이 강해서 즐거움은 짧고 고통이 길다. 술은 마약(drug)보다 더 무섭다. 마약은 멀리 있지만 술은 가까이 있다. 담배는 간접피해가 있으나 술은 직

---

38) 고무진, 건강복음, 제6부 15, 포도주.

접피해를 입는다. 만약에 임산부가 한 잔의 술을 마신다면 태아가 한 잔의 술을 마신다고 생각하면 된다. 당장 문제가 눈앞에 나타나지 않는다고 해서 마음 놓고 마신다는 것은 자녀의 미래를 위해서도 안 될 일이다.

술은 '적당히'가 없다. 술을 적게 마신다고 해서 '안전한' 것은 아니다. 술은 안 마시는 것이 가장 '안전한 양'이다. 술은 그 성격으로 보아서 적당히보다는 마시지 말아야 한다. 불행하게도 우리나라는 술을 권하는 사회가 되었다. 술 중독으로 육체의 질병뿐만 아니라 후세들의 정신적 질병에도 큰 영향을 미친다.

필자의 아들이 미국 캘리포니아 주립대학을 다닐 때의 일이다. 아들이 출석하는 교회를 나갔을 때 그 교회 장로들이 "목사님, 여기는 한국과 달라서 마약과 알코올이 심합니다. 그러지는 않겠지만 아들도 혼자 여기 있으니 혹 마약이나 알코올을 하는지 잘 살펴야 할 것입니다. 주변에 이상한 아이들이 많습니다"라고 주의를 해 주었다. 아이를 멀리 두고 있는 부모로서 걱정이 없을 수 없었다. 한국사회도 지금 와서는 미국과 마찬가지다. 믿는 가정의 자녀들도 술이나 담배를 가까이하고 있지나 않나 살펴야 할 것이다.

요즘은 옛날과 달라서 맞벌이를 하는 시대라 부모와 자녀들이 만날 수 있는 시간이 별로 없다 보니 소통할 시간도 적고, 아이들은 이이들대로 학교에서, 부모들은 부모들대로 직장에서 받은 스트레스가 적지 않다. 그러다 보니 아이들을 만나도 부드럽고 편안한 말보다는 책임과 의무를 추궁하는 경찰관 같은 역할이 되고 만다.

제3장

알코올의 역사

하나님께서 이스라엘 백성들에게 기업으로 주실 땅은 가나안 땅이다. 이 땅을 젖과 꿀이 흐르는 땅이라고 묘사했다.[39] 하나님께서 가나안 땅을 이스라엘에게 약속하시면서 그 땅에 젖과 꿀이 흐르게 하신 이유가 무엇이었을까? 광물이 풍성하게 하셨다든지, 곡식이 잘되게 하셨다든지 하지 않았다. 가나안 땅은 실제로 젖과 꿀이 흐르는 땅이었다. 실제로 꿀이라는 단어를 썼다. 꿀이라는 단어는 히브리어로 '데비샤'라고 하는데, 사울의 아들 요나단이 먹었던 자연산의 꿀이다.[40]

이처럼 하나님께서 이스라엘에게 기업으로 주실 약속의 땅이자 축복의 땅에 꿀이 많게 하셨다는 것은 백성들의 식물을 넉넉하게 하셨다는 것이다.

---

39) 신명기 11:9.
40) 사무엘상 14장. 이때는 포도주를 본격적으로 생산하기 이전의 식물이었다.

1. 고대(ancient time)의 술

기원전 8000년경을 알코올(중독)의 시초로 본다. 원시적인 인간이 자연 속에서 만들어진 알코올이 함유된 것을 음식으로 음료로 취하였을 것이다. 초원에서 자연적으로 만들어진 벌꿀 술(mead)이었다.[41] 이때를 알코올 중독과 약물 중독의 시초로 볼 수 있다.

BC 6400년경, 맥주와 딸기 와인이 생산되었다.[42] 노아는 포도원을 만들어 포도를 재배했으며 포도주를 만들어 마셨고 취했다.

BC 6000-5000년경, 중동과 중국의 고대 유적지에서 포도주 제조, 저장한 토기들이 발견되었다. 신석기 시대에 와인과 맥주와 벌꿀 술을 마시기 시작했을 것이다.[43]

이집트인들은 꿀을 발효시켜서 와인을 만들었는데 그것이 '벌꿀 술'이었다. 역사적으로 보면 포도 와인보다 꿀 술이 더 먼저라 할 수 있다. 스칸디나비아나 프랑크인들은 맥주가 나올 때까지도 꿀 술을 마셨다고 한다. 지금도 폴란드의 국주는 우리의 막걸리처럼 꿀 술이다.[44]

BC 3000년경, 고대 메소포타미아의 점토판에서 포도주를 마셨다는 기록이 발견되었다. 이집트 파라오의 묘에서 포도주 제조법, 제조자 이름 등 다양한 자료가 발견되기도 했다.

BC 2000년경, 이집트인과 수메르인 의사가 맥주와 와인을 약 처방으로 사용했고, 아편 양귀비도 재배했다. 이때 이집트는 술의 해

---
41) Newgate Institute, op.cit., p.22.
42) Ibid., p.22.
43) Ibid., p.22.
44) 톰 히크먼, 김명주 옮김, 《사용설명서 술》(뿌리와 이파리, 2005), p.38.

악에 대한 경고의 기록까지도 있었다.[45]

BC 1900년경, 고대 바빌론에서는 맥주와 와인 문제로 어려움에 봉착했다. 바빌로니아의 함무라비 법전(Code of Hammurabi)에 의하면, 함무라비 황제가 벌써 알코올 때문에 백성 중에서 문제가 생기므로 고민을 했다. 함무라비 황제는 고민 끝에 술을 제재하는 방법으로 법을 제정하였다. 술을 특정 장소에서만 팔도록 했고, 판매도 특정인만 하도록 하는 금주법을 만들어 강한 정책을 썼다. 이것은 백성들이 술을 덜 마시게 하기 위한 정책 중 하나였다.

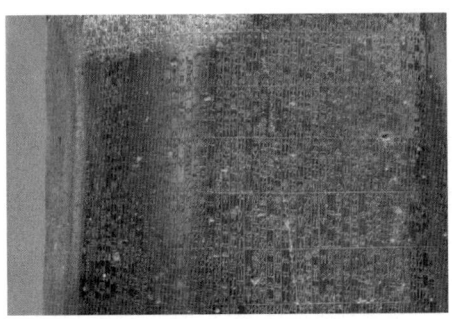
함무라비 법전(현재 루브르 박물관에 보관되어 있다.)

그러나 이 법을 어기면서 알코올을 찾는 사람들이 많아졌고, 술을 구하기가 어려우므로 술값은 높아지고 술을 자유롭게 만들지도 사지도 못하게 됨으로 저질의 술이 등장하기도 했다. 사람들은 나쁜 술이라도 사서 마셨다. 강압적인 금주법의 정책 아래에서 결국 알코올로 인해 근친상간의 불미스러운 사건까지 일어났다.[46]

이때 함무라비 왕은 두 사람(two person)을 사형시켰다.[47] 술로 인해 사형당한 사건으로서는 역사상 최초의 사례가 되었다. 함무라비 황제는 아브라함 시대 사람으로서, 아브라함의 고향 우르(Ur)를 점령했었다.

---

45) Newgate Institute, op.cit., p.22.
46) Ibid., p.22.
47) Ibid., p.22.

우리나라로 보면 고려 말기에 몽고군을 통해 소주가 도입되었고, 세종대왕은 곡식의 낭비가 많다는 이유로 소주 제조를 금하기도 했다.

고대 술의 시작을 보면, 많은 신화나 전설과 관련되어 있다. 이집트의 피라미드에서 나온 부장품 중에는 술병이 있고, 포도주를 만드는 방법이라든지 벽화에는 포도나무들이 그려져 있다. 이것을 추론해 본다면, 포도주는 적어도 BC 4000-5000년경부터 만들어졌다고 말할 수 있다. 포도주는 인간의 문화가 형성될 때부터 여러 방면에서 큰 축을 이루어 왔다.[48]

술은 인간만이 아니라 관습과 의례에 관련되고 있다. 고대에서 술은 국가적인 대사나 문화적 관습, 그리고 종교적인 의례 등과 관련되어 왔다. BC 7000년경의 기록에서도 알코올은 수많은 관습과 의례와 관련되어 있다. 신석기 시대의 사람들은 곡물을 발효시켜 알코올 음료를 만드는 법을 알고 있었다. 고대 페르시아 사람들은 왕과 신하들이 술을 마신 상태에서 나라의 중대사를 의논하고는 술이 깬 다음에 그 결정들을 다시 검토하는 방식을 취했다고 한다. 또 알코올은 종교의식에서도 빠지지 않는다는 점이 특이하다.[49] 예를 들면 기독교에서는 와인이 예수의 피를 상징하고 있다.

구약성경에서 최초로 포도주에 대하여 언급한 것은 대홍수가 끝나고 노아가 정착하여 농사를 시작할 무렵이다. 비록 포도주로 실수를 했지만(창 9:20-21) 노아 이전의 고대 인류도 포도나무를 재배하여 포도주를 마셨고, 포도주는 생활에 필수적이었을 것이다. 전

---

48) 김충렬, op.cit., p.149.
49) 김충렬, 《알코올 중독과 상담치료》(한국상담치료연구소), 2010, p.102.

쟁에 승리하고 돌아온 아브라함을 마중나온 멜기세덱은 떡과 포도주를 가지고 왔다. 멜기세덱은 지극히 높으신 하나님의 제사장이었다. 떡과 포도주를 가지고 만난 것이다(창 14:18).

기독교뿐만 아니라 다른 종교에서도 술을 통하여 질병을 치료하고 정화시키는 의식들이 얼마든지 있다. 이처럼 알코올은 수천 년 전부터 사회생활에 필요한 음료와 제물로 사용되어 왔다.

BC 1000년, 힌두 경전 '아유베다'(Ayuveda)에서는 맥주와 와인의 이로운 점을 설명하면서 반면에 알코올의 해독과 그 어두운 면도 경고했다.[50]

BC 500년, 중국의 역사 기록을 보면 부처는 절제와 통제, 그리고 금주할 것을 무려 40여 차례에 걸쳐 이야기하고 있다. 이 무렵 동유럽에서는 마리화나를 화덕에 던져 넣어 피우면서 그 가스를 마셨다.[51]

로마의 최고 와인의 신은 바쿠스(Bacchus)였다. 축제일에는 백성들이 술을 진탕 먹고 마시고 떠들며 노래를 했고, 만신창이가 되도록 술 축제를 행했다.[52]

술을 치료의 개념으로 인식한 것은 상당히 오래되었다고 할 수 있다. 포도주는 병에 도움이 된다고 성경에도 나온다. 사도 바울이 디모데에게 "이제부터는 물만 마시지 말고 네 비위와 자주 나는 병을 인하여 포도주를 조금씩 쓰라"[53]고 언급했다. 디모데에게는 물이 포도주보다 덜 유익했다. 당시의 물은 좋지 않았다.

---

50) Newgate Institute, op.cit., p.22.
51) Ibid., p.22.
52) Ibid., p.22.
53) 디모데전서 5:23(개역한글).

2. 중세(medieval time)의 술

중세의 술은 와인의 역사와 맥을 같이한다. 고대 그리스나 로마에서도 포도 재배 지역이 확장되었고, 특히 로마는 식민지가 확장될때마다 포도 재배와 양조기술을 발달시켜 대량생산을 가능케 했다. 이처럼 기술의 발달로 와인이 남용됨으로써 중세 생활은 다소 퇴폐적이었다.

AD 800년, 아라비아에서 증류소(distillation)가 발견되었다. 이슬람의 창시자 무함마드는 경전 코란(Quran; Koran)에서 자신을 따르는 자들에게 포도주를 비난하면서 마시지 말라고 했다.[54]

AD 950년, 이태리 포도가 생산되었다. 이때 포도주는 주로 지배계급이나 귀족들의 건강에 좋은 의료용으로 사용하였다.[55]

AD 1327년경, 영국은 술 판매를 통제하는 법을 만들었고, 수입되는 품질 좋은 프랑스 와인이나 이태리 와인에 세금을 높이 매겨 수입을 할 수 없게 했다.

AD 1606년, 영국은 공공장소에서 만취하여 길거리에서 소란을 피우는 것이 불쾌하다 하여 밉살스럽고 지긋지긋한 술로 인한 범죄를 통제하기 위한 법령을 통과시키고, 이를 무시한 자를 진압하기 위한 소극적인 자세에서 적극적인 대처로 공공질서를 해치는 행동을 규제하였다. 즉 '죄에서 범죄로'(from a sin to a crime) 법령을 바꾸었다.[56]

약 1,000년 전 증류법이 새롭게 발전되면서 진(jin)이나 위스키

---

54) Newgate Institute, op.cit., p.23.
55) Ibid., p.23.
56) Ibid., p.23.

(whisky)와 같은 독한 술(strong wine)이 만들어지기 시작했다. 이렇게 술이 발전하게 되는 데는 연금술(alchemy)도 관계가 있다고 볼 수 있다.[57]

당시의 연금술사(alchemist)들은 새롭고 놀라운 약물에 감탄하면서 그것을 절대적으로 신봉하였다. 서양에서의 연금술은 BC 2-3세기경 헬레니즘 사회에서 시작되어 17세기에 이르기까지 발전했는데, 진정한 연금술사들은 흔히 알려진 대로 물질로서의 돈을 얻으려 했던 것이 아니라 물질 속에 있는 세계의 혼(anima mundi)을 추출하여 물질을 구원하려고 했던 정신작업이었다고 할 수 있다. 연금술사들이 술에 담긴 비밀을 풀려고 한 점은 술이 주는 특이한 점 때문이었을 것이다. 심리적인 측면을 중요하게 여기는 그들이라 긴장을 풀기 위한 수단의 하나로 사용될 수 있었기 때문이다. 그뿐 아니라 이때의 알코올은 적절한 심리적 치료의 효과를 발휘했을 것이란 점을 상상하기는 그리 어렵지 않을 것이다.[58]

고대의 그리스의 뒤를 이은 로마는 포도 재배 지역을 확장했으며, 특히 식민지를 넓힐 때마다 포도 재배와 양조를 하게 하였고, 와인 양조 12기술을 발달시켜 대량생산을 가능케 했다. 양조 기술의 진보로 대량생산이 가능해 일반 서민에게 보급하기도 했다. 그

---

57) 네이버 블로그.
연금술이란? 서양 연금술의 본질은 사면적, 신비적, 종교적인 요소에 실제적, 기술적인 요소가 혼합되어 있다. 연금술사(alchemist)는 구리, 철, 납, 금속으로 귀금속을 만들 수 있다. 신비의 돌이 있으며 이것은 사람의 질병도, 생명도 구할 수 있다고 한다. 연금술은 육체를 변형시켜 신성 에너지가 흐르게 한다고 한다. 우리 몸에 신의 힘이 흐르게 하여 우리의 육체를 새로운 육체로 변형시킨다는 데 목적을 둔다.
58) 김충렬, 《알코올 중독과 목회상담적 치료》, pp.152-154.

리스 시대와는 달리 로마는 현대인이 마시는 와인보다 알코올 도수가 높고 달콤한 맛의 와인을 마셨으나 보리 빵이나 생선, 소고기를 식재료로 사용하고 소시지나 햄 샐러드 등의 요리를 먹을 수 있어 톡 쏘는 맛의 새로운 와인이 만들어지기도 하였다. 이런 와인은 생활에 남용됨으로써 중세 생활의 퇴폐적인 모습으로 이어졌다. 중세의 술은 당시 사람들에게 상당히 퇴폐적인 생활을 조장했다는 부정적인 특성을 보여준다.

그래서인지 로마인들은 포도주를 마시는 것에 익숙하였다. 당시에 술을 구할 수만 있다면 구해서 하루 종일 술을 마시곤 했다. 그들이 술을 마시게 됨으로 자신을 절제하는 일이 어려워지면서 실수가 많이 일어났고, 급기야는 일하지 않고 게을러지는 모습도 나타났다. 이런 술 마시는 생활이 심해지면서 생활의 퇴폐적인 모습으로 이어졌다고 본다.

바울 사도는 데살로니가 교인들에게 당부하기를, "누구든지 일하기 싫어하거든 먹지도 말게 하라"[59]고 했다. 예수님의 재림이 곧 임할 것으로 생각해서 재물을 쌓아 놓은들 무슨 쓸모가 있겠는가 하는 생각에서 일을 하지 않고 매일 이 집 저 집으로 다니며 먹고 놀았다. 이런 데살로니가 교인들의 행동은 일부분 로마로부터 일하지 않고 노는 퇴폐적인 풍습의 영향을 받은 것이 아닌가 한다.

로마는 앵글로색슨족으로부터 술 빚는 법을 전수받았다고 한다.[60] 그리고 같은 시대 AD 1세기경 로마의 도미시안(Domisian) 황제는 술이 사회에 너무나 널리 퍼져 있다는 사실에 놀라서 로마에 있

---

59) 데살로니가후서 3:10.
60) 톰 히크먼, 《사용설명서 술》, p.80.

는 포도원의 절반 이상을 없애고, 황제의 명령 없이는 포도를 재배하지 못하도록 하였다.

실제로 이 시대는 먹을 것이 별로 없고 대부분의 사람들에게 일상생활은 노동과 힘겨운 생활의 연속이었다. 이런 상황에서 알코올은 고된 하루를 위로하는 역할을 했다. 즉 심리적인 괴로움을 잊기 위해 알코올을 마시게 되었다. 이런 점에서 볼 때 심리적인 고통이나 스트레스를 잊으려고 술을 마시는 현상은 처음부터 있어 왔다.

3. 현대(modern time)의 술

1794년, 미국 정부(조지 워싱턴 대통령)는 알코올 생산자에게 높은 세금을 부과하였고, 세금을 거부하는 농민들을 감옥에 넣기도 하는 '위스키 폭동'(Whisky Rebellion)을 억압했다.[61]

1827년, 이때 술을 금하는 운동이 전국적으로 일어나 정치적으로 발전하여 금주협회(American Temperance Society)가 만들어져서 1869년에는 급증하는 증류주를 법으로 금지하였다.[62]

1839년, 그 유명한 아편전쟁(Opium War)이 일어났다. 아편전쟁은 영국과 중국이 차와 아편을 교환하는 무역전쟁이었다. 영국(UK)은 중국에 아편을 팔았고, 중국으로부터 차(tea)를 가져갔다. 영국은

---

61) Newgate Institute, op.cit, p.23.
62) Ibid., p.24.
  감리교가 중심이 된 종교단체들이 '술과의 전쟁'을 선포했다. 1873년에는 기독교여성금주회(Women's Christian Temperance Union)가 발족되기도 했다. 1874년에 조직된 금주당(Prohibition Party)은 미국의 금주운동 정당이다.

아편전쟁을 무역전쟁이라 부르지만 세계는 아편전쟁이라 부른다. 중국이 영국에 패배함으로 홍콩을 영국으로 넘겨 영국의 보호령이 되었다. 그러다가 지난 1997년에 보호령이 된 지 150년 만에 홍콩은 다시 중국으로 반환되었다.

영국은 중국만이 아니라 식민지 아프리카 각처에 마약을 심었고, 마약을 동남아시아 쪽으로 팔기도 했고 아프리카 지역의 노예를 유럽에 팔기도 했다. 그래서 영국은 많은 돈을 모았다.[63]

영국은 마약을 통해 막대한 무역수지를 챙기며 부를 누렸고, 자국의 사회복지정책으로 국민들을 평안케 했다. 그 후 영국은 지나친 복지정책으로 인해 나라의 경제가 어려워졌다. 생각건대, 기독교 국가인 영국이 정상적인 방법이 아닌 불의한 방법으로 돈을 모은 것이 하나님의 눈에 좋아 보이지 않았을 것이다. 어쩌면 하나님의 진노라 할 수 있다. 지금도 중국은 영국의 마약정책으로 인해 마약이 많다. 영국은 명예적 문제라고 하여 아편전쟁을 무역전쟁(Trade War)이라 부른다.

1839-1840년에 형성된 '워싱터니언스'(Washingtonians)는 가끔 금주운동(Washingtonian Temperance Society)이라고 불린다. 음주 문제에 경험이 있었던 몇 명의 소그룹이 있었는데, 그중 한 사람에 의해 이루어졌다. 절주운동의 일환으로, 조직할 때 다음과 같은 강령이 있었다.[64]

---

63) Newgate Institute, op.cit., p.24.
64) Ibid., p.24.

서로서로 도울 것

주간 미팅을 가질 것

서로가 솔직한 대화를 나눌 것

각자가 할 일을 할 것

하나님과 말씀을 의지할 것

절제할 것

이 그룹의 중심활동은 다음과 같다.

① 공적 자백, 대중 앞에서 고백하기(Public confession)
② 공약하기(Public commitment)
③ 회원 방문하기(경험 있는 자들을 방문하여 교육과 경험을 듣는다) (Visits from older members)
④ 회원의 금전적 지원(Economic assistance)
⑤ 자조 모임에 계속 참여하기(Continued participation in experience-sharing)
⑥ 다른 알코올 중독자를 위해 봉사하기(Acts of service toward other alcoholics)
⑦ 건전한 모임(Sober entertainment)

이 모임은 엄청난 성공으로 1841년 이듬해에 가입한 회원이 1,000명에 이르렀고, 1844년에는 회원이 100,000명이 넘었다. 이 운동이 절정에 이를 때는 서약한 회원 수가 60만 명 이상이기도 했다. 이러한 훌륭한 금주모임이 10년도 되기 전인 1848년에 '워싱터니

언스'가 와해되고 말았다. 그 이유에 대해서 몇 가지를 말한다.[65]

    종교적인 사소한 언쟁이 있었고,
    절제운동에 대한 의견, 정책의 차이로
    연합과 통일이 깨어지고
    노예제도 폐지와 금주에 대한 언쟁과
    정치적 돈에 대한 다툼 때문이다.

아무리 좋은 목표로 조직된 단체라도 그 규모가 커지면 의견의 불일치가 생기고, 정치적인 색채가 가미되고, 돈이 모아짐으로 인해 돈에 마사가 생긴다는 것을 알게 된다.

피하 주사기는 1853년에 프랑스의 외과의사 샤를 가브리엘 프라바츠(Charles Gabriel Probats, 1791-1853)가 최초로 발명하였다. 약액을 혈관에 직접 넣어줌으로써 효과가 빨라지게 된 것이다.[66]

인류의 조상들이 처음으로 술의 쾌감을 경험한 대로 그 순간부터 술은 음식이고 약이었다. 모든 증류주는 애초에는 약이었다. 비록 용도가 오래가지는 않았지만 말이다.[67]

1856년 '피하지방 주사기'(hypodermic syringe)가 미국에서도 만들어졌고, 때마침 시민전쟁(Civil War) 기간에 그것으로 전쟁부상자의 치료와 유행병인 이질(dysentery) 치료 처방제로 사용하다 보니 많은 군인들이 주사기를 통해서 쉽게 아편(morphine)에 중독되었다. 그래

---

65) Ibid., p.24.
66) 인터넷, 마약의 역사(피하 주사기의 등장).
67) 톰 히크먼, op.cit., p.41.

서 당시의 아편 중독은 군인병(soldiers disease)이라고까지 불렸다.[68]

근대의 술은 힘들고 고달픈 생활에 해결제로 등장했다. 당시의 산업혁명과 때를 같이하여 급속도로 영국 전역에 퍼져나갔다. 당시의 영국인에게 술은 빵에 필요한 음료이면서 고단한 노동자들의 피로를 달래 주는 묘약제로 널리 활용되었다. 그러던 것이 근대에 와인의 등장과 함께 변화가 일어났다.

1679년, 프랑스 '동 페리뇽'에 의해 샴페인 제조법이 발견되었고, 와인 병마개로 코르크 사용이 일반화되었다.[69] 이때부터 와인의 등급이 정해지기 시작했고, 전 유럽뿐만 아니라 신대륙에서도 와인 수요가 급증하여 주요한 무역상품이 되었다. 르네상스 시대에 와서 다시 증가하기 시작하였음은 와인과 문화의 밀접한 관계를 의미하는 것이라 할 수 있다.

18세기에는 영국 군인들이 네덜란드에서 구입하는 싸구려 진(jin)을 가지고 영국으로 돌아오면서부터 영국에 퍼지기 시작했다. 그 당시 영국은 산업혁명이 시작되던 시기였는데 날마다 혹독한 생활이 이어졌고, 노동자들에게 월급을 지불할 수 없을 때는 월급 대신 진(술)을 주기도 했다. 당시엔 술이 너무도 흔했고 적은 돈을 주고도 술을 마음껏 마실 수 있었다.

한편 18세기 후반에 미국에서 수입된 야생 포도나무 뿌리에 있던 '필록세라 선충'이라는 기생충이 유럽 전역의 포도원을 황폐화시

---

68) Newgate Institute, op.cit., p.24.
69) 코르크는 서기 1세기에 로마인들에 의해 와인 병마개로 사용되었는데 이후 17세기 초에는 영국 사람들이 포르투갈과 스페인으로부터 수입하여 와인 병마개로 사용했다. 코르크는 코르크 참나무의 외피로서, 와인병에 밀봉하면 와인의 도수와 질을 더 좋게 할 수 있다. 톰 히크만, op.cit., p.107.

키는 위기가 있었다. 그러나 저항력이 강한 미국산 포도묘목과 유럽 포도묘목을 접붙여서 문제를 해결할 수 있었고, 1860년에는 "미생물에 의해 발효와 부패가 일어난다"는 사실이 파스퇴르에 의해 발표되어 효모의 배양, 살균, 숙성에 이르는 와인의 제조 방법이 크게 발전하게 되었다.[70]

술이 호주에 들어온 시기는 1788년이다. 호주에서도 술은 매우 보편적으로 확산되었다. 영국의 아더 필립 선장(Captain Arthur Phillip)은 호주 시드니 항구에 도착하여 영국 국기를 게양하고, 가져간 와인으로 왕에 대한 축배를 올리며 호주를 영국의 식민지로 선포하면서 자신이 초대 총독으로 취임하였다. 시드니 코브(Sydney Cove)에 도착한 선장은 화물 사이에 영국에서 가져온 포도 넝쿨을 심었고, 신앙의 자유를 찾아온 루터교 교인들은 교회와 정원에 포도나무를 심었다.

유럽 정착인의 호주 도착 이후 이때로부터 와인이 시작되었다. 초기에는 럼주(rum)가 원주민들과 물물교환을 할 수 있는 중요한 교환수단으로 사용되었다. 기록에는 최초로 호주에 정착한 유럽인들이 인류 역사상 1인당 알코올 섭취량이 가장 많은 것으로 나타났다. 그들의 생활조건은 극도로 혹독했고, 알코올은 식민생활의 비참한 현실로부터의 도피처가 되어 주었다.

1836년 퍼스(Perth, 호주 서남부의 항구도시)에서는 75명당 한 집이 허가를 받은 술집이 있었고, 노동자들은 연간 12갤런(54.5리터)의 알코올을 월급 대신 받기도 했다. 이런 현상은 오늘날 호주에서 술이

---

70) '필록세라 선충'이란, 포도나무를 뿌리째 말라 죽게 한 선충으로서 프랑스, 이탈리아 등 유럽의 포도밭을 휩쓸었다. 이때 해충에 저항력을 갖고 있는 미국산 포도나무로 접붙였다.

가장 일반적으로 사용되고 있으면서 사회적으로 용인되는 약물이 되게 한 원인이라고 볼 수 있다.[71]

4. 20세기(the twentieth time)의 술

1917년 미국 의회에서 알코올은 치료약으로도 무가치하며, 음식으로나 과학적으로도 가치가 없으며, 음료수로도 사용하면 안 되고 치료용으로도 유해한 것이기에 알코올을 만들거나 팔 수 없다는 법을 제정하여 통과시켰다. 이런 결정은 1907-1919년 사이에 미국의 34개 주가 알코올의 제조와 판매를 금지하는 법령을 발생한 결과였다. 2년 뒤 1919년에는 10만 개가 넘는 허가받은 바(bars)들이 문을 닫았다.[72]

1922년 옥스퍼드 그룹(Oxford Group)이 프랭크 버크만(Frank Berkman)에 의해 시작되었다. 프랭크 버크만은 금주운동을 신앙적인 차원에서 시작했다. 그가 주창하는 강령은 다음과 같았다.

① 죄를 고백하도록 하고(Confess their sins)
② 하나님께 순복하도록 하고(Surrender to Christ)
③ 안내 길잡이를 찾고(Seek Guidance)
④ 서로가 공유한다(Share Absolute Purity).

---

71) 김충렬, 《알코올 중독과 목회상담적 치료》 p.155.
72) Newgate Institute, op.cit., p.25.

이 아이디어는 이를 통해 새로운 인생으로 변환하기 위한 것이다. 절대 순결하고 절대 이타적이고 절대 사랑한다는 것이다.[73]

근대에 이르러서 술은 각종 퇴폐적 문화생활의 주역을 맡았다. 술로 인한 문화적인 타락으로 금주운동이 일어나게 되었는데 주로 기독교 단체에서 생겨났다. 처음 금주운동은 영국에서 시작되었다. 1736년에 영국 의회는 알코올의 판매에 여러 가지 제한을 가하는 진 법령(the Gin Act)을 도입하였다. 이 법령은 폭동과 대대적인 반대운동에 직면하게 되었고, 결국 1743년에는 이 법령이 폐지되고 말았다.

그 후 미국에서는 거의 한 세기를 지나는 즈음인 1874년 '기독교 여성운동'(WCTU: Women's Christian Temperance Union)이 일어났다. 이들은 알코올을 '죄악'이라고 믿으면서 도시에 있는 고급술집을 점거하고 무릎을 꿇고 기도하면서 술집 주인들에게 문을 닫을 것을 요구하였다. 전국 곳곳의 여성들이 이 운동에 동참했고, 몇 달 동안 수천 개의 고급 술집이 적어도 일시적으로나마 문을 닫기도 했다.

금주운동가들은 여기에서 그치지 않고 정치적으로 활동을 하였다. 이들은 알코올 금지운동을 정치적으로 강력하게 전개했으며, 1920년에는 그 정치적 효과를 얻어내어 미국에서는 한때 금주령을 내리기도 했다.

그 후 약 13년 동안 알코올은 완전히 불법화되었지만 금주령이 그 효력을 지속적으로 발휘하기란 그리 쉬운 것이 아니었다. 금주령이 내려지면서 사람들은 술을 먹지 않기도 하지만 여전히 술을 찾는 자들이 많아지게 됨으로 또 다른 부작용이 생겨났다. 불법 술

---
73) Ibid., pp.22-29.

제조와 불법 판매가 암암리에 성행하게 된 것이다. 이렇게 술을 사고파는 것이 불법화되자 사람들은 자기들 집에서 사적으로 술을 만들게 되었고, 불법적인 술집이 생기게 되자 술집은 밤새도록 영업을 하면서 대규모 밀주시장이 생겨났고, 마피아와 같은 갱단이 운영하기도 했다. 그런 결과 1933년에는 금주령이 폐지되고 말았다.[74]

'WCTU'(Women's Christian Temperance Union)란 기독교여성절제운동이다. 1874년에 금주당(National Prohibition Party; NPP)이 조직될 때, 프랜시스 윌러드(Francis Williard)가 기독교 절제회를 세웠다. 윌러드는 전국을 순회하면서 여성의 참정권 확대를 역설했다. 여성 참정권의 확대는 '가정 보호'에 기초하고 있었다. 술과 마약으로 인해 남자가 여성들에게 가하는 폭력으로부터 보호를 받아야 하는데, 그것은 여성에게도 참정권이 있어야 가능하다는 것이었다.[75]

그럼에도 불구하고 술은 현대에 이르러 더욱 인간의 삶의 한 부분으로 자리를 잡아가고 있다는 현실이 성경의 교리와 성경대로 살기를 원하는 크리스천 생활에 큰 고민이 아닐 수 없다. 대부분의 사람들은 술을 마시는 이유에 대해 생활의 고달픔을 이기기 위해, 그리고 사교적 목적으로 술을 많이 활용하고 있다는 것이다. 그리고 술은 지금 음식의 한 부분으로 당당히 자리하고 있다.

유럽에서는 음식을 소개할 때는 반드시 그 음식에 어울리는 술을 소개하고 있다. 술을 음식에 가미함으로써 음식의 맛을 더 높일 수 있다는 것이다. 어느 곳이든 사업을 하는 사람이나 정치하는 사람들 사이에서의 최적의 접대라 생각하고 술을 최고의 접대 문화

---

74) 김충렬, op.cit., p.156.
75) Newgate Institute, op.cit., p.25.

로 여기고 있다. 이렇게 해서 고급 술집이 생기고 고가의 와인이 진열되고 있어 술을 더 부추기고 있다. 유럽이나 우리나라에서도 상업화의 뒷면에서는 술 문화가 이루어지고 있었다는 것을 부인할 수 없다.

술이 음식의 한 부분으로 정착되면서 부차적인 것들이 발전하게 되는데, 술에는 절대적인 것처럼 여흥이 뒤따른다. 음악이나 유명한 가무가 뒤따르고, 자칫 음탕한 문화를 불러오게 된다. 이런 술자리를 즐기다 보면 그것이 곧 나쁜 습관이 되고, 알코올 중독자들이 많아질 수밖에 없는 것이다.

1935년, AA운동(단주운동)은 옥스퍼드 그룹의 영향을 받아 알코올에 시달렸던 밥 스미스(Bab Smith) 의사가 자기가 마지막으로 술 마셨던 6월 10일에 자기와 같은 중독자들의 재할을 돕기 위해 '단주 친목회'를 만들었는데 AA에 관해서는 제3부 2장에서 논할 것이다.

5. 한국인과 술

한국인의 술은 고려시대부터 시작되었다고 알려지고 있는데 고려도경(高麗圖經)의 기록에 "송나라 사신 서긍(徐兢)이 고려 인종 때 원전 1122년에 와서 막걸리를 배워갔다"는 기록과 "고려인들은 술을 즐긴다"는 기록이 있다. 막걸리는 찹쌀이나 멥쌀, 그리고 밀가루를 쪄서 누룩과 물을 섞어서 발효시킨 것으로, 이것이 한국 고유의 술이다.

  한국인들은 예부터 불교나 유교의 영향으로 인해 무엇이나 마음에 두고 살면서 밖으로 내어 놓지 않고 숨기고 사는 내성적 성격의 소유자라 볼 수 있다. 그래서 술이 몸에 들어감으로 인해 여흥을 돋우게 되고, 그때 비로소 속에 품었던 생각을 표현하는 성질이 있다. 이것은 유럽인들의 성격과는 차이가 있다. 서구인들이 동적이라고 한다면 동양인들은 정적이라 할 것이다. 한국인들도 차분하게 살면서 술을 통해 조용해지기를 바라지만 술만 들어가면 시끄럽고 소란해지고 다툼과 싸움을 일으키기 일쑤다.

  한반도에 포도가 처음 전래된 것은 삼국시대로 추정된다. BC 126년 서역 정벌에 나섰던 중국 진안의 장건이라는 장수가 중앙아시아에서 포도를 중국으로 가져온 이후에 중국에서 한반도로 전래되었을 것으로 본다. 그 이후 1900년 남 프랑스 캄볼라제 출신의 안토니오 콩베르 신부가 교회를 짓기 위해 안성 지방에 올 때 미사용으로 쓰려고 가져온 무스깟(Muscat, 아라비아) 포도가 있었고, 서울 뚝섬에 '권업모범장'이 있었다. 권업모범장이란 일본사람들이 유럽의 여러 종류의 포도 품종을 이식하여 재배법을 연구, 농가에 보급하던 곳이다.[76] 기업 형태의 포도주를 생산하기는 1970년에 와서야 가능했다. 이때 주로 독일의 양조기술자들이 경북 청하(청하: 경북 포

---

76) '권업모범장'(勸業模範場)이란 농사시험연구소인데, 1906년에 일제 통감부 주도로 창설되어, 권업모범장을 통해 일본식 농사기술을 식민지 조선에 이식하고, 이를 통해 조선의 농업을 관장하려고 했다. 평양, 서울, 수원, 목포, 군산 등 전국에 농업시험장을 세웠다. 농기구를 비롯한 모든 것을 일본 것으로 사용케 하였다. 쌀의 품질을 높이고 좋은 쌀을 일본으로 가져갔다. 나중에는 농림학교 또는 농상학교를 각 곳에 세웠다. 일본의 문화를 한국에 심는 데 목적을 두었다.

항시 북구 청하면, 1914년까지 청하군이었다가 영일군으로 흡수됨)에 와서, 1982년에는 프랑스의 연구진들이 방한하여 기술을 받게 되었다. 지역의 이름을 따서 '청하'라는 술 이름을 붙였다.

2000년에 들어서면서 국민의 소득수준 향상으로 낮은 알코올을 선호하는 소수의 대중과 와인의 수입 증대와 특히 프랑스의 인기 있는 와인의 수입이 증가하게 되었다. 그러나 장기적인 경기침체로 소비심리가 위축되고, 늦어지는 경기회복 등 정치, 경제적 상황 등의 여러 가지 문제로 제자리걸음을 하고 있다는 견해도 있으나, 우리 삶의 주변이 어려울수록 알코올을 찾는 사람은 더없이 많아진다는 것이다.

한국인들은 외국에서 들어온 와인의 등장으로 한때는 한국의 전통적인 막걸리보다 와인을 더 선호하기도 했다.

6. 목회상담적 지침

전제로 할 것은 중독이란 술 자체를 두고 말하는 것이 아니라는 것이다. 술에는 두 얼굴이 있는 것이 사실이다. 중요한 것은 단순하게 술이 사람에게 나쁘다, 좋다는 이분법적으로 논하는 것이 아니라 술이 가져오는 폐해가 무엇인가를 논하는 것이다. 즉 술을 마시고 병이 나았다고 할 땐 왜 술이 나쁘다 하겠는가? 그러나 술을 마시고 취해서 그 폐해가 나와 이웃에게 미친다고 할 때는 분명히 나쁘다고 말할 것이다. 술을 마시고 내 기분이 좋다고는 하겠지만 만약에 내 기분으로 인해 다른 사람에게 미치는 영향이 안 좋다면 그것은 분명히 문제가 있다고 할 것이다.

우리가 다루는 것은 알코올로 인한 중독이 문제라는 것이다. 중독이라는 술의 결과로써 본다면 술은 나쁜 것이다. 혹 마음의 위안이 될까 싶어 마셨다가 그 술이 위로는 잠시일 뿐 오히려 술에 인이 박히게 된다면 분명 그 술은 나에게 해가 되는 것이다. 이런 술의 결과로 오는 중독을 어떻게 치료할 것인가라고 했을 때, 그 문제의 원인이 술이기에 술을 마시지 말라든지 아니면 남용하지 말라든지 할 수밖에 없지 않겠는가.

중요한 것은 술과 알코올의 차이에 대한 이해가 있어야 할 것이다. 술과 알코올을 동일시해야 하는가, 아니면 달리 이해해야 하는가. 우리는 술이란 와인이나 맥주나 막걸리나 모든 것을 다 포함하는 것으로 이해하고 있다. 성경에도 술이란 용어가 따로 없다. 모든 술을 와인으로 표기하고 있다. 혹 술 중에 도수가 없는 술도 있는지 모른다.

어찌 되었든지 와인이나 술로 인해 중독이 되면 안 된다는 것이다. 와인이 정치, 경제, 사회, 문화 등의 각 분야에서 빼놓을 수 없는 연관성이 있다고 할지라도 성경과 크리스천의 생활에서 어떻게 이해하고 그것을 용해할 것인가는 조심해야 할 것이다.

어떤 학자는 말하기를, 술이 기독교 신앙의 교리에 척도가 될 수는 없다고 한다. 즉 술은 덕을 세우는 건덕의 문제이지 신앙과는 아무런 상관이 없다는 것이다. 서양에서는 술이 음식의 레시피, 즉 과일로 만든 것으로 향료가 가미된 술로 등장하는 데 비해 한국의 기독교에서 술을 신앙의 척도로 보거나 금기시하고 있는 것은 고려해 볼 문제라는 것이다. 이것은 시대적인 변화로 그 의미를 생각해야 한다고 주장하기도 한다. 그러나 술은 교리의 문제가 아닐지라도 신앙과의 문제는 될 수가 있다는 것이다.

신앙과 건덕은 관계가 깊다. 신앙은 교리를 근본으로 하는 것이다. 성경에서 술에 대해 어떻게 말했는가를 살펴야 한다. 건덕이 없으면 신앙이 실패하게 된다. 술을 마시고 흥청망청하는 것은 신앙에 유익하지 못하기에 금주를 주장한다. 한편 진보주의 입장에서는 건덕 상의 문제로 보고 절제를 주장한다. 술도 음식이니 마시고 실수하는 것이 문제이지 실수만 없다면 무엇이 문제가 되는가 하고 묻는다. 그러나 과연 술이 문제가 없는 것인가. 술을 마시면 마치 인간미가 있는 것처럼 생각하는데, 그것은 잘못된 것이다. 술을 마심으로 순박한 인간미를 그대로 드러낸다는 것은 속이는 것이다. 거기엔 정직과 진실함이 없다.

기독교와 술의 문제를 인간 이해적인 차원에서 생각해야 한다는 주장도 있다.[77] 그러나 하나님 이해적인 차원에서 생각해야 한다. 사람은 언제나 술을 마실 수 있고, 취할 수 있고, 중독에 걸릴 수 있다는 것을 알아야 한다. 알코올이 교리적인 문제인가, 건덕의 문제인가는 어느 시대나 논란이 많다. 보수적인 입장에서는 교리적인 문제로 보고, 인간의 감정을 그대로 드러나게 하는 것이기 때문에 술을 마셔야 한다고 하는 것은 너무 인간의 연약함을 드러낸 것이며, 이런 방법은 하나님께서 좋아하시는 방법이 아니다.

시대적인 변화로 받아들여야 한다는 것이다(상황윤리에 속한다). 술을 마시고 안 마시는 것은 오로지 개인의 문제이다. 근본적으로 술 자체가 문제가 되는 것이 아니라 술로 인해 생기는 문제가 크다

---

[77] 게리 콜린스, op.cit., p.159.

는 것이다.

  취하는 자의 마음을 이해해 주자는 것이나 중독자를 이해해 주기 위해서라도 기독교인의 신앙과 알코올 문제를 압박하지 말자는 것은 문제가 있다. 알코올을 즐기는 사람이나 중독된 자를 이해한다는 것은 상담자로서 중요한 자세이긴 하지만, 그리고 우리가 적극적으로 해야 할 행동이지만 우리가 그들의 내적, 심리적인 상태를 이해하기 위해 술을 마시는 경험을 해보자는 것은 있을 수 없는 것이다. 술을 자유롭게 마실 수 없도록 금기나 금주로 못 박을 수는 없다지만 술을 자유롭게 허용하는 것은 그 결과를 볼 때 심히 어려운 문제가 아닐 수 없다.

제4장

알코올의 혼란한 메시지

역사는 알코올 남용과 다른 마약들에 대한 컨트롤과 사용의 평가 등 여러 가지 노력들로 채워져 있다. 같은 시대에 술의 도덕성에 대한 혼란한 메시지는 사실상 너무 과다할 정도로 많아 술에 대해서 혼선을 이루고 있다.

성경은 술 마시는 것에 대해 여러 곳에서 말하고 있다.[78] 그러나 성경이 반드시 맥주나 와인 또는 알코올이 함유된 음료를 마시지 말라는 것은 아니다. 전도서 9장 7절에서는 "너는 가서 기쁨으로 네 음식물을 먹고 즐거운 마음으로 네 포도주를 마실지어다"라고 말한다. 또 시편 104편 14-15절에서는 "하나님께서 사람의 마음을 기쁘게 하기 위해서 포도주를 주셨다"고 했다. 하지만 기독교인들이 알코올을 마음대로 취해도 된다는 말은 아니다. "술 취하지 말라"(엡 5:18)는 것이다. 술 취함과 그에 대한 결과를 정죄한 것이다(잠 23:29-35).

---

78) 레위기 10:9; 민수기 6:3; 신명기 14:26; 사사기 13:4; 잠언 20:1, 31:4; 이사야 5:11.

1. 성경(Bible)

성경에 나오는 알코올에 대한 구절을 다 열거할 수는 없다. 다만 대표적인 것으로만 할 것이다. 신약에서는 명백하게 술에 대해 충고한다. 술 취한 자는 하나님의 나라를 유업으로 받지 못한다고 했다.[79]

구약성경에서도 우리는 술에 대한 경고를 자주 볼 수 있다.

> "포도주는 거만하게 하는 것이요 독주는 떠들게 하는 것이라"(잠 20:1).
> "술과 기름을 좋아하는 자는 부하게 되지 못하느니라"(잠 21:17).
> "술을 즐겨 하는 자들과 고기를 탐하는 자들과도 더불어 사귀지 말라 술 취하고 음식을 탐하는 자는 가난하여질 것이요…"(잠 23:20-21).

유대교의 구약성경에는 신약의 기독교에서처럼 술에 대하여 인정하고 있으나 절제하고 조심하라고 한다. 또 다른 메시지에는 "포도주는 모든 의약의 머리"(Wine is at the head of all medicines)라고 말한다.[80]

성경과 알코올에 대한 것은 제2부 제1장에서 논할 것이다.

---

79) 고린도전서 6:10.
80) Newgate Institute, op.cit., p.38.

2. 다른 경전(other holy books)

• 이슬람(Islam)

이슬람은 세계 주요 종교 중에서 가장 강력하게 음주를 철저히 금하고 있다.

"술과 도박은 가장 큰 죄악으로서 취하게 만드는 것은 사탄의 작품이다"[81]

이슬람의 경전 코란(Koran)에는 모든 알코올 마시는 것을 금하는 금주법으로 술 마시면 안 된다고 못을 박았다. 그러나 시대와 환경에 따라 외국에 나와서는 마시는 자가 많다. 이슬람 중에서는 본국에서는 술을 마시지 않다가 한국 같은 술을 좋아하는 나라에 와서는 교제상으로 술을 마시는 자들이 많다.

• 힌두교(Hindu)

힌두교의 경전 베가(Vegas)에서도 마찬가지다.

• 불교(Buddha)

불교에서도 금주로 기록하고 있다.[82]

---

81) 코란 5:90.
82) Newgate Institute, op.cit., p.30.

3. 초기 미국의 태도와 혼란스러운 경험
(attitudes and experiences)

알코올에 대한 기록은 미국에서도 발견할 수 있다. 미국에서는 일찍부터 술에 대해서 고민했고, 금주법을 만들었다가 또 해제하기를 수도 없이 반복해 왔다.

퓨리타니즘(Puritanism) 정신으로 경건하고 고급스럽게 미국을 건설한 이들은 신앙과 생활 사이에서 술을 어떻게 보아야 할 것인가를 항상 고민해 왔다. 유럽에서 건너온 미국 이민자들은 물 대신 맥주를 마신 습관을 가지고 살았기에 아메리카로 이민해 와서도 맥주를 마시게 된 것이다. 아메리카에서는 당시에 영국 등 유럽으로부터 술을 수입했다. 유럽 술이 문제라기보다는 술을 마심으로 인한 '술 취함' 또는 '알코올 중독'으로 중독자가 늘어나게 됨으로 개인으로부터 시작하여 가정의 파괴와 국가와 사회문제로 비화되어 정책적으로 알코올을 다스리게까지 되었다. 그래서 미국은 알코올 중독이 사회적으로 문제가 되어 알코올과 알코올 중독에 대하여 많은 노력과 연구를 거듭해 왔기 때문에 이 부분에 있어서 선진국이다.[83]

이 시대에 우리가 당면하고 있는 알코올 중독 문제를 연구하고 그 대책을 세우려고 할 때는 거의 모든 학문이 그러하듯 미국의 것에 신세를 질 수밖에 없다. 알코올 문제에 있어서 미국이 일찍부터 어떻게 대처해 왔는가를 알아야 한다. 그들이 알코올을 어떻게 보았는지, 얼마나 고민을 했는지, 그리고 그들이 세우고 시행했던 대

---

83) Ibid., p.38.

책들은 무엇이었는지, 그들의 시행착오와 실패나 성공 등의 경험들을 뒤져보는 것이 중요하다. 미국은 알코올 중독을 보면서 놀고 있지 않았고 계속 고민하고 극복을 위해 노력해 왔다. 우리는 그 앞서 간 사람들이 어떻게 노력했는가를 이해하고 연구할 필요가 있다. 알코올에 대한 그들의 인식이나 금주에 대한 성공과 실패를 거울삼아야 한다.

초기 미국의 15세기로 돌아가 보면, 그로그(grog, 독한 술)는 뱃사람들과 군인들에게 날마다 공급되는 중요한 양식이었다. 그로그를 음료로 사용했기 때문이다. 1620년, 통나무로 만든 배로써 정상이 아닌 메이플라워호가 가던 길을 멈추고 플리머스에 정박하기로 결심한 이유가 있다. 당시 선박 일기에는 "우리는 지금 '앞으로'를 위해 고려나 숙고할 시간의 여유가 전혀 없다. 우리의 식료품이 바닥이 났는데 특히 마실 술(bear)이 없다"라고 기록되어 있다.[84] 또 미국의 독립전쟁(Revolutionary War, 1775-1783) 동안에 위스키나 럼(rum, 물을 탄 술) 또는 브랜디를 군인 일인당 1핀트(0.47리터)에서 4핀트를 정량으로 공급한 규정이 있었다. 이들에게는 맥주가 양식이었고, 물 대신 맥주를 마셨기 때문이다.[85]

미국의 위대한 시인이며 에세이스트인 랄프 왈도 에머슨(Ralph Waldo Emerson)은 기록하기를, "하나님은 밀가루처럼 누룩을 만드셨다. 그리고 그가 채소를 사랑하듯이 애정을 가지고 누룩의 발효를 사랑했다"고 했다. 16세기의 의사요 휴머니스트인 프랑스의 라벨라이스(Rabelais)는 "늙은 의사보다 늙은 술고래가 더 많을 것"이라고

---

84) 톰 히크먼, op.cit., p.14.
85) Newgate Institute, op.cit., p.27.

가정적 이야기를 했다. 사무엘 존슨(Samuel Jonson)은 "술로 불편한 사람 중의 하나는 생각이나 말에 실수를 할 것이다"라고 말했다.

이런 혼란한 메시지는 우리들에게 여러 세기를 넘어서 술의 원천적인 존경할 만한 가치로부터 가치나 개념, 그리고 의미를 갖는 데 혼란을 주고 있다. 알코올 사용이나 남용이 오해와 논쟁의 대상이 되다는 것은 아주 경이로운 일이다.[86]

4. 목회상담적 지침

많은 이들이 술에 대해서 혼란한 생각을 갖게 된다. 마실 것인가, 말 것인가? 마셔도 되는 것인가, 안 되는 것인가? 사람들은 술에 대해 관심이 많음과 동시에 갈등도 많다. 그것은 술이 자신에게 미친 영향이 적지 않기 때문이다.

성경에는 술을 마시지 말 것에 대해 말하면서 또 일정 부분 술을 마실 것에 대해서 말한 곳이 있다. 성경은 술에 대해서 우리를 혼란케 하는 것 같다. 그러나 그것이 아니다. 먹으라고 할 때와 먹어서는 안 될 때를 분명히 제시하였다. 성경은 마시지 말 것에 대해서 더 많은 당부를 했다. 술은 우리를 이롭게 하기보다 해롭게 한다는 것이다. 하나님은 그것을 성경을 통해서 우리에게 충분히 말씀하셨다.

미국의 경우 술이 사람에게 해롭다는 것을 알고 난 후부터는 금주할 것을 법으로 규정하는 금주법을 입법하였다. 처음에는 청교

---

86) Ibid., p.29.

도들의 보수적인 신앙으로 술은 하나님께나 가정과 자녀들에게 유익하지 못하다 하여 금주법을 만들었다. 그러나 술맛을 잊을 수가 없어 많은 사람들이 술을 찾게 되었다. 유럽에서부터 맥주를 마신 습관을 따라 술을 마시게 된다. 얼마 안 가서 금주법이 폐지되기도 했는데, 이를 수도 없이 반복했다.

앞으로도 술에 대해서 인간은 어찌할 수 없이 술의 종이 되어 살 것이다. 그러나 술은 술에서 그치는 것이 아니라 음탕함이 따른다.[87] 술과 음탕함은 언제나 그 궤도를 같이한다. 술은 타락이기에 크리스천들은 조심해야 한다. 술을 가까이한다는 것은 하나님의 원수인 사탄을 가까이하는 것이다. 하나님을 가까이하라. 하나님께서 술을 멀리하라 하신다.

---

87) 요한계시록 14:10.

제5장
금주법

1. 역사적 접근(the historical approach)

1) 금주법은 미국에서 가장 많이 생겼다. 미국의 개척자들이 신대륙을 발견하여 정착하기 시작한 이래 술은 미국 역사의 한 부분이었다. 초창기 개척자들은 알코올이란 물질이 독성이 있다기보다는 오히려 예방적이고 치유적인 효과가 있는 건강한 물질이라고 믿었기 때문에 알코올을 매우 중요시하였다. 알코올은 공동체 의식과 유흥을 촉발시키는 데 있어서 중요한 역할을 하였다. 그러나 시대가 지나면서 높아진 알코올 소비는 다양한 형태의 '절주운동'을 일으키는 요인이 되었다. 성직자들이 알코올은 심신을 붕괴시킬 수 있다는 입장을 취하고, 대중들에게 증류주 사용의 자제를 요청하면서 첫 금주운동이 시작되었다.[88]

---

[88] David Capuzzi, Mark D. Stauffer, 신성만, 김성재, 김선민 옮김, 《중독상담》(박학사, 2013), p.4.

미국헌법 수정 제18조 금주법에 대하여 잠시 생각해 볼 필요가 있다. 헌법 수정 제18조는 금주법으로 유명한데, 1919년에 의회에서 비준을 얻어 이듬해에 발효되었다. 입안자인 하원의원 앤드루 볼스테드의 이름을 붙여 '볼스테드법'(Volstead Act)이라고도 한다. 1919년부터 금주법이 폐기된 1933년까지를 미국의 금주법 시대(prohibition act)라 부른다.[89] 농촌 지역의 개신교 세력인 금주 십자군(dry crusaders), 여성기독교금주연맹 등이 주축이 되었다. 금주법이 시행되었을 때 종교적 목적으로 사용되는 포도주는 허용되었다. 그러나 알코올의 개인적인 허용이나 소지는 불법으로 규정하였다. 그 내용은 다음과 같다.

미국 수정헌법 18조 금주법

> 본 조의 비준으로부터 1년을 경과한 후에는 미국 내와 그 관할에 속하는 모든 영역 내에서 음용할 목적으로 주류를 제조, 판매, 운송하거나 미국에서 이를 수입 또는 수출하는 것을 금지한다.
> 연방의회와 여러 주는 적절한 사법조치를 취함으로써 이 조항은 동시에 강제할 수 있는 억제력을 행사한다.
> 본 조는 연방의회로부터 이를 각 주에 회부한 날로부터 7년 이내에 각 주 의회가 헌법에 규정된 바와 같이 헌법 수정으로써 비준하지 아니하면 그 효력이 발생하지 아니한다.

이를 요약하면 다음과 같다.

---

89) Newgate Institute, op.cit., p.26.

1920년대 금주법 시대의 미국 뉴욕, 단속반들이 압수한 술을 하수구에 버리는 장면(출처: rickety.us)

음료용 주류의 제조, 판매, 운송을 금지한다.
의회와 여러 주는 입법을 통해 법 조항을 강제할 힘을 가진다.
상정된 지 7년 안에 비준되지 않으면 무효화된다.

2) 또 다른 방향으로 미국의 '절주운동'은 여성 기독교인들로부터 나타나면서 '술집 줄이기 운동'이 1800년 초에 시작되었다. 이 운동은 1920년에 금주법이 통과되면서 절정에 달했다.[90]

그러나 이 법은 음주량의 축소 등으로, 사회적 혼란과 저항을 불러일으키면서 1933년에 폐지되었다. 미국의 금주법은 처음의 목적과는 달리 비합리적인 방향으로 나아가고 말았다.[91]

중국, 일본에서도 금주법을 시행했다. 이슬람에서는 금주가 생활화되고 있다.

초기 금주법의 실행은 제1차 세계대전 중에 부족한 곡물의 전용을 막기 위해서였다.

노동자들의 음주로 인한 생산성 저하로 화가 나서 독일의 맥주 산업을 고사시키는 것을 환영하는 이들과 기독교 근본주의자들이 금주법을 환영했다.

---

90) David Capuzzi, Mark D. Stuffer, op.cit., p.21.
91) David Capuzzi, Mark D. Stuffer, op.cit., p.21.

1919년 10월 28일 볼스테드 법으로 알려진 전국 금주법이 제정되었고, 1920년 미국 내에서 술이 자취를 감추게 되었다. 미국 모든 주에서 금주법이 통과된 것은 아니지만 거의 대부분의 주에서 금주법을 시행함으로 금주법이 효과를 얻게 되었고, 미국 국민들은 건강한 삶을 살게 되었다.[92]

1918년 미국의 미시시피(Mississippi) 주는 미국 헌법 수정안 '제18조 금주법, 18th Amendment'을 인정한 첫 번째 주였다.[93]

2. 의학적 접근(the medical approach)

의학 전문가들은 알코올은 여러 질병들을 촉발하는 것이라고 규정지었다. 또 같은 시대에 알코올은 마법이나 마술 같은 잠재적 위험이 따른다고 경고했다. 고대에는 알코올을 의약으로 사용해 왔고, 방부제(antisepsis)와 마취제(anesthetic)로 사용해 왔으며, 그리고 알코올을 이용해서 보약(tonics)과 통증을 덜어 주는 약(salves)으로 만들기도 했다.

성경을 보면, 사도 바울은 디모데에게 충고하기를, "이제부터는 물만 마시지 말고 네 위장과 자주 나는 병을 위하여는 포도주를 조금씩 쓰라"(딤전 5:23)고 하였다. 바울은 디모데에게 간곡하게 포도주를 쓰라고 부탁한다.

요즘 의학전문가들은 과거 몇 년보다 더 알코올 중독(alcoholism)

---

92) Newgate Institute, op.cit., p.24.
93) Ibid., p.25.

의 원인(causes)들에 주의 깊게 많은 관심을 갖는다. 의사들은 알코올을 질병의 증상(symptoms)을 다루는 데 사용한다. 그러나 그 원인으로 인해 수포로 돌아가기도 한다.[94]

1970년대 중반에 미국의약연합(AMA: American Medical Association)은 처음에 알코올 중독과 알코올 남용 문제에 관하여 흥미를 가진 의사들로 특별한 모임이 이루어졌다. 이 모임이 나중에는 "알코올 중독에 대한 미국의사협회(AMSA: American Medical Association)로 널리 알려졌다.

1980년대 초에, 이 협회는 알코올 중독에 대한 의학적 대처로 몇 가지 활동계획을 세웠는데, 특별한 진단법과 치료와 알코올 중독의 질병과 또 다른 중독들과 고통으로부터 회복에 대한 그 기준과 표준을 알기 원하는 의사로서 의사자격시험의 장치(mechanism)와 제도를 만들었다.[95]

3. 문제의 범위(the extent of the problem)

미국의사협회(AMSA)에서는 '사회의 여러 가지 중독문제를 어떻게 할 것인가?'에 대하여 고민을 했다. '자의건 타의건 간에 모여든 의사 회원들을 대부분은 신뢰하고 수용해야 할 것인데 어떻게 해야 할 것인가? 그들의 목표가 무엇인가? 그들이 제출한 데이터(이력, 경력, 신상증명 등)는 신뢰할 만한가? 지속적으로 믿을 수 있는 사람들

---

94) Ibid., p.30.
95) Ibid., p.31.

인가?'에 대하여 어떻게 판단할 것이며, 그 기준과 통계를 낼 수 있을 것인가였다.

미국은 술 때문에 고민했다. 미국은 영국으로부터 신앙의 자유를 얻을 목적으로 대륙으로 건너온 청교도들로 구성된 나라이기에, 이들은 새로운 땅에서 자유롭고 경건하게 살려고 노력하였다. 유럽 대륙에서 온 이들에게 있어서 유럽 대륙의 개혁파 신학에서 말한 '계약'(covenant)이란 하나님께서 일방적으로 내리시는 무조건적인 은총의 개념이다. 하나님께서는 은혜를 주시고, 인간은 하나님께 대해 감사할 뿐이다. 하나님과 그들의 대등한 호혜관계(give and take)의 설정이었다.

그런데 이렇게 세워진 미국이 점점 '토착화' 혹은 '상황화'(contextualization)의 과정을 거치면서 변질된 것이다. 미국의 초기 이민자들이 새로운 하나님의 나라를 건설해 보겠다는 하나님과의 약속을 어기고 교리와 실천 전통에서 떨어져 나와 물질의 욕망으로 인해 원주민을 학살하고, 정복의 심리에 사로잡혀 하나님 중심에서 인간의 이익만을 추구하게 되었다. 여기서도 하나님과의 계약이 사실상 깨어진 것이다. 이것이 '기독교의 미국화'의 단면이다.[96]

일본의 모리모토 안리가 쓴 《반지성주의》(Anti intellectualism)라는 책은 미국의 초기 건국 역사와 그 이후의 변천에 대해서 명석한 분석을 한 책이다. 특히 기독교 초창기의 지성적인 기독교에서 반지성적인 기독교로의 변화를 말해 준다. 미국 교회가 제도적이며 도식적인 지성주의적인 기독교에 염증을 느낀 결과 반지성주의적 기독

---

96) 모리모토 안리, 강혜정 옮김, 《반지성주의》(세종서적, 2016), p.17.

교 운동이 일어났다.[97]

그러나 그들은 마셨던 맥주를 마시면서 살 수밖에 없었다. 자연히 알코올 문제를 그들의 삶의 한 부분으로 삼을 수밖에 없었다. 그들은 유럽에서처럼 맥주를 술이라는 개념보다는 음료수로 마셨다. 지금도 영국 같은 곳에서 술로 인한 주정뱅이가 많은 것처럼 미국도 그렇다.

1839-1840년 미국에서 워싱터니언스 금주협회가 생겼다. 짧은 시간에 회원이 수십만 명으로 늘어났다. 그러나 10년이 못 되어서 그 모임이 없어졌는데 그 이유는 정치적, 금전적, 노예제도와 금주문제로 다툼이 생겼기 때문이다. 그 후 개혁세력이 나타났으나 고전했고, 기독교 청교도주의적인 근본주의(fundamentalism)자들에 의해 금주법이 생기기도 했다.

초기 금주법은 제1차 세계대전 때 부족한 곡물의 전용을 막기 위해 생겨났다. 노동자들의 음주로 인해 생산성이 저하되어 국가적 폐해가 있었다.

이란은 본래 포도주 발상지의 한 곳이다. BC 5400년에 하지피루스(지금의 오르미 남부)라는 지역에서 포도주를 제조한 고고학적 증거가 있다. 호메이니는 1979년 술 마시는 것을 금했다. 그러나 이슬람 혁명 뒤 이란에서는 음주가 더 강화되었다.

음주가 금지된 이슬람에서는 지금 '몰래 술장사'가 성업 중에 있다. 〈뉴욕 타임스〉에 따르면 알코올을 파는 것은 물론이거니와 밀주가 심하고, 심지어는 비닐봉지에 술을 넣어서 스쿠터나 자동차로 몰래 배달해 준다. 프랑스 고급 포도주에서 러시아 보드카까지 전

---

97) Ibid., p.21.

화 한 통이면 배달된다. 현지 보도에 따르면, 매달 불법 반입된 수만 병의 술이 경찰에 압수되지만 술꾼들은 업자로부터 충분한 양을 공급받을 수 있다고 한다. 한 주류업자는 "하루 18시간을 일할 정도로 바쁘다"며, "수요가 많고 수입이 좋아 그만두기가 어렵다"고 말한다. 그는 "적발되면 물게 되는 벌금이 내가 내는 세금보다 적다"고 말한다. 다만 "고객관리에 많은 신경을 쓰게 된다"고 한다.

1979년 이슬람 혁명 뒤 이란에서는 알코올을 팔거나 마시는 것이 금지되면서 밀수 주류가 심해졌는데, 밀주는 집중 단속의 대상이 되었다. 순수 알코올을 약방에서 의약품으로 사는 것조차 개혁파인 모하마드 하타미 대통령이 집권한 97년에 와서야 허용됐을 정도다. 당국의 지속적인 단속에도 불구하고 음주가 성행하자 보수적 색채가 짙은 새 의회는 처벌 규정을 강화했다. 적발되면 무거운 벌이나 3-12개월의 징역을 살아야 한다. 지금은 이슬람의 율법에 맞춰 음주를 금하고 있지만 이란은 원래 포도주 발상지의 한 곳으로 알려져 있다.[98]

4. 또 다른 통계(some statistics)

미국인의 드렁커 중 여자는 66%, 남자는 75%라고 계산되고 있다. 이들은 1년 열두 달 내내 마신다는 것이다. 캐나다 알코올 중독 기초조사(addiction research foundation in Canada)를 보면, 알코올 남용자가 미국에 비해 약 5-8%밖에 되지 않는다. 캐나다 인구는 미국의

---

98) 천충길, 포도주 게시판(2011. 12. 14).

약 20% 정도다. 미국국립보건원 산하 기구인 '국립 알코올 남용 및 중독 연구소'(NIAAA: National Institute on Alcohol Abuse and Alcoholism)에서는 1990년에 미국 국민의 15.3%가 알코올 남용자(38million)라고 말했다. 그리고 1993년 그 회의에서 치료비용은 15.3million(한국 돈으로 약 179억 원)이 든다고 했다. 1991년에 마약 남용에 대한 '국가 가족조사'를 보면 미국 전 인구 중에서 중독 남용자가 점차 늘어나 21%가 넘었다는 연구가 발표되었다.[99]

지구 생명탐사 보고서를 보면, 이 지구상에 3종류의 생명체가 주인공일 것이라 한다. 1위는 단연 세균이요, 2위는 개미요, 3위는 인간이다. 5,000만 년 전부터 지구를 덮을 정도로 번성한 지구상의 개미의 수는 2만여 종에 1경 마리 이상일 것이라는 데이터다.[100]

그러나 데이터는 언제나 완전하지 못하다. 앤디 메리필드는 "숫자는 정책을 결정하며, 정치인들은 자신들에게 정치적으로 가장 잘 들어맞은 숫자를 선호한다. 그들은 자신들에게 맞은 숫자를 제공할 전문가를 찾는다. 숫자는 현실 자체가 아니라 현실의 표현이요, 그 뒤에는 전문가들의 거짓말이 숨어 있다"라고 했다.[101]

데이터는 불확실한 것이 오히려 더 정확하다고 할 수 있다. 이것을 불완전한 데이터라고 한다. '불완전한 리더'가 더 완벽하다는 말이 있다. 불완전한 인간은 그 판단도 불안할 수밖에 없다. 대상은 변하지 않는데 주체인 인간은 변한다. 인간들이 만들어낸 데이터가 완벽할 수는 없다.

---

99) David Capuzzi, Mark D. Stauffer, op.cit., p.31.
100) 베르트 횔도블러, 에드워드 윌슨, 임항교 역, 《초유기체》(사이언스북스), 2017, p.150.
101) 앤디 메리필드, 《아마추어》(한빛비즈, 2018), p.85.

5. 금주법의 부작용과 폐지

1) 합법적인 술 생산이 금지되었기에 아주 제한적으로 유통되는 술의 가격은 급등하게 되었다.

2) 몰래 술을 찾는 사람이 많아짐으로 가짜 술을 만들게 되었다.

3) 질이 나쁜 가짜 술이 생산되어 시중에서 판매됨으로 술을 즐기는, 경제적으로 빈약한 자들의 건강에 지장이 있어 목숨까지 잃게 되는 경우가 있었다.

4) 이 틈을 타서 갱단이 밀주 생산에 나서게 되었다.

5) 1925년 그 유명한 알 카포네가 시카고 갱단(Al Capone, the chicago gang)의 중심이 되어 시카고의 경제적으로 일인자의 자리에까지 오르게 되었고, 매춘, 밀주, 도박장 등이 성행하여 이들은 1억 달러나 되는 재산을 모으기도 했다.

금주법 통과로 힘을 얻게 된 미국 보수주의자들의 세력이 몰락하고, 또한 백인우월주의로 알려진 KKK단(Ku Klux Klan)의 세력도 확산됨으로 보수주의자들은 힘을 잃게 되었다. 미국의 루스벨트 대통령이 금주법을 폐기했다. 그로부터 1966년까지 미국 전역에서 금주법은 폐기된 대로 이어졌다.[102]

6. 목회상담적 지침

처음에 금주법이 생긴 것은 신앙생활을 잘해보자며 유럽으로부

---

102) Newgate Institute, op.cit., p.20.

터 건너온 청교도 신자들이 주축이 되어 그 열매를 맺었던 것이다. 하나님 앞에서 경건한 삶을 살고 싶어서였다. 그들은 농촌에서 농사일을 한 순수한 신도들이었고 또 신앙이 깊은 여성들이었다. 여성들이 금주운동에 적극 참여한 이유는 그들의 남편들 중에 많은 사람들이 술꾼들이었기 때문이다. 일을 마치고 나면 저녁에 술을 한 잔씩 들었다. 노동자들의 피곤함을 술로 달래려는 것이다. 그러나 그 술이 한 잔으로 끝나는 것이 아니었다. 술은 더 많은 술을 불렀고, 그 술 취함이 가정에까지 들어와 가정에 불화가 생기고, 자녀들 교육에 허점이 생겼다. 술이란 일시적으로 피곤을 달래는 경우도 되지만 더 많은 술을 마시게 되면 피곤을 넘어 병에 이르게 된다.

술은 사탄의 손쉬운 제일 강한 무기다. 크리스천들도 술에 쉽게 무너지고 만다. 믿음의 가정에서도 "진노의 술잔"(렘 25:15)이 도사리고 있지 않은가를 살펴야 한다. 바벨론의 '금잔'은 유대가 마시듯이 우리도 사탄의 화려한 금잔에 들어 있는 붉은 포도주에 맛이 들리지 않았는지 살펴야 한다. 술은 서서히 사람을 잡는다. 천사처럼 들어와서 악마로 변해 버린다. 술의 종이 되면 그때는 풀려날 수 없다.

제2부

중독이란 무엇인가?

제1장

성경과 알코올

1. 성경은 알코올에 대해 무엇이라고 말하는가?

지금 알코올 문제는 어쩌면 교회 밖에서나 비기독교인의 문제만은 아니다. 교인들 중에서도 음주 문제에 대해 고통을 받기도 하고 고민하는 개인이나 가족이 많다.[103] 요즘은 크리스천이라도 알코올을 보통으로 여기고 있다. 술 한 잔쯤이야 하는 생각이다. 사람들은 중독자를 야단하기 앞서 술을 마실 수밖에 없었던 중독자의 심정을 이해하라고 한다. 기독교 신앙을 가지고 있으면서도 술을 예사롭게 마시는 경우도 많다. 많은 목회자들이 목회현장에서 술을 마시는 교인들이 의외로 많고, 심지어는 알코올 중독자도 있다는 것에 충격을 받는다. 중직자들 중에서도 상습적으로 음주를 하는 자들이 있다.[104]

---

103) 김준·백소진·박훈정 공저, 《알코올 중독의 상담과 재활》, p.34.
104) 정정숙, 《상담사례집1》(베다니, 1999), p.112.

2. 성경 속의 술 취함과 중독

1) 구약시대

(1) 노아의 사건

술 취함으로 일어난 불행한 사건들을 찾아보면 술이 사람들을 실수하게 하고 범죄케 하는 물질인 것을 알게 된다. 노아는 포도주를 마시고 취하여 장막 안에서 벌거벗고 잠들어 있다가 세 아들들에게 수치를 당했다(창 9장). 노아는 '역사상 최초의 술주정뱅이'로 불린다.

성경에는 '중독'이란 말이 없다. 그렇다고 해서 성경이 중독에 대해서 침묵만 하고 있는 것은 아니다. 비록 '중독'이라는 단어를 직접적으로 언급하고 있지는 않지만, 중독의 증상들과 술로 인한 문제점들을 보여주고 있으며, 중독을 어떻게 대해야 할 것인가도 분명히 말해 주고 있다.[105]

성경은 술주정꾼, 알코올 중독, 탐욕, 폭식에 대해 정죄하고 있다. 그러나 약물 중독, 음식 중독, 일 중독 등 이 시대의 다양한 중독에 대해서는 구체적인 언급이 없다. 만약 성경시대의 사람들이 이 땅에 다시 와서 인터넷, 비디오 게임, 무절제한 삶을 사는 우리를 본다면 과연 무엇이라 하겠는가? 그러나 성경시대의 사람들은 성령의 감동으로 현재, 또 미래에 일어날 수 있는 중독에 대해서도 가르침을 주었다. 그래서 우리는 성경을 영적으로 깊이 연구하게 되

---

105) Tracey J. Jarvis, Jenny Tebbutt, Richard P. Mattick, Fiona Shand 공저, 신성만·전영민·권정옥·이은경·조현섭 공역, 《중독상담과 재활》(학지사, 2010), p.33.

면 중독이 얼마나 무서운 것인가를 알 수 있다. 탐욕, 우상숭배, 알코올, 섹스 등은 그때나 지금이나 언제든지 지속적인 중독이다. 좋은 것이라도 지나치면 해로울 수 있고, 절제하지 못하고 남용할 수 있다.[106]

(2) 술 취함과 근친상간

성경에 이런 부끄러운 일들이 기록되었을까. 하나님은 그 시대가 악했음을 말씀하시면서 땅 위에서는 언제든지 범죄할 수 있다는 것을 경고해 주신다. 소돔과 고모라가 유황불에 멸망할 때, 하나님의 인도로 간신히 살아 나온 롯은 두 딸과 더불어 동침했다. 두 딸은 아버지 롯에게 술을 먹이고 잠들게 한 후 술 취한 아버지와 상간을 함으로 불륜의 자녀를 낳았다.[107] 두 딸에게서 난 모압과 암몬 족속은 계속해서 하나님의 백성들을 괴롭혔던 것이다.[108]

(3) 잠언 23장 29-35절의 경고

특히 잠언에서는 술 취함에서 비롯되는 많은 문제들을 언급하면서 경고하고 있다. 술 취함은 하나님을 향한 백성들로서는 불경건한 것이고, 개인의 인격에도 부정적인 영향을 줄 뿐만 아니라 이웃과의 관계에서도 문제를 낳는다. 여기서는 재앙, 근심, 분쟁, 원망

---

106) 게리 콜린스, op.cit., p.746.
107) 창세기 19장.
108) 이사야 15-16장.
    이사야 15장과 16장은 이스라엘을 대적하는 모압에 대한 하나님의 심판 선언이다. 모압은 이스라엘과 지리적으로 인접한 곳이며 혈통적으로도 매우 가깝다. 모압은 아브라함의 조카 롯의 후예들이다(창 19:30-37). 그러나 모압은 이스라엘의 광야생활에 해(민 25:1-5)와 고통을 가했다(삿 3:12-14). 이사야 선지자는 모압의 멸망을 미리 예언하였다.

이 뉘게서 오느냐고 묻는다. 그것은 '술 취함'에서 온다고 말한다. 우리도 잠언의 이 말씀을 한번 새겨 보았으면 한다.

אָנֹכִי ה   לֹא תִרְצָח
לֹא יִהְיֶה   לֹא תִנְאָף
לֹא תִשָּׂא   לֹא תִגְנֹב
זָכוֹר אֶת   לֹא תַעֲנֶה
כַּבֵּד אֶת   לֹא תַחְמֹד

재앙이 뉘게 있느뇨/ 근심이 뉘게 있느뇨/
분쟁이 뉘게 있느뇨/ 원망이 뉘게 있느뇨/
까닭 없는 상처가 뉘게 있느뇨/ 붉은 눈이 뉘게 있느뇨//

술에 잠긴 자에게 있고/
혼합한 술을 구하러 다니는 자에게 있느니라//

포도주는 붉고/ 잔에서 번쩍이며/
순하게 내려가나니/ 너는 그것을 보지도 말지어다//

그것이 마침내/ 뱀같이 물 것이요/ 독사같이 쏠 것이며//

또 네 눈에는 괴이한 것이 보일 것이요/
네 마음은 구부러진 말을 할 것이며//

너는 바다 가운데에 누운 자 같을 것이요/
돛대 위에 누운 자 같을 것이며//

네가 스스로 말하기를/

사람이 나를 때려도 나는 아프지 아니하고/

나를 상하게 하여도 내게 감각이 없도다/

내가 언제나 깰까/ 다시 술을 찾겠다 하리라//(잠언 23장 29-35절)

(4) 이외에도 도덕적이지 못하고 경제적으로도 합당하지 못한 것을 지적한 곳이 많다.

성경에 술을 마시지 말라는 말이 없다고 하는 사람들은 성경을 자세히 읽지 않았기 때문이든지, 술에 흥미를 느끼는 사람일 것이다. 성경에 농약을 마시지 말라는 말은 없지만 농약을 마시면 죽는다. 또 성경에 총을 쏘지 말라는 말은 없지만 총에 맞으면 죽는다. 성경에는 많은 곳에서 술을 마시지 말라고 했고, 또 술이 가져오는 결과가 심히 악하다는 사실을 말해 주고 있다.[109]

"포도주는 거만하게 하는 것이요 독주는 떠들게 하는 것이라 이에 미혹되는 자마다 지혜가 없느니라"(잠 20:1).

"연락을 좋아하는 자는 가난하게 되고 술과 기름을 좋아하는 자는 부하게 되지 못하느니라"(잠 21:17).

"술을 즐겨 하는 자들과 고기를 탐하는 자들과도 더불어 사귀지 말라 술 취하고 음식을 탐하는 자는 가난하여질 것이요 잠 자기를 즐겨 하는 자는 해어진 옷을 입을 것임이니라"(잠 23:20-21).

---

109) 창세기 9:24, 19:32-33, 19:35; 출애굽기 30:9; 신명기 21:20, 32:38; 잠언 4:17, 23:20, 30, 35, 31:5; 이사야 28:1, 65:11; 다니엘 5:1, 2, 4; 요엘 3:3; 아모스 4:1; 미가 6:15; 나훔 1:10; 하박국 2:5, 15; 사도행전 2:13; 디모데전서 3:3, 8; 디도서 1:7.

2) 신약에서의 술 취함

만일/
어떤 형제라 일컫는 자가/
음행하거나/
탐욕을 부리거나/
우상숭배를 하거나/
모욕하거나/
술 취하거나/
속여 빼앗거든/
사귀지도 말고/
그런 자와는 함께 먹지도 말라//(고린도전서 5장 11절)

　신약에서도 구약성경과 같이 술 취함에 대해 부정적인 입장을 취하고 있다. 술 취함은 도덕적이지 못한 행동이나 습관인 음행, 도둑질, 탐욕 등을 가져온다는 것이다. 구약이나 신약을 막론하고 술 취함으로부터 오는 행동이 부도덕한 것을 보여준다.
　바울은 서신에서 술 취함의 문제에 대해서 강하게 지적해 주고 있다. 고린도 교회 안에서는 각종 부도덕한 일들이 많았다. 고린도 교회 안에는 음행과 술 취함과 탐욕과 우상숭배자들이 있었다. 사도 바울은 서신서를 통해 술 취함의 문제에 대해 지적한다. 고린도 교회를 향해 "이제 내가 너희에게 쓴 것은 만일 어떤 형제라 일컫는 자가 음행하거나 탐욕을 부리거나 우상숭배를 하거나 모욕하거나 술 취하거나 속여 빼앗거든 사귀지도 말고 그런 자와는 함께 먹지도 말라 함이라"(고전 5:11)고 하면서 술 취함이 당시의 대표적인 도덕적, 영적 문제인 음행과 우상숭배와 같은 종류의 죄임을 지적한다. 바울은 갈라디아 교회를 향해서도 음행, 호색, 우상숭배, 분쟁 등과 함께 구체적으로 술 취함의 문제를 언급하고 있다(갈 5:19-21).

고린도 교회는 아드리아 바닷가에 자리 잡고 있어서 아드리아 바다의 그 아름다운 석양을 바라보면서 술을 마시기에 너무도 황홀하다는 것이다. 항구이기에 무역으로 인한 선박들이 머무르게 되고 거기서 술을 즐기게 되었다. 그런 좋지 못한 풍조가 교회 안에 들어왔던 것이다. 이런 모든 악한 습성은 술 취함에서 들어온 것이다.[110]

바울은 디모데에게 만성적인 속병을 위해 "물만 마시지 말고 포도주를 조금씩 쓰라"고 했다.[111] 그 지역의 물은 토질상 깨끗하지 못했다. 지금처럼 물을 정화할 수 있는 시설이 없었기에 박테리아나 바이러스 등으로 인해 오염된 물이었다. 오늘날에도 제3세계 국가들이 그렇다. 그래서 포도주를 약용으로 권한 것이다. 바울은 디모데에게 술을 권하는 것이 아니다. 디모데에게 권하는 술은, 오늘날 흔히 마시는 그런 술이 아니었을 것이다. 기독교인들이 절대로 삼가해야 할 것은 '술 취함과 중독'이다.[112]

일부 학자들에 의하면, 1세기 팔레스타인에서의 포도주의 알코올 농도는 분명히 사람들이 취하기에 충분한 도수를 가지고 있었다고 한다. 가나 혼인집의 연회장에 의하면 예수님이 만드신 술을 맛보고 "이렇게 좋은 술이 어디서 났는가"라고 물었다. 구약에서는

---

110) 김준·백소진·박훈정 공저, 《알코올 중독의 상담과 재활》, p.36.
111) 디모데전서 5:23.
112) 고린도전서 5:11, 6:12.

'좋은 술'일수록 '독주'(strong wine)였다.

성경의 흐름을 보면 술을 마실 때 절제(temperance)할 것을 가르치는 면도 있다. 그러나 금주(abstinence)하는 것이 더 낫다고 말한다. 누가복음 7장 33절을 보면, 세례 요한은 술을 마시지 않았던 하나님의 사도였다.

구약에는 '나실인'의 서원이 있다. 하나님께 헌신하고자 하는 사람에게 술은 절대로 금지사항이었다.

"이스라엘 자손에게 전하여 그들에게 이르라 남자나 여자가 특별한 서원 곧 나실인의 서원을 하고 자기 몸을 구별하여 여호와께 드리려고 하면 포도주와 독주를 멀리하며 포도주로 된 초나 독주로 된 초를 마시지 말며 포도즙도 마시지 말며 생포도나 건포도도 먹지 말지니 자기 몸을 구별하는 모든 날 동안에는 포도나무 소산은 씨나 껍질이라도 먹지 말지며"(민 6:2-4).

대부분의 크리스천들은 절제가 좋다고 말하기도 하지만 알코올이 갖고 있는 위험성을 볼 때 금주가 훨씬 더 낫다고 믿는다. 알코올이란 향정신성 의약품인 고로 심리적으로, 신체적으로 중독이 될 수밖에 없다. 성경은 알코올의 절제된 사용을 비난하지도 않고 금하지도 않는다. 알코올이 함유된 음료를 마시는 것과 같은 행위는 인체에 해롭고, 감각을 무디게 하며, 정신을 흐리게 하고, 도덕이나 죄에 대한 불감증에 걸리게 하고, 타인에게 해를 끼치고, 믿는 사람들을 넘어지게 하므로 피하거나 최소한 경계심을 가져야 한다. 믿는 사람들은 절제를 선택해야 한다. 절제는 주님의 몸 된 교회의

성장을 위해 유익하기 때문이다.[113]

성경은 '먹고 마시는 술은 방탕으로 이어진다'는 것을 엄숙히 경고한다.[114]

3) 신약 초기의 지역 교회에서의 음주 문제

디모데전서 3장에서 바울은 교회의 각종 직급의 자격을 말할 때, 장로의 자격 중에는 '술을 즐기지 아니'해야 한다고 하였다. 이 말의 원어는 '술에 중독되지 아니하며'이다. 즉 자제력 저하로 인하여 중독이 된다. 디모데전서 3장 8절에서 집사의 자격을 논할 때도 "술에 인박히지 아니하고"라고 했는데, 이 말의 원어 뜻은 '술을 탐닉하는 것'을 말한다. 술을 탐닉하면 결국 술에 중독된다. "술을 즐기지 아니하며" 또 "술에 인박히지 아니하고"라는 말씀은 알코올 중독에 대한 예방적 경고라 할 것이다. 성경이 우리에게 가르쳐 준 알코올에 대한 원리는 부정적 시각이다.[115]

디도서 2장 3절을 보면, "늙은 여자로는…많은 술의 종이 되지 아니하며"라고 나온다. 신체구조상으로 볼 때 여자들은 남자들보다 적은 양에도 빨리 취한다. 더구나 늙은 여신도들은 쇠약함으로 적극적으로 술을 입에 대면 자신도 모르게 중독자가 되기 쉽다. 결국 술은 자제하기 어려운 것이다.

고린도전서 5장 11-12절에서는 고린도 교회 교인들 중에서 "술 취한 자를" 출교시키라고 했다. 고린도전서 6장 10절에서도 "술 취한

---

113) 게리 콜린스, op.cit., p.724.
114) 누가복음 21:34.
115) 정정숙,《상담사례집 2》(베다니, 1999), p.112.

자는 하나님의 나라를 유업으로 받지 못하리라"고 했다.

(1) 술 취함(drunken)

술을 '마신다'(drink)는 것과 '술 취한다'(drunken)는 것에 차이가 있는 것일까. 술을 마신다는 것은 술에 취한다는 결과를 예상하지 않는 행위라 할 것이다. 그러나 술에 취한다는 것은 얼마의 술을 마셨든지 간에 술을 마신 결과를 말한다. '술을 마셨다'고 해서 정죄하지는 않을 것이다. 그러나 '술에 취했다' 할 때는 사람이 술의 지배를 받음으로 인해 하나님께 대한 불경건성과 본인과 이웃에 대해 실수를 하기 때문에 죄가 될 수 있다. 성경에서 강하게 말하는 술 취하지 말라는 것도 사람이 술을 마시면 술 취하기가 쉽고, 술에 취하면서 알코올 중독에 이르기 쉽다는 경고다.

성경에 '술 마시지 말라'는 말이 어디 있느냐면서 술을 고집하는 사람은 술을 마시고 싶어하는 탐닉 때문에 그렇게 하는 것이다. 이는 진보주의적인 일부 학자들이 주장하고 있다. 진보주의자들은 말하기를, 개신교에서는 술을 금하고 있는데 이것은 성경적이 아니라고 말한다.

(2) 절제(temperance)

자유주의학자들은 기독교에서는 '절제'(temperance)라는 말은 불행히도 그 의미가 변질된 단어 중의 하나라고 말한다. 절제가 금주에만 적용되는 말이 아니라 온갖 종류의 쾌락과 관련된 말이라고 주장한다. 기독교에서는 절대 금주를 말하면 안 되고, 절대 금주를 요구하는 종교는 회교라고 말한다.

그러나 갈라디아서 5장 23절에서 성령의 아홉 가지 열매 중 마지막이 '절제'다. 절제는 자신을 통제하며 다스리는 것이다. 특히 술, 담배에 있어서 신·불신 간에 스스로 다스리기가 쉽지 않다. 알코올은 중독성이 강해서 자신도 모르게 습관화되면 빠져나오기가 어렵다. 고로 처음부터 멀리하는 것이 지혜로운 일이다. 성경은 절제보다 금주를 말한다.

(3) 경고(must caution)

성경은 절제 또는 허용보다 '더 많은 경고'(must caution)를 한다. 철저히 조심해야 할 것이다.[116] 성경은 지나친 음주를 비난한다. 포도주는 사람을 거만하게 만들고 독주는 떠들게 하는 것이니 대개 사람들이 술의 유혹에 빠지게 된다.[117] 알코올 남용에 대한 경고의 말씀이다. 성경은 절제보다 금주하는 것이 더 낫다는 것이다.[118]

3. 목회상담적 지침

"성경 어디에 술 마시지 말라고 했는가?" 이렇게 말하는 사람들이 많다. 그러나 성경을 모르는 사람의 말이다. 성경을 조금만 읽어도 곧 알 수 있는데 말이다. 우리는 그런 말에 쉽게 넘어가지 말아야 한다. 에덴 동산에서 사탄이 하와에게 그렇게 말하지 않았던가? "누가 너에게 선악과를 따 먹지 말라 하더냐?" 그러잖아도 선악과

---

116) Newgate Institute, op.cit., p.29.
117) 잠언 20:1, 23:20-21, 29-33.
118) Newgate Institute, op.cit., p.29.

를 보니 먹음직하기도 하고 보암직하기도 해서 금세라도 따서 먹고 싶은데 말이다. 술에 대한 하나님의 경고를 무시하지 말아야 한다. 술을 절제한다는 것은 술을 마시는 사람의 변명이다. 술에는 이런 변명이 통하지 않는다. 술은 마실수록 는다는 말이 있다.

구약을 보면 위대한 조상들도 술로 인해 다 넘어지는 것을 볼 수 있다. 노아, 롯을 비롯해서 그의 식구들까지가 다 그렇다. 술로 인해 부끄러움을 당했고, 가정이 풍비박산이 되기도 했다. 신약의 고린도 교회도 술이 교회로 들어와 교인들이 타락한 것이다. 술로 인해 이성적 범죄도 자행된 것이다.

술잔치고 큰 것을 보았는가? 술잔은 작은 것부터 시작한다. 작은 술로 인해 몸에 병을 가져오고, 가정의 화평을 깨뜨리게 되며, 영혼의 경건성을 훼손하게 된다. 그래서 성경은 술을 마시지 말라고 경고한다.

성경은 하나님의 말씀이다. 우리나라는 금주와 금연에 허약하다. 눈앞에 보이는 술로 인해 수입이 오를 것을 보면서 금주법은 고사하고 술을 적게 마시는 규정도 만들지 못하고 있다. 따라서 오히려 술을 권장하는 사회가 되었다. 술로 망하는 나라가 될까 두렵다. 150년 전에 선교사들은 우리나라가 가난한 이유를 술 때문이라 하여 금주운동을 일으켰다. 바로 지금 이런 금주운동이 교회에서 일어나야 할 것인데도 그렇지 않다는 게 안타까울 뿐이다.

절제는 금주가 아니다. 사람으로서는 불가능하다. 크리스천은 금주에 앞장서야 한다. 힘들어도 금주해야 한다. 우리 집에서부터 술을 금해야 한다.

제2장

중독은 왜 나쁜가?

1. 알코올은 천사인가, 악마인가?(drunken is angel or evil?)

이 말은 서양에서 수백 년 동안 물어온 질문이다. 유럽이나 미국에서는 알코올에 대한 경험이 많아 금주법을 만들어 규제하다가 거기에 반대하는 사람이 많아 다시 금주법을 폐기하는 일이 반복되었다. 알코올의 의미를 어디서 찾으며, 어떻게 해석해야 하는가. 알코올이 몸에 들어가면 기분이 'down' 된다. 그러나 나중에는 기분이 'up' 된다. 그래서 자연히 말이 많아지고 떠들게 된다.

셰익스피어의 4대 비극 중에 《맥베스》(Macbeth)에서 문지기는 맥더프(귀족)에게 "술이란 놈은 세 가지 것을 크게 자극하는 물건인데 그것은 딸기코가 되는 것, 잠이 오는 것, 오줌이 마렵다는 것인데 술은 성욕을 자극하기는 하지만 효과는 없다"고 말한다.[119] 알코올의 두 얼굴을 말해 준다. 알코올은 사탄이다. 사탄은 술을 이용하

---

119) 셰익스피어, 《4대 비극》(아름다운 날, 2015), p.464.

여 사람을 죽인다.

알코올은 선사시대부터 인류와 함께해 온 술이었지만 음주의 부정적인 면이 부각된 것은 그리 오래되지 않았다. 오랫동안 술을 신성한 것, 좋은 것으로만 여겨 왔다. 술은 사람의 진심을 드러내게 하는 수단으로 마음에 간직하고 있던 것을 쏟아내면 마음의 시원함을 느낀다는 심리적인 현상도 있고 약용으로도 쓰여 왔다. 16세기까지는 극히 일부를 빼고는 술에 빠져 사는 사람이 별로 없었다는 이야기도 있다. 그 이유는 일반인들이 구할 수 있는 술의 양이 매우 제한적이었기 때문이다. 생산과 유통이 불완전했고 오래 보관하기가 쉽지 않았다.

그러나 산업혁명을 거치면서 상황은 바뀌었다. 프롤레타리아 계급이 등장하면서 술의 생산과 소비가 크게 늘어나게 되었고, 도시로 내몰린 그들의 처참한 삶이 술 소비를 촉진시켰다. 도시 노동자들의 삶을 조사한 보고서는 "가난과 슬픔이 힘겨울수록 술로 잊으려 한다"고 말한다. 급기야 1849년에 '알코올 중독'이란 말이 등장했다.

예를 들면, 'Cloud 9'라는 담배가 있다. 클라우드 나인은 한국의 KT&G(담배회사)에서 10여 년 전부터 만들어져 시중에서 판매되고 있다. 클라우드 나인이라는 담배 이름의 유래는 단테의 《신곡》(La Divina Commedia)에서 따온 것이다.[120]

---

[120] 단테의 《신곡》 천국 편에서 지옥과 연옥을 거쳐 천국에 이르는 9계단 중 마지막 계단이다. 단테가 지옥에서부터 천국까지 아홉 계단에 오르기까지 많은 어려움을 겪었기에 가장 높은 곳에 오른 것은 세상에서 가장 행복한 순간이다. 애인 베아트리체가 저 높은 곳에서 자신을 기다리고 있다는 것에 지옥의 고통을 견디고 마침내 천국의 빛을 볼 수 있었다는 것이다. 클라우드 나인이란 '인생 행복의 절정에 이르는 순간'을 뜻한다. 사람이 Cloud 9 담배를 피우면 천국에 오르는 기분이라는 담배의 홍보를 꾀한 것이다. 아무리 세

요즘은 신종 마약이 나오듯이 담배도 신종 담배들이 많다. 담배 속에 당기는 맛을 내는 약품이나 향을 넣는다는 것이다. 그 향으로 인해 담배에 대한 거부감을 줄이고 담배를 피우는 데 문제가 없다는 것이다. 그렇다고 해서 니코틴 같은 악성요소가 없어지는 것은 아니다. 주로 일본에서 들어온 것들이다.

미국의 FDA에서는 일찍이 'Cloud 9' 담배를 금지약물로 지정했다. 그 이유는 중독될 가능성이 높다는 것이고, 의학적으로 가능하지도 않을 뿐만 아니라 괜히 값만 높인다는 것이다. 담배 이름말고도 '클라우드 9'이라는 상업적 간판이 많다. 식당, 카페, 술집, 제과점, 호텔 이름도 많다. 누가 물으면 "나는 지금 환상 중에 있다"(I am on the cloud nine)고 한다. 나는 지금 한없이 황홀 중에 있다. 이것이 중독의 이중성이다. 처음 취할 때는 기분이 좋은 듯하나 나중에는 독약이 될 뿐만 아니라 감당하기 어렵게 된다.

2. 알코올은 스트레스 해소에 도움이 되는가?

현대의학에서 스트레스는 만병의 원인이라고 말한다. 현대 문명이 인간의 삶을 향상시키고 있지만 따라서 현대 문명이 인간에게 미치는 악영향이 얼마나 큰지를 알려 준다. 사람의 불편함을 줄이기도 하지만 사람을 죽이고 병들게 하는 것이 많다.

상에서 힘들고 어려워도 Cloud 9 담배를 피우면 적어도 12시간 동안은 기분이 좋아진다는 것이다. 'Cloud'라는 말대로 구름 위에서 노는 환상적인 기분이라는 것이다. 노동자들이 심한 노동을 하고 나면 쉼과 안정을 요구한다. 또 마음에 상처를 입고 괴로울 때면 마음의 안정을 바란다. 이런 때 이 담배가 좋다는 광고다.

2007년 미국의 국민표본조사에서 '우리는 일상에서 스트레스를 얼마나 자주 경험하고 있는가?'에 대해 '전혀 없다'(never), '드물게'(rarely), '때때로'(sometime) 아니면 '자주'(frequently) 이 네 가지 사항 중에서 넷 중의 셋은 '때때로'와 '자주'라고 대답했다. 특히 55세 이하의 사람들로, 일반적으로 그들이 원한 것에 만족하지 않아서였다.[121] 55세쯤의 나이는 세상에서 무엇인가를 이룰 만한 시기라 할 수 있는데, 현실적으로 그 뜻을 이루기가 쉽지 않다는 것이다.

　그러면 우리는 어떤가? 환경의 변화가 생길 때마다 적응하는 데서 여러 반응이 나타날 것이다. 학생들이 대학에 가서 선후배 관계로 받는 스트레스도 있고, 직장에서 윗사람과의 관계에서든지, 가정에서 고부간의 관계 등에서 어쩔 수 없이 받을 수밖에 없는 스트레스가 많다. 롤러코스터를 보고 놀란 일이 있는가? 스트레스란 즉시 반응이나 어떤 응답이 오는 것은 아니다. 오랜 시간이 지난 후에 어떤 위험한 형편에 이를 때에 놀랐던 과거의 경험으로 스트레스가 나타난다고 한다.[122] 이것을 외상 경험 즉 트라우마(trauma)라 한다.

　에덴 동산에서 일어난 사건은 인간의 첫 외상 경험이라 할 수 있다.[123] 사탄은 아담과 하와로부터 자신감과 안정감을 빼앗아 갔다. 인류에게 처음으로 공포감이라는 것을 심어 주고, 이 공포감은 인간의 사고방식과 행동에 크게 영향을 미쳤다. 아브라함이 아들 이삭을 하나님께 번제로 (불태워) 드리기 위해 갈멜 산으로 한 걸음 한 걸음 걸어갔을 때 스트레스가 얼마나 심했을까를 생각할 수 있

---

121) David G. Myers, *Psychology 2* (Worth, 2010), p.527.
122) Ibid., p.528.
123) 창세기 3장.

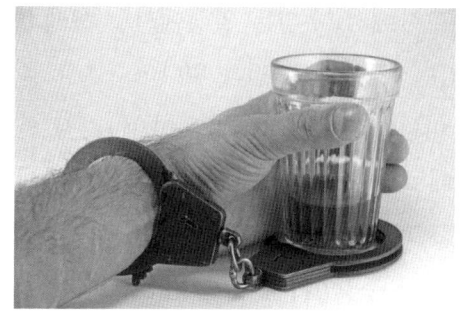
다.[124] 경건한 노아가 술에 취해 범죄함으로 인해 그의 스트레스는 어떠했을까?[125] 롯도 마찬가지다. 자기 딸들과의 동침으로 인해 받은 스트레스는 어떠했을까?

성경을 보면 "창세로부터 감추인 것들을 드러내리라"(마 13:35)고 했다. 시대마다 그 시대의 고유한 질병에 시달리고 있다. 시대에 따라 새로운 질병이 나타난다. 그러면 이 시대의 질병이란 무엇인가? 의학자들은 '피로'(tired)라고 대답한다. 피로는 긍정성의 과잉에서 온다고 말한다. 이웃과의 경쟁에서뿐만 아니라 또 자기와의 싸움에서 피로하고 지쳐 있다. 젊은이들이 연애할 시간도 없고, 결혼할 시간도 없다. 가정을 이룰 능력도 자신도 없어짐으로 자녀 생산을 기대할 수 없게 되는 현실이다. 경쟁사회에서 지쳐 있다는 증거다.

훨씬 안정되었다고 생각되는 미국인의 80%가 원치 않는 직업에 종사하고 있다. 상당한 사람이 서랍 속에 사표를 써 두고 근무하고 있다는 것이다. '잘하는 일과 좋아하는 일' 사이에서 고민하고 있다. 선택을 해야 한다. 즐기는 일과 삶이 아니라 오로지 생계만을 위해서 일한다는 것이다. 그러나 이것이 해결될 때면 과감하게 자기가 좋아하는 일을 하게 된다.

우리는 사회에서 이런 일 저런 일의 상호관계에서 불필요한 스

---
124) 창세기 22장.
125) 창세기 9:18-28.

트레스를 받는다. 알코올을 왜 마시느냐고 물으면 긴장과 스트레스 해소적인 차원과 밀접한 관계에 있다. 생활에서 긴장을 완화시켜 주며 스트레스를 해소하려는 차원과 심리적 필요를 충족시키기 위해서라고 한다. 술을 마신다든지 다른 약물을 취하면 근심을 잊게 되고, 우울함을 잊게 되고, 성적 충동을 증가시키고, 쾌감 또는 행복감을 느끼게 하고, 괴로운 현실로부터 도피하게 되는 등, 적어도 초기에는 그것이 좋아서 하게 된다. 그러나 이런 경우는 감정적으로 미숙한 사람이든지 신앙적 의지력이 없거나 제한적 능력을 가진 사람들일수록 중독에 쉽게 빠져든다.

스트레스를 잘 견딜 수 있는 요인이 되는 것 중의 하나는 신앙이나 감사와 같은 영성의 힘이다. 신앙을 가진 사람은 스트레스를 받을 경우에 신앙에 의존하기 때문에 마음을 편안하게 할 수 있으며, 문제를 잘 해결할 수 있는 여유를 갖게 되며, 자신이 할 수 없는 일에 집착하지 않고 할 수 있는 일에 집중한다.[126] 술은 해결책을 주지는 않지만 잠시 동안 문제를 잊게 할 뿐이다.

사회는 중독을 부르고 있다. 습관적으로 하는 사소한 행동이 중독으로 발전하는 이면에서는 감당하기 힘든 속도로 변하고 있다. 신성만 교수(한국중독심리학회 부회장)는 "현대사회는 속도경쟁사회인데 매체나 상품 등이 더 적극적이고 감각적으로 변해 적응해야 할 대상이 많아지니 스트레스가 커지고 있다"고 분석한다.

미국 예일대 연구팀은 최근에는 행동 중독이 가장 주목을 받고 있는데, 특히 '음식 중독'이 문제다. 행동 중독은 물질이나 행동에 심리, 신체적으로 의존해 스스로 조절이 어려워진 상태다.

---

[126] 박상규, 《정신건강론》(학지사, 2014), p.27.

어떤 행동을 했을 때 기분이 좋아지는 것을 '긍정적 강화'(positive reinforcement)[127]라 하고, 그 행동으로 불편한 기분이 사라지는 것을 '부정적 강화'(negative reinforcement)[128]라고 한다. 이 두 가지가 동시에 생겨나면 중독에 빠질 위험이 크다고 말한다.[129]

그렇게 되기에는 사회의 외부적인 요인인 환경적인 측면과 개인의 심리적인 측면이 복합적으로 작용한다고 볼 수 있다. 외부적인 측면이란 술을 마시게 되는 사회적인 생활의 환경적인 억압요인과도 상당 부분 관련되고 있다는 것이다.

그런가 하면 1980년대부터 심리학에서 주류를 이루고 있는 인지이론의 영향에서 이해되는 측면도 있다. 알코올 중독자는 '술을 마시면 즐거울 것이다' 혹은 '술을 마시면 자신이 겪고 있는 문제가 해결될 것이다'와 같은 기대로 술을 마신다는 것이다. 이를테면 술에 대한 생리적인 효과와 자신이 술에 대하여 가지고 있는 기대가 합쳐져서 술의 효과를 느끼게 되고, 이런 경향이 계속해서 술에 의존하게 만드는 결과를 초래한다는 것이다.

중독자들은 자존감이 철저히 낮아져 있으며, 스스로 그것을 괴로워하며 회피하기 위해서 다양한 방어기제를 사용한다. 스스로가 해결하지 못함으로 다른 것에 의지하여 그것을 통해 스트레스를 이겨 보려고 한다.[130]

보들레르(Charles-Pierre Baudelaire)는 "술은 자신의 내면에 있는 뭔가를 죽이는 무기"이자 "좀처럼 죽지 않는 끈질긴 벌레"라고 했다.

---

127) 올리비아 랭, 《작가와 술》(현암사, 2017), p.50.
128) Ibid., p.50.
129) Ibid., p.50.
130) 임효주, 《나도 중독자였다》(선양, 2017), p.111.

시인 솔 벨로(Saul Bellow)는 "영감에는 죽음의 위험이 동반되어 있다. 그 자신이 기다리고 간절히 바라왔던 일이라고 썼듯, 그는 산산이 무너질 터였다. 술은 안정제였다. 그것도 생명력을 갉아먹는 안정제였다"[131]라고 말했다.

술로 인해 삶이 비참해진 작가는 존 치버(John Cheever)와 레이먼드 카버(Raymond Carver)만이 아니다. 그 이름을 대자면 어니스트 헤밍웨이(Ernest Hemingway), 윌리엄 포크너(William Faulkner), 테네시 윌리엄스(Tennessee Williams), 진 리스(Jean Rhys), 패트리샤 하이스미스(Patricia Highsmith), 트루먼 커포티(Truman Capote), 딜런 토마스(Dylan Thomas), 루이스 하이드(Lewis Hyde) 등 더 이상 열거할 수 없을 정도가 알코올 중독자였다. 노벨 문학상을 수상한 미국인 작가는 여섯 명 중 네 명꼴로 알코올 중독자였다. 알코올 중독 작가들의 대략 절반은 궁극적으로 스스로가 스스로를 죽인 셈이다.[132]

그러면 알코올을 찾는 중독적인 현상으로 점차 빠져들게 되는 원인은 어디서 유래되는 것일까? 근본적인 원인을 행동주의 심리학에서는 강화작용 또는 강화효과(reinforcement effect)에 그 근거를 둔다. 그것은 술을 자주 마시게 되는 강화효과에 의하여 알코올 중독이 학습된다고 주장하는 것이다.[133]

이런 임상실험으로 보면 불안과 스트레스를 해소하기 위해 술을 마신다는 것이고, 따라서 일시적인 효과가 없는 것은 아니라는 것이다. 이런 연구에 의해서 긴장과 스트레스 해소를 위해 술은 일차적으로 필요한 수단이라고 말한다. 그러나 문제가 없는 것은 아니

---

131) 올리비아 랭, op.cit., p.25.
132) Ibid., p.24.
133) 김충렬, op.cit., p.227.

다. 술로 인한 긴장과 스트레스 해소는 적잖은 오해가 있다는 것이다. 술을 지속적으로 많이 마실 때는 긴장이 줄어드는 것이 아니라 오히려 기분이 나빠지고 저조해지며 불쾌해지는 것을 경험할 수 있기 때문이다.

술을 마시면 일시적으로는 기분이 좋아지고 고통스러운 마음이 평온해질 수도 있고 스트레스를 해소할 수 있다고 말하지만 이런 정황은 일시적일 뿐이다. 이런 일시적인 효과를 기대하면서 다시 마시고 또 마시면 긴장과 스트레스가 감소하는 것이 아니라 심리적인 효과에 그칠 뿐 기대심리에 이끌려 계속해서 술을 찾게 된다.

술이 생리적 반응체계에 미치는 효과에 대한 실험에 의하면 알코올의 효과는 두 가지 양상으로 나타난다. 한 연구에서는 술과 가짜 약이라는 위약을 사용한 실험을 하였다. 가짜 약을 복용하여 실제 효과를 보는 것으로, 의사가 효과 없는 가짜 약 혹은 꾸며낸 치료법을 환자에게 제안했다. 이때 환자의 긍정적인 믿음으로 병세가 호전되는 현상이 나타나는데, 이것을 플라시보 효과(placebo effect)[134]라고 한다.

예를 들어 실험집단을 4개로 나누고는 각 집단에게 술과 위약을 주었다. 이때 두 집단에게 음료를 술이라 하였고, 두 집단에게는 음료수라 하였다. 연구결과를 보면 술이라고 알려 주면서 마시게 한 앞의 두 집단이 음료라고 알려 준 두 집단에 비해 뚜렷하게 불안을 해소하는 반응을 보였다. 즉 술이라고 생각하면서 음료수를 마시는

---

134) 플라시보 효과란, 이 약을 먹으면 치료될 수 있다는 긍정적인 믿음이 병을 낫게 할 수 있다는 것이다. 반대로 노시보 효과(Nocebo effect)는 건강이 악화될 것이라는 스스로의 믿음 때문에 실제로 나빠지는 것이다. 이 두 효과는 심리적인 효과다. 의술이 발달한 지금도 물리적 치료 못지않게 중요하다.

사람들은 '이것은 술이다'라는 생각만으로도 불안이 감소했다. 이는 이른바 '위약효과'라 불리는 것으로서 매우 심리적인 측면이라고 할 수 있다.[135]

사람들은 살면서 당한 아픔과 고통과 근심을 술로써 다스려 보려고 한다. 그래서 술은 기분이 좋을 때도, 기분이 나쁠 때도 마신다. 술의 약리적인 효과는 현실에 대한 이성적인 판단력과 적절한 감정을 잠시 마취시키는 것이다. 기분을 고양시키는 효과도 역시 취해 있을 때뿐이다. 술에는 상처받은 마음을 치유해 줄 효과란 없다. 술을 마시고 울고불고하거나 아주 재미있게 웃기도 하지만 이런 감정을 분출하면 카타르시스를 느낄 수 있지만 깨어나면 마음속 상처는 조금도 아물지 않고 그 자리에 그대로 남아 있다. 술이 주는 위로는 가짜다. 술은 치료제가 아니라 일종의 마취제다. 오히려 이런 마취제는 우울증을 일으키고 악화시키는 효과도 있다. 이런 현상을 하종은 박사는 '악마의 음모'(demonic conspiracy)라 했다.[136]

올리비아 랭의 "'에코 스프링'(Echo Spring)으로 짧은 여행을 다녀오려네"에서 '에코 스프링'은 작은 술 장(欌)의 별칭으로, 브랜드 명칭에서 따온 말이다. 그러나 그 의미와는 별개로 정적(靜寂)을 얻거나 술을 진탕 마시면서 적어도 잠시나마 골치 아픈 생각을 잊는 것과 연관된 의미다. 술을 마심으로 잠시의 고요와 아무 생각 없는 정적 속에서 살고 싶다는 뜻이다. 그래서 술을 마시는 사람들은 '에코 스프링으로 여행'(trip to echo spring)하기를 좋아한다고 말한다. 에코 스프링, 정말 듣기 좋고 위안을 주는 이름이다.[137]

---

135) 중앙일보(2016).
136) 하종은, 《왜 우리는 술에 빠지는 걸까》(소울메이트, 2014), p.143.
137) 올리비아 랭, op.cit., p.30.

술을 마시면 혈중 알코올 농도가 낮은 초기에는 신체가 각성되고 심장 박동률이 증가되며 주관적으로 흥분하고 힘이 솟아난다. 자신을 더욱 강하게 하지만 점차 혈중 알코올 농도가 올라가면서 신체는 반대로 작용하여 피로감을 느끼고 멍해지며, 구토를 하고 불쾌감이 높아진다.[138] 알코올의 화학적 힘은 강하다. 힘이 없는 사람도 술을 먹고 나면 먹지 않았을 때보다 힘이 더 강화된다. 그러나 이런 일도 적게 한 잔 두 잔일 때의 경우이지, 술을 많이 마셨을 때는 온몸이 흔들거리며 전혀 힘을 쓰지 못하게 된다.

술을 마시는 것은 처음에는 우리 사회처럼 경쟁력이 심한 나라에서는 더하다. 대학을 졸업하고도 취업을 할 수 없고, 어떤 경우는 수십 대, 수백 대 일의 경쟁을 뚫고서야 겨우 취업을 할 수 있는 것이 현실이다. 마땅히 취업을 해야 당연한데도 취업이 되면 크게 축하를 한다. 보통사람은 10년, 20년이 되어야 5-4급이 되는데, 배경이 있다든지 부정한 방법으로 단숨에 높은 자리에 오른 것을 젊은 이들이 볼 때면 분통이 터지고 자살한 청년들이 수도 없이 많다. 보이는 것이나 들리는 이야기마다 스트레스를 주는 현실에서 과연 알코올이 필요한가?

빈부격차가 심한 나라에서는 그렇지 않은 나라에서보다 스트레스가 심해지고, 또 그 스트레스에서 벗어나기 위해 중독에 빠질 수 있다. 더 나아가서는 자살을 선택하기도 한다. 스트레스를 잘 견딜 수 있는 중요한 것 중 하나로 신앙이나 감사와 같은 영적 힘이 필요하다. 신앙이 있는 사람은 스트레스를 받을 경우 신앙심에 의존하기 때문에 마음을 편안히 가질 수 있고, 여유를 가지고 문제를 잘

---

138) 김충렬, op.cit., p.228

해결할 수 있는 능력이 생긴다. 또 스트레스를 받더라도 그 의미를 생각하고 감사의 마음을 갖게 되면 불안이 줄어든다.[139]

스트레스를 관리하는 방법이 학문적으로 여러 가지가 있을 수 있으나 사람이 교육만으로는 불가능하다. 자신이 스트레스를 받고 있다는 것을 알아야 한다든지, 생각을 긍정적으로 바꾸라든지, 행동을 바꾸라고 말하지만 기계처럼 그렇게 하기란 쉬운 일이 아니다. 알코올은 주로 스트레스를 푸는 데 도움이 된다 해서 마시기 시작한다. 대체적으로 심리적 갈등을 진정시키고, 어떤 신체적 스트레스를 피하기 위해서 술을 마신다.[140] 그러다가 결국엔 알코올 중독에 빠지게 된다.

3. 알코올의 양면성

알코올을 마시면 처음엔 좋은 것 같으나 나중에는 기분이 나쁘다. 좋은 감정도 잠시다. 약간 마실 때뿐이다. 그러나 술의 특성은 더 마시고 싶어하는 욕구가 생긴다는 것이다. 기분이 좋아서 한 잔 더 마시게 되면 그때부터는 정말 안 좋은 결과를 가져온다.

김학민의 책 《태초에 술이 있었네》에서는 술의 이원성을 말했다. 술을 '존재론적'(ontological)으로 해석해야 한다고 한다.[141] 즉 인간의 삶 속에서 술이란 없어서는 안 되는 것으로, 인간과 밀접한 관계에 있다는 것이다. 하긴 술이란 인간의 역사와 그 뿌리를 같이하고 있

---

139) 박상규, 《정신건강론》, p.27.
140) 임효주, op.cit., p.111.
141) 김학민, 《태초에 술이 있었네》(서해문집 2012), p.30.

으니 이해가 간다.

알코올은 두 얼굴을 가지고 있다. 알코올은 천사이면서도 악마다. 즉 알코올은 사람에게 작게 유익한 부분도 있지만 너무도 크게 악마적인 요소를 가지고 있다. 알코올을 선호하는 사람들은 자기에게 유익한 점만 보고 유익하지 못한 점이 어떤 것인가는 생각하지 못한다. 자기의 기분에 따라 마시고, 친구와 더불어 덩달아 마시는 습관이 되어 있다. 한 잔을 마심으로 기분이 안정되는 면이 있어 일시적으로 편안함을 느낄 수도 있을 것이다. 그러나 그것은 순간적이다. 알코올뿐만 아니라 다른 중독성의 약물도 모두가 처음에는 좋은 느낌을 얻게 된다. 그러므로 알코올이나 마약을 취하고 담배를 피울 수밖에 없게 된다.

알코올은 약이라 할 것이 없다. 약이라면 알코올보다 더 나은 약들이 얼마든지 있다. 이것을 알코올의 두 얼굴이라고 한다. 처음에는 천사인 듯 왔다가 나중에는 다시는 나가지도 않고 쫓아낼 수도 없는 악마가 되어 나를 지배하고야 만다. 배명복 논설위원은 "술은 비처럼 꽃을 피우지만 진흙탕도 만든다"라고 했다.[142]

알코올에 속아서는 안 된다. 알코올은 우리에게 결국은 악마로 변신한다. 그것이 중독이다. 한 번 중독은 영원한 중독이다. 암에 걸린 자가 성질을 부린다고 해서 암이 고쳐지는 것이 아니다. 나 스스로가 내 병을 마음대로 할 수는 없다. 알코올 중독은 변모하고 진화한다. 남자의 중독이 여자에게로 빠르게 번지고 있는 것처럼 중독도 또 다른 중독으로 전이된다.

알코올이라는 단 하나의 특성물질로 인해 유발되는 증상은 한

---

142) 중앙일보(2012. 6. 29).

두 가지가 아니어서 이루 다 헤아릴 수도 없을 정도다. 예를 들면, 알코올 중독자는 그저 알코올 중독자로 있는 것이 아니라 가정을 파괴하고 재산상의 손해를 가져온다.[143]

중독으로 뇌가 환상적으로 춤을 추는데, 뇌가 학습이 되어 좋아하는데 그걸 어떻게 할 방법이 없게 된다. 이미 뇌가 술맛을 알고 있으면 뇌는 자기 주인이 술을 마시면 좋아하는 것으로 인식하고 있어 술만 보면 마실 것을 재촉한다.

알코올은 천사가 아니고 악마다. 알코올은 알코올 중독으로 이끌고 간다. 중독의 종착역은 개인의 죽음이요, 가정의 파괴요, 사회에 병폐를 가져오고 국가적인 손실을 가져온다는 것을 알아야 한다. 술을 보면 천사의 얼굴로 보지 말고 악마의 그림자로 보아야 한다. 이렇게 보는 눈이 밝아질수록 중독에 이르지 않을 확률이 높을 것이다.

4. 가정을 파괴하는 달콤한 독주

현재 우리 사회에서는 알코올 중독으로 인하여 많은 가정이 극심한 고통을 받고 있음에도 불구하고 아직도 알코올 중독에 대한

---

143) 올리비아 랭, op.cit., p.53.

인식 부족과 잘못된 관념으로 인하여 사회에서 이를 숨기고 있거나 주위에 알려지는 것을 극도로 두려워하고 있다. 이상한 현상은 남자들의 술은 약간 줄어드는 반면 여자들의 술은 늘어가는 현실이다. 술과 범죄가 어떤 관련성을 가지고 있는지에 대한 의학적 논리의 정확한 내적 관계가 밝혀지지 않고 있지만, 그러나 일반적으로 술이 범죄행위를 일으킨다는 것이 사실로 나타나고 있다.

미국에서 실시한 연구에 의하면, 술을 마시지 않는 남편(2.1%)보다 '매우 자주' 술을 마시는 남편(30%)이 아내를 더 많이 구타한 것으로 나타나고 있다.[144]

여성가족부의 가정폭력실태 조사에 의하면, 피해 아내의 응답을 살펴볼 때 남편 3명당 1명인 34.2%가 음주상태에서 폭력을 행사한 것으로 조사되고 있다.[145]

알코올은 신체질환 이외에도 급성중독에 의한 사고와 범죄, 만성적 의존에 의한 폭력성 증가 등의 문제를 유발한다. 우리나라 음주 교통사고 사망률은 세계 최고 수준이며, 사건 및 사고로 응급실에 내원하는 환자 중 10-40% 정도가 음주상태라는 사실은 알코올로 인한 문제가 그만큼 광범위하며, 특히 우리나라의 경우 그 정도가 더 심하다는 것을 의미한다.[146]

술을 마시는 사람에게서는 '공격행동'이 나타난다. 자기의 주장만을 가지고 남의 의사나 권리나 자유는 무시한다. 중독자가 이런 공격을 사용한 후에는 후회하기도 한다. 그러면서도 이런 후회를

---

144) 박상규·김성조·김교헌·서경현·신성만·이형초·천영민 공저,《알코올 중독》(학지사, 2013), p.63.
145) 여성가족부 2010년 조사.
146) 이해국, "중독에 대한 100가지 오해와 진실", 중독포럼, 2013, p.67.

잊기 위해 다시 술을 마시게 된다.[147]

　가족 중 한 사람의 중독자로 인해 전 가족이 피해와 고통을 당하게 된다. 중독자의 주변에는 여럿의 희생자가 따르게 된다. 부부 간이라면 결국 둘 다 환자가 된다.[148]

　가정에 중독자가 있으면 중독자로 인해 가정이 파괴되기 쉽고, 유지가 되더라도 항상 괴로운 삶이 된다. 가정이 깨지기 전까지는 부부나 자녀들 간에도 어렵게 되고, 치료의 시기도 그만큼 늦어지게 된다.[149]

　'마른 알코올 중독자'(dry drunk)가 있다(드라이 드렁크의 증상이라는 것은 중독자의 합리적인 변명인데, 술에 취했을 때 아내가 "당신은 나와 결혼했던 처음과는 다르다"고 하면 중독자 남편은 '내가 술에 취했을 때나 마시지 않았을 때나 무엇이 다른가?' 하고 합리화를 이끌어 낸다. 이런 식으로 하여 과거의 술 취한 상태로 돌아간다).[150]

　몇 년 전에는 TV 광고나 드라마에서 술이나 흡연에 대한 방영을 금한 때도 있었다. 그런데 어느 순간에 이런 정책이 사라지고 술이나 술병을 돌리며 마시는 모습이 자연스럽게 등장하고 있다. 술 광고도 마찬가지다. 술 광고에 십대 청소년들이 동원될 뿐만 아니라 그들이 노골적으로 술을 마시고 술을 몇 병씩이나 마시느냐 하는 음주량에 대해서 과감하게 논하기도 하는 것을 보면 우리의 장래가 걱정이 된다. 거리에는 청소년 남녀들의 술 광고가 나붙어 있다.

---

147) Tracey J. Jarvis, Jenny Tebbutt, Richard P. Mattick, Fiona Shand 공저, 《중독상담과 재활》 p.134.
148) 김중원, op.cit., p.40.
149) 김상철, 《중독》(누가, 2014), p.114.
150) 김중원 편역, 《알코올 중독 내일이면 끊으리라》, p.94.

호기심에 이끌린 청소년들에게 술을 보고 배우라는 것이다.

이장주 교수(명지대 여성가정학과)는 말하기를, 지금은 술이 가정 속으로 파고 들어간다고 한다. 특징 하나는 주부들이 음식을 만드는 데 술을 많이 사용하고 있다. 결국은 아이들은 어려서부터 이런저런 방법으로 술맛을 보고 자랄 수밖에 없다. 고기를 재우는 데나 생선을 끓이는 데나 채소를 무치는 데 어디든 술이 들어간다. 우리나라 여성들은 어떤 술을 마시는가? 누구와 술을 자주 마시는가? 동료와는 소주, 남편과는 맥주를 마신다.

알코올은 사람을 떠들게 한다. 알코올이 있는 곳은 시끄럽고 다툼과 싸움이 일어난다. 때로는 살인 사건도 생긴다. 알코올 중독의 증상은 두려움, 죄, 고통, 혼란, 성격의 과격함, 정신불안증 같은 증상이 비 알코올 중독자의 자녀들보다 훨씬 심각한 문제점을 가지고 있다. 생물학적 유전 영향이나 별 다를 바가 없다. 이들 중 상당한 자녀들은 알코올 중독자나 알코올 남용자가 된다. 자녀들은 부모를 닮아가며 자란다. 아이들은 부모와 함께 도덕성이나 습관과 생활을 함께 배우면서 자란다.

연구에 의하면, 알코올 중독자나 술을 좋아하는 가정의 자녀들은 비 알코올 중독자 가정에서 성장한 아이들보다 훨씬 더 심각한 신체적 문제점들을 갖고 있으며, 이들 중 상당수는 스스로 알코올 남용자가 된다고 한다. 이들은 어렸을 때 알코올 중독자의 가정에서 두려움, 죄, 혼동, 고통, 상처를 경험하고 그것을 간직하고 자란다. 자녀의 알코올 문제는 우선적으로 부모에게 그 책임이 있다. 부모는 자식의 롤 모델이 되어야 한다. 좋은 자녀 되기를 원한다면 부모가 자녀들의 롤 모델이 되기를 노력해야 한다.

배철현 교수는 그의 책에서, 종교학적으로 볼 때 인간에게는 두 가지 유전자가 있다고 말한다. 그것은 '신적인 유전자와 이타적 유전자'다.[151] 인간은 하나님의 신성의 성품을 닮았다. 사람은 하나님의 사랑의 속성 같은 하나님의 신적 요소를 가지고 있다. 에덴 동산에서 인간의 신적 유전자가 깨어진 것은 탐욕과 교만, 그리고 하나님에 대한 불복종으로 인해 죄에 대한 유전자가 생긴 것이다. 그러면서도 인간에게는 일말의 이타적 유전자가 있다. 신적인 유전자나 이타적 유전자는 '사랑'이라고 말한다.

알코올 중독자 가정의 아이들에게는 생존을 위한 세 가지 법칙이 있다. '말하지 말라, 믿지 말라, 느끼지 말라'는 것이다. 이 아이들에게는 성장하면서 지속적으로 신뢰, 의지, 자제, 일체감 등의 감정 표현에 문제가 있다. 이들 중에는 우울증이나 거식증에 걸리기도 하고, 부모와 같이 알코올 중독에 걸릴지도 모른다는 두려움 속에서 살아가기도 한다.

유전적 영향이나 생물학적 영향이 이런 결과를 가져오는 데 기여하기도 하지만 가정환경과 부모의 태도 또한 매우 중요하다. 부모가 자식의 술 마시는 일에 관심이 없거나 알코올의 폐해에 관심과 주의를 기울이지 않는다면 알코올을 잘못 이용할 확률이 높다. 어떤 통계에 의하면, 알코올 중독자의 성인 자녀 1천 명을 대상으로 하는 조사에서 그들은 알코올 중독 가정에서 자라면서 78.2%가 '많이', 11.1%가 '적당하게' 영향을 받았다고 밝히고 있다.

이동현 목사(교회정보기술연구원)는 "중독문제는 개인적인 문제만은 아니다. 공존현상이 일어나기 때문에 중독자 개인뿐만이 아니라

---

151) 배철현, 《인간의 위대한 여정》(21세기북스, 2017), p.389.

가정의 부모도 함께 치료받아야 한다"고 말하며, "중독현상을 그대로 방치하면 가정이 무너질 수 있다. 크리스천 가정이 무너지지 않으려면 교회가 앞장서서 고민하고 기도하고 준비해야 한다"고 강조한다.

구약의 제사장 엘리 시대에 사무엘의 어머니 한나가 성전에서 흐느껴 울 때 엘리 제사장은 "네가 언제까지 취하여 있겠느냐, 포도주를 끊으라"고 하였다.[152] 구약의 사람들 중에도 술에 취한 사람이 있었던 모양이다.

5. 동반의존증

의학계에서는 '동반의존증'(codependency)을 '공동의존증'이라고도 하는데, 중독자의 가족이 모두 중독에 빠진다고 해서 '공동의존'이라 한다.[153] 알코올 중독자와 그의 가족구성원들 간의 독특한 역동의 관계인데, 가족들이 중독자에게 의존하게 되는 병리적인 현상을 말한다. 다시 말하면 가족들이 중독자에게서 많은 고통과 분노와 수치심, 죄책감을 느끼면서도 계속적으로 중독자에게서 떠날 수 없는 것이다. 중독자가 회복되었는데도 가족들의 이런 현상이 여전히 남아 있다는 것이다. 중독자에게 과도하게 집중을 하다 보면 다른 식구들은 감정을 표현할 수 없게 된다. 특히 중독자의 아내는 동반의존증을 겪게 된다. 동반의존증에도 여러 가지 유형이 있다. 술친

---

152) 사무엘상 1:14.
153) 하종은, 《왜 우리는 술에 빠지는 걸까》, 2016, p.264.

구 유형이 있다. 중독자 남편과 같이 술친구가 되어 준다. 아마도 중독자 남편과 좋은 관계를 유지하기 위해 같이 술을 마심으로 인해 같이 중독자가 되고 만다.

알코올 중독자 성인자녀(ACOA: Adult Child of Alcoholics)에 의하면, 중독자 가정의 자녀들도 부모세대뿐만 아니라 자녀세대에게까지도 부정적인 영향을 지속적으로 주고 있다. 알코올 중독자와 동반의존자 부모 밑에서 자란 아이들은 예측 불가능한 상황에서 자신의 의사나 감정을 쉽게 표현할 수가 없으므로 필요들을 충족시킬 수 없게 된다.

그 증상으로 볼 때 관계중독과 비슷하게 보고 있다. 관계중독을 알게 되면 자연히 동반의존증을 이해하게 된다. 관계중독을 인간중독이라는 말에서 이해할 수 있다. 사람끼리의 관계에서 생기는 중독이다. 관계를 맺는 사람에게 집착하고, 관계를 맺지 아니하면 불안한 마음의 상태를 말한다. 친구에게 돈을 빌려줄 수도 없고 빌려주지 않으면 마음이 불안한, 이러지도 저러지도 못하는 관계를 말하는데, 이런 심리가 지속되다 보면 하나의 심리적인 불안증이 생긴다. 이런 관계에 부딪치면 놓지도 못하고 붙잡을 수도 없는 갈등과 불안한 상태가 되어, 이 일로 다른 필요한 약속 같은 것도 잡을 수 없게 된다. 이런 상대적인 관계중독은 마약이나 임신 중독, 알코올 중독과 달리 표면적으로 나타나는 중독이 아닌 정신 중독의 질환이기 때문에 훨씬 더 치료하기가 어렵다. 현대에 생기는 고질적인 질병이요 중독이라 할 것이다.[154]

동반의존증이 이런 것이다. 알코올 중독의 피해는 너무나 광대

---

154) 조현삼, 《관계행복》(생명의 말씀사, 2011).

하고 다양하며, 모든 사람들의 관계에서 영향을 미친다. 그중에서 특히 타격을 입는 것은 가족이다. 알코올로 인해 가족, 특히 중독자의 아내는 동반의존증 환자가 된다. 중독자의 말을 들어주면 안 되는 줄 알면서도 안 들어줄 수 없는 노릇이다.

예를 들면, 남편이 밤새 술을 마시고 늦게야 집에 왔는데 아침에 일어나자마자 아내에게 술을 사오라고 조른다. 아내는 술을 마시면 안 된다는 것을 알지만 사오지 않으면 나중에 어떻게 될 것인지에 대한 두려움이 있어서 술을 사다 줄 수밖에 없게 되는 경우이다. 알코올 중독자의 아내는 대개 동반의존증에 걸리고 만다. 아내가 알코올 중독에 걸린 것은 아니어도 남편의 알코올 중독으로 인해 아내는 동반의존증 환자가 된 것이다.

일반적으로 중독자의 가족은 오랜 시간 중독의 고통을 겪으면서 정신적으로 메말라 있고, 감성이 죽어 버리게 마련이다. 그래서 가족이라는 친밀한 관계가 이제는 모든 것이 사무적인 관계로 추락해 버리고 만다. 중독자와 아내뿐만 아니라 자녀들과의 관계에서도 그렇게 되기 쉽다. 중독자말고도 다른 식구들끼리도 어색한 감정을 가지게 되는 불행한 형국이 될 수 있다.

그러므로 환자와 가족은 같이 치유되어야 한다. 중독자의 가족을 위한 여러 가지 프로그램이 필요하다.

6. 대화를 막는 두꺼운 벽

알코올은 가족간의 대화를 막는 커다란 벽이다. 술에 취해 흔들거리는 모습으로 가족간의 진정한 대화로 이루어질 수 없다. 알코올이 몸에 들어가면 혼미케 하는 것이므로 술 취함이나 중독은 가족으로서의 정상적인 역할을 기대할 수 없게 한다.

가정에서의 부부나 부모, 그리고 자녀들 간에는 상호적 속성이 있다. 속성대로 가족원의 역할은 커뮤니케이션과 밀접한 관계가 있다. 가족의 관계는 커뮤니케이션을 통해서 유지되고 발전된다.[155]

정정숙 교수(총신대 석좌교수)는 가족의 역할(family role)이란 "가족원이 가족원의 기능을 충실히 하기 위해서 행하는 반복적 행동양식"이라고 정의한다.[156]

술 취한 자 또는 중독자는 가족이나 이웃들에게 자신의 동기를 숨기며, 자기의 비정상 행위를 합리화하며, 변화의 책임을 부정하기 위해 다른 태도나 다른 가면을 만들어낸다. 그 가면으로 자기를 열어 보이지도 않고, 따라서 다른 사람들의 비난을 받아들이지 않는다. 여기에서 가족간 대화의 단절이 생긴다. 그 누구의 말도 용납하지 못한 채 자기방어에만 힘쓴다. 가족에게 배려가 없어진다.[157]

대검찰청 자료에 의하면, 미성년자의 4대 강력범죄는 성폭력, 강도, 방화, 살인이다. 2015년도 2,207건을 보면 살인 0.6%(16명), 방화 2.1%(58명), 강도 43.2%(405명), 성폭력 22.07%(81.7명)로 나타나고 있다. 청소년들의 대부분의 나이는 10-18세다. 그런데 이런 범죄 청소년들의 공통점은 '외톨이'라는 점이다.[158] 중독전문가 장후용 박사는 청소년들이 학교나 사회에서 '외톨이'가 되는 이유는 가정에서부

---

155) 정정숙,《성경적 가정사역》(베다니, 1994), p.190.
156) Ibid., p.190.
157) 강경호, op.cit., p.30.
158) 중앙일보(2017. 6).

터 시작된다고 말한다.[159]

'소외감'이란 아이나 어른 관계없이 찾아온다. 학생들의 소외감은 OECD국에서 42위로 통계되고 있으며, 어린아이들은 가정에서, 학생들은 학교생활에서 소외감을 느끼고 있다. 이러한 소외감은 대개 어른이 되어 사회생활을 할 때 적응에 어려움을 준다. 하지만 "치유되지 않는 상처는 없다"고 설교자 소강석 목사는 말한다.[160]

대부분 술과 담배에 찌든 부모로부터 영향을 받은 게 문제다. 술 중독자의 부모가 아이들에게 행한 폭력은 아이들로 하여금 가정을 박차고 바깥으로 겉돌게 한다. 옛날처럼 대가족이라든지 집성시대라면 친척이나 일가로 피신도 가능할 것이나 지금은 갈 곳도 없으니 '외톨이'가 될 수밖에 없다. 부모는 말이 부모이지 아이들과의 대화는 멀어진다. 술에 중독된 중독자는 아이들과 정상적인 대화를 할 수 없다. 술밖에 모르는 부모가 아이들에게 관심을 가질 수 있을까. 관심을 받지 못한 아이들은 삐뚤어진 성격장애를 갖게 되고, 사회적 관계가 끊어지고 괴이한 상상, 잔혹한 상상, 판타지 상상에 빠져 있게 된다. 이들은 감정적 조절 능력이 없어 폭력성이 강해진다. 부모와의 대화가 얼마나 중요한가를 말해 준다. "청소년 범죄는 인재(人災)요, 소통 없는 사회가 괴물을 만들어낸다"고 한다.

한 정신과 의사에 의하면, 5세 이전에 각자의 기질이 만들어진다고 한다. 마치 자물쇠와 열쇠 같아서 자물쇠는 맞은 열쇠가 있으면 열리듯이, 누가 여느냐에 따라 결정된다는 것이다. 술을 마시면 소통이 잘된다고 말하지만 술 마시고 망하는 사람이 얼마나 많은가.

---

159) 장후용,《학교폭력 및 약물예방 상담과정》(조은, 2008), p.152.
160) 소강석,《치유되지 않는 상처는 없다》(쿰란출판사, 2005), p.215.

대개의 부도덕이나 사고는 술 때문에 일어난다. 술이나 중독은 대화를 막는 두꺼운 벽이다.

7. 자녀의 치명적인 인격 형성

많은 자녀들이 가정에서 부모들이 술 마시는 것을 보고 자란다. 술에 취한 부모들의 추한 모습과 부덕한 말을 듣고 보면서 자란다. 술 취한 사람의 모습은 추하고, 말은 평소와 다르게 부덕한 말을 많이 하게 된다.

흔히 야외나 찜질방이나 지하철 안에서 많은 크리스천들이 술 이야기를 일상으로 한다. 아이들은 어려서 술을 보면서 자라기 때문에 먹지 않아도 술이 뇌에 각인된다. 자라면서 쉽게 술에 접근하게 된다. 임산부가 술 한 잔을 마시면 태아도 술 한 잔을 마신다고 생각해야 한다. 어떤 술집에서는 술에 흥분제를 타서 마시게 함으로 술맛이 좋음을 느끼게 하여 다시 찾아오도록 한다. 머리에 그 집 술맛이 좋다고 각인을 시켜 두는 것이다. 가정이나 사회에서 아이들이 술에 노출된 상태에서 자라게 됨으로 자녀들의 인격형성에 막대한 부정적 영향을 미치게 된다.

제2차 세계대전 때 미국의 코카콜라 회사에서는 독일에 있는 미군들에게 무상으로 코카콜라를 마시게 했다. 코카콜라의 맛이 뇌에 각인되도록 하기 위해서다. 이렇게 하면 귀국 후에도 코카콜라만을 찾을 것이기 때문이다. 그렇게 길가에서 무상으로 마시게 했다.

　코카콜라의 역사를 잠시 살펴보면 1886년 미국이 금주법 논란으로 시끄러울 때 코카콜라가 탄생하는 원인이 되었다. 기독교의 나라 미국 애틀랜타를 비롯한 전역에 금주운동이 일어났다. 살인, 아동 학대, 정치 부패, 산업재해 등 각종 죄악의 근원이 '술'이라는 주장이 기독교도들이 중심이 되어 시작되었다. 이는 일종의 미국판 루터의 종교개혁처럼 금주운동의 형태로 나타났다. 그 운동의 중심에 샘 존슨 목사가 있었다. 그는 여러 매스컴을 통해 "빨간 코의 위스키 악당"들을 비판하는 연설을 했다. 그 영향으로 1885년 애틀랜타 의회에서 금주법이 통과됨에 따라 만약에 지금 있는 약용 와인인 콜라가 '술'로 판별된다면 망할 판이었다. 그래서 사주인 펨버턴은 금주법에 대비해 와인 대신 콜라 과일에서 추출한 식물유를 사용한 신제품을 내놓게 된 것이다.[161]

　우리나라에서도 한동안 길가에서 우유나 요구르트를 지나가는 사람들에게 그냥 마시도록 나누어 준 적이 있다. 다 이유가 있다. 통계에 의하면 초등학생 20%가 술을 마셔 보았고, 중학생 30%가 흡연을 한다는 것이다.

　자녀들의 치명적인 인격 형성은 부모의 무절제에서 온다. 어느 중학생은 아버지 때문에 힘들어한다. 아버지가 술을 마시고 들어오면 두세 시간씩 앉혀 놓고 야단을 친다. 반면에 초등학교에 다니는 동생은 얼마나 끔찍히 사랑하고 아끼는지 모른다. "이번 학기말 시험이 끝나면 가출할지도 몰라요. 너무 속상해요. 아빠하고 친하게

---

161) 하워즈 민즈, 《머니와 파워: 지난 천년을 지배한 비즈니스의 역사》(경영정신, 2002), pp.224-225.

지낼 수 없을까요?"[162] 이 학생은 차라리 부모보다 얼마나 착한가. 소망이 있어 보인다. 주정뱅이 아빠는 자녀를 힘들게 한다.

미국의 저명한 기독교 상담가 노먼 라이트(H. Norman Wright)는 크리스천 부모에게 자녀들을 위한 사랑을 쉽게 포기하지 말라고 당부했다.

8. 중독의 전이성

중독은 또 다른 중독증을 유발시키는 특성을 갖고 있다. 마치 암이 다른 암으로 전이되는 것처럼 알코올 중독도 알코올 중독에 머물러 있는 것이 아니라 또 다른 중독으로 발전하게 되는 경우가 많다. 예를 들어 알코올 중독은 자연히 성적 욕구에 종속된 상태로 나아가는 현상이라고 보는 견해가 지배적이다. 이것은 알코올과 성 중독의 상관관계를 나타내는 측면이다. 그러면 성 중독은 알코올과 밀접한 관련이 있는 것일까. 그에 대한 해답은 일단 '그렇다'이다. 술에 만취하면 인간의 본능이 자극되는데 이때 성적 욕구가 가장 강하게 작용되기 때문이다. 실제로 누구나 술에 취하면 무의식적으로 성적인 본능이 일차적으로 작용하는 것이다. 이렇게 보면 알코올 중독은 알코올 중독만이 아니라 또 다른 중독으로 전이된다.

특히 알코올은 다른 대상과는 다르게 섹스와 깊은 연관이 있다. 그래서 술좌석에서 여성을 찾는 사람이 많다. 술은 흥분제이기 때문이다. 중독은 또 다른 중독을 만들어낸다. 알코올 중독은 설명하

---

162) 김경덕, 《비밀의 정원》(소원나무, 2015), p.166.

기 어려운 괴벽이기도 하다. 특히 성 중독을 하나의 기벽으로 치부해 버리기도 한다.[163]

중독이란 종류를 다양화하면서 그 영역을 점차 확대해 가는 추세다. 그래서 중독은 약물, 음식, 일, 흡연, 쇼핑, 운동, 도박도 가능하고, 특히 성 중독은 사랑이라는 관계로 치부하면서 가볍게 여기고 있다. 그러나 갈수록 현대인은 어느 것이든 중독에 관련되어 살고 있다고 보아야 한다. 그동안의 중독은 어두운 분야에서만 자란 것으로 생각하였으나 지금은 점차 건전하고 밝은 분야에서도 광범위하게 나타나고 있다.

9. 중독의 공존 병리

최하석 교수는 알코올 중독자를 진료할 때 알코올 중독과 동반된 또 다른 질병이 있는 것을 중독의 공존 병리라 한다.[164] 알코올 중독과 관련된 환자를 진찰할 때 알코올 중독증 외에도 다른 질병이 있는가를 살펴야 한다. 중독증과 더불어 이런 공존 병리를 치료해야 한다. 그렇지 않으면 더 나쁜 쪽으로 흘러갈 수 있기 때문이다. 알코올 중독보다 더 선행해서 있는 경우가 많기 때문이다.

알코올에 취하는 사람은 여러 이유 중에서 몸이 아프거나 정신적으로 불안하거나 하는 환경에서 그것을 잊기 위해서 술을 찾기 때문이다.

---

163) 김충렬, op.cit., p.28.
164) 최하석, 《알코올 중독》, p.137.

10. 목회상담적 지침

알코올은 사람에게 천사인 듯이 다가왔다가 순식간에 사탄으로 변해 개인의 건강을 빼앗아가고 가정과 사회를 병들게 한다. 알코올 중독의 목적은 다 같이 망하고 죽자는 데 있다. 건강도 잃고, 가정도 깨지고, 사회도 무너지게 한다. 알코올은 어떤 의미에서든 결코 가까이해서는 안 되는 백해무익한 것이다. 알코올에 속아서는 안 된다.

알코올 중독은 인간의 '탐욕'에서 시작된다. 사람들은 또 스트레스 해소에 도움이 된다고 하지만 더 많은 양을 요구하게 되어 결국은 중독자가 되고 말 것이다. 술이 나에게 무엇을 어떻게 해주리라고 기대해서는 안 된다. 더 많은 질병과 괴로움, 근심만 쌓이게 할 뿐이다. 육신의 질병과 정신적 질병을 가져온다. 교회 안의 많은 여성들 가운데서도 동창회, 특히 초등학교 동창회 모임에서 실수하기 쉽다는 것을 염두에 두어야 한다.

교회 안에서와 교회 밖에서의 삶이 달라서는 안 된다. 술 마시는 모습을 아이들에게 보여서는 안 된다. 부부가 술을 마시지 않는 것과 담배를 피우지 않는 것만으로도 큰 축복임을 알아야 한다.

중독자들의 생활도 얼마나 지저분한가? 술 마시는 집의 아이들이 술 냄새가 싫어서 집에 들어가기 싫어하며 아버지와 대화하기도, 한 상에 앉아 식사하기도 싫어한다. 아이들을 혹사시키는 일이다. 아이들을 가정 밖으로 밀어내는 일이 된다. 이런 술 중독자는 가정과 아이들을 생각하는 태도가 달라진 것이다. 아이들과 가정의 행복을 찾으라. 금주함으로.

동창회 모임에서 어릴 때로 돌아가 갑자기 친해지게 되면서 술을 한 잔씩 마시게 되고 취함으로 불미스런 일들이 발생하는 경우가 흔하다. 이렇듯 이웃들과의 만남에서 알코올을 쉽게 취하는 경우가 많다. 교회 직분자들도 불신 친구들과 만나면 한 잔, 한 병의 술은 예사라고 한다. 결국에는 한 잔 술이 두 잔이 되고 해서 술 취하는 것이 예사로운 일이 되고 만다. 이로 인해 가정에 불화가 일어난다. 아내와 말다툼이 생기고, 자녀들의 교육상 문제가 발생하게 된다.

제3장

질병으로서의 알코올 중독

중독을 보는 시각은 한국과 미국이 다르다. 한국에서는 중독을 범죄로 본다. 그러나 미국에서는 중독을 질병(disorder)으로 본다. 그것은 복지적 차원에서 한 시민으로서 치료를 받아야 한다는 것이다. 선진국에서의 시민 보호를 뜻한다. 알코올이나 마약 중독자를 미국에서는 병원이나 치료소로 보내는데 한국에서는 경찰서나 구치소, 법원이나 감옥으로 보낸다. 알코올 중독이 개인에 의해서 된 것이지만 미국은 그 책임을 나라에서 진다. 우리나라에서는 아직도 그 책임을 개인이 진다. 그러므로 중독을 고질병적인 질병의 모델로 보고 적극적인 방법으로 치료해야 개인이나 가정이나 사회가 유익할 것이다.[165]

---

165) 김경준, "중독은 스트레스 때문에 생기는 질병인가?", 중독의 종합적 이해(3).

1. 중독에 이르는 증상과 과정

무엇이 알코올 중독을 유발하는지에 대해서는 아직 의견이 분분하다. 대개 여러 요인으로 볼 수 있는데 성격적 특성, 유년기 경험, 사회적 영향, 유전적 영향, 뇌의 비정상적 화학작용 등이 꼽히고 있다. 하지만 이런 일반화에서는 분명히 짚어둘 사실이 있다. 음주장애는 나이, 성별, 배경, 인종, 사회적 환경을 막론하고 누구에게나 일어날 수 있다는 점이다.[166]

1980년에 개정 발간된 《정신질환 진단 및 통계편람》(Diagnostic and Statistical Manual of Mental Disorders)은 알코올 중독이라는 용어를 전면 삭제하고 서로 연관성 있는 두 가지 장애로 대체했는데, 바로 알코올 남용(alcohol abuse, 음주 후 불미스러운 상황이 빈발함에도 술을 끊지 못하는 상태)과 알코올 의존증(alcohol dependence, 알코올 남용에 더해 술에 대한 내성과 금단증상이 생기고, 음주 욕구가 통제 불가능에 이른 상태)이다.[167]

1) 알코올 남용

우선 가장 기본적인 알코올 증상은 '갈망'(long-ing)이다(약 1:14).[168] 술에 의한 강한 욕구가 생겨 마시고 싶어 못 견딘다. 술을 마시고자 하는 욕구가 너무 강하여 술을 살 돈이 없으면 남의 돈을 훔치기도 하고, 아내나 친구에게 체면 없이 돈을 요구하는 무모한 행동

---
166) 올리비아 랭, op.cit., p.25.
167) Ibid., p.24.
168) 김준·백소진·박훈정, op.cit., p.45.

이나 사회적으로 용납되기 어려운 행위를 하는 것 등이다. 알코올 중독자만이 아니라 마약을 하는 사람도 그렇다.

아무튼 중독자가 되면 정상적인 사회의 일원이 되지 못한다. 알코올에 의존하다 보니 자주 술을 마시게 된다. 이때 찾아오는 문제점은 직장이나 가정에서 자기의 임무 수행을 못하게 된다는 것이다. 음주 운전으로 인한 법률 위반도 생긴다.

2) 알코올 의존

대개 중독 증상으로는 어지럼증, 땀 흘림의 현상이 생기며, 과음 후에는 불안감 같은 것이 생겨 가슴이 두근거린다. 내성이 강해져서 더 많이 마시고 싶어진다. 술 마신 뒤의 행동을 보면 알코올 의존증에 빠질 가능성이 있는지를 알 수 있다.

술을 마시고 바로 얼굴이 붉어진다면 이런 사람은 알코올 분해 효소가 거의 없거나 부족한 경우이다. 술을 마시면 얼굴이 빨개지는 인종은 주로 아시안계로서 25-50%가 유전적이다. 한국, 중국, 일본과 같은 아시아계 사람들의 특징이다.[169]

2000년도의 미국인구조사국(NIAAA)에 의하면, 알코올 남용과 중독에 관해 국가기관에서는 인종(ethnicity)의 구조를 따라 연구한다. 남성과 여성은 물론 국가, 민족, 언어, 종교, 문화 그룹의 차이를 따라 연구하고 있다. African, American, Asian, Latino, 그리고 American Indian의 순이다. 미국에서는 소수민족의 수가 점점 증가하고 있는데, 각 그룹의 음주 상태를 자세히 연구하고 있다. 전

---

[169] Newgate Institute, op.cit., p.67.

시대로부터 태어나면서 전해 내려온 유전적(genetic heritage), 사회적 부류(social class), 직업에 의해서나 사회의 책임에서 생긴 것이거나 알코올 사용의 가정의 역사(family history of alcohol)에 관해서 깊이 연구를 한다.[170]

술을 멀리하는 것이 좋다. 음주 뒤 혀가 꼬이고 횡설수설한다든지, 노래를 부르고 춤을 춘다든지, 서럽게 운다든지 하면 알코올 의존증 위험성이 높다. 의존증의 초기와 중기에는 과음해도 과히 취하지 않는다. 아직은 간이 크게 상하지 않아 알코올을 분해할 수 있기 때문이다. 술을 마실 때 '필름이 끊긴다'면 이미 알코올 의존증 환자다.[171]

3) 알코올 중독

알코올 중독은 어떤 상태라고 간단히 규정짓기가 어렵다. 미국 중독의학협회(ASAM: American Society of Addiction Medicine)에 따르면, 알코올 중독의 특징은 "음주조절 장애, 알코올 탐닉, 음주 후 불미스러운 뒤탈에도 불구하고 여전한 금주 실패, 부인하기 등의 심각한 사고 왜곡 경향"이다.[172]

술에 취한 사람은 자기조절에 어려움을 느낀다. 이로 인해 부적절한 성적 행위를 하게 되고, 흥분한 나머지 손상된 판단력으로 공격적 행위를 감행함으로 인간관계가 비뚤어지게 되며 어눌한 말씨, 근육의 협조 불능, 혼수상태가 온다. 아침에 술이 깨면 다시 술집

---

170) Ibid., p.66.
171) 알코올 중독, 중앙일보(2005. 5. 9).
172) 올리비아 랭, op.cit., p.24.

으로 간다. 어떤 경우 중독자의 아내는 술집 주인과 약속을 한다. 남편 중독자가 오면 술을 팔지 말아 달라는 약속이다. 결국은 거절할 수 없게 된다. 술을 자주 마시게 되면 '내성'이 생긴다. 술의 양이 늘어나는 것을 말한다. 마실수록 술이 세진다. 술이 세지는 것처럼 과시하는 경우가 많다.

4) 알코올 중독의 3단계

(1) 초기단계

마셔도 좋고 안 마셔도 되지만 호젓하고 적적하면 술 생각이 나며, 불편한 마음을 달래기 위해 술을 마신다. 술을 자주 마시게 되며 술의 양이 점점 늘어난다. 스스로 이유를 만들어 술 마시는 자리를 마련한다. 피곤하거나 잠이 안 올 때 한잔 술이 필요하다고 한다. 술을 마시지 않으면 모든 일에 긴장이 된다. 술이 들어가야 안심을 하고 일할 수 있다.

(2) 중기단계

취미가 없어지고 술 마시는 자리가 편안하다고 한다. 사업이나 금전적인 면에서 문제를 일으킨다. 집에서나 거리에서, 상가에서, 공원에서 혼자 술을 마신다. 자기 주변에서 친구나 사람들이 떠나간다. 술 문제로 사회생활이 어려워진다. 싸우거나 다툼을 일으키며 시끄럽고 주변에 피해를 준다. 기억력에 장애가 오고 신경통이 생기고 손이 떨리며, 약속을 어기거나 결례가 되는 일을 예사롭게 안다.

(3) 위기단계

음주 시 안주나 식사를 못하고 술만 마신다. 식사보다 술을 더 좋아한다. 술 없이는 못 산다는 말을 한다. 안 마시다가도 한 번 마시기 시작하면 끝까지 마신다. 술기운이 떨어지면 안절부절못한다. 한밤중에 술을 마시거나 술을 사오라고 하며, 아내를 때리기도 한다. 술 마신 후에 기억을 못하며 죄책감으로 고민을 한다. 평소에 얌전하다가도 술만 마시면 사람이 변한다. 평소에 조용하던 사람도 술만 들어가면 했던 말을 또 하고 말이 많아진다. 그래서 술을 찾는다. 지킬 수 없는 약속만 남발한다. 정신적으로 어린아이와 같아진다. 이성을 잃게 되고 판단력이 없어짐으로 사람들의 신뢰를 잃게 된다. 거짓말과 의심으로 가족들을 괴롭힌다. 원망과 사소한 문제로 원한을 가진다. 술을 끊으려고 노력하지만 끊지 못한다. 식사를 일체 거른 채 하루 종일 술만 마신다. 완전히 볼품없는 사람이 되고 가족이나 사회에 암적 존재가 된다. 폐인과 같이 된다.[173]

전부터 알코올 중독을 질병으로 보고 국내 여러 곳에 알코올 치료 전문 병원이 있다.

술에는 3가지 폐단성이 있다. 자주성(自主性), 음란성(淫亂性), 기만성(欺瞞性)이다. 자주성으로 술은 재앙, 근심, 분쟁, 상처, 가난을 가져온다. 음란성으로 불륜, 퇴폐, 가정파탄, 성폭력의 주범, 살인까지 저지르게 한다. 기만성으로 알코올 중독은 본인도 가족도 모르게 생기는 병이라는 의미이다.

일반적으로 술에 대한 인식이 잘못되어 있다. 술은 음식 중의 하

---

173) 서울신문(2005. 4. 19).

나요 음료라고 생각한다. 술은 적당히만 마시면 좋다는 생각을 한다. 사교상, 사업상 술은 꼭 필요하다고 한다. 술을 마시면 생각이 명료해진다고 말한다. 술과 약을 함께 해도 좋다는 것이다. 고급술을 마시면 간에 피해가 없다고 생각한다. 이런 생각은 의학적으로나 심리적으로나 맞지 않은 것이다.

2. 신체 병리적 문제

중독적 질병으로서의 알코올은 음주의 합병증을 의미한다. 알코올 중독은 만성적이고 진행적인 질병이다. 알코올은 합병증을 가져오는데 젖산(lactic acid)이나 요산(uric acid)이 증가하여 통풍(gout)이 유발되기 쉽고, 지방간이나 더 나아가 간염과 간경화증이 유발되기 쉽다는 것은 널리 알려진 상식이다. 특히 알코올성은 간 기능에 이상을 초래하는 간경화의 예비적 변화가 생긴다. 대개 매일 소주 반 병 이상을 10-20년간 계속 마시면 간경화가 발생하여 주량이 많을수록 확률이 높아진다고 한다. 간경화는 지방간과는 달라서 술을 끊어도 호전되지 않으며, 간의 재생 능력도 상실된다는 점에서 알코올은 오래전부터 종양을 유발하는 것으로 알려져 있다.

이외에도 알코올은 간염, 간경변, 지방간, 위염, 위궤양, 고혈압, 심장병, 발기부전, 각종 암, 수면장애, 뇌손상으로 인한 인격변화 등의 위험도 뒤따른다.[174] 또한 식도, 인두, 구강, 직장 등에서 암을 유발하는 물질로 알려져 있다. 알코올은 심장질환, 관상동맥질환 등을

---

174) 올리비아 랭, op.cit., p.53.

유발하며, 혈액순환과 심장수축에도 중요한 영향을 미친다.[175]

이외에도 만성적 음주자가 술 마시지 않은 상태(sober state)에서 간에서 대사하는 약물을 복용하면 이 약물의 대사가 가속화되어 내성이 커진다. 그러나 술 취한 상태(intoxication state)에서 진정제, 수면제, 항우울제, 향 정신병 약물, 아편제 등을 복용하면 술과 약물이 합성하여 상승작용을 일으키므로 위험하다는 것이다.[176] 알코올은 신체적 이상 외에도 각종 심리 및 정신적 이상을 유발시킨다.[177]

미국에서는 알코올 중독을 질병으로 보기 때문에 중독자를 병원, 재활센터, 치료기관으로 보낸다. 한국은 경찰서로 보내는데, 그 이유는 알코올 중독을 죄로 보기 때문이다. 알코올은 알게 모르게 많은 질병을 가져온다. 심장병이나 암 다음으로 술로 인한 질병이 많다.[178]

알코올 중독은 명확한 질병이다. 알코올 중독자는 자신이 중독자요 병자라는 것을 극구 부인하면서 인정하려 들지 않는다. 그는 결국 질병을 가진 환자다. 술꾼이 자기를 술꾼이라고 하는데 좋아할 리 없다. 이젠 술 끊는다고 하면서 술을 계속 마신다. 어떤 때는 술 마시는 것을 후회하면서도 마신다. 이미 병든 술꾼이다. 알코올 중독이 질병이라는 것을 알았다면 그 술꾼은 술을 끊을 수 있는 기회가 있었을 것이다. 그러나 그런 술꾼에게는 치유될 기회가 없다.

---

175) 김충렬, op.cit., pp.184-185
176) Ibid., p.187.
177) 박상규·강성군 등 7인 공저 《중독의 이해와 상담실제》(학지사, 2011), p.67.
178) 보건복지부 보고, 2018년 알코올 정책토론회, p.38.

3. 정신 병리적 문제

BC 1500년의 인도의 고전 '아유 베다'(Ayur Veda)와 구약성경 신명기에 '광기'에 관한 기록이 있다. '광기'는 신(God)의 진노의 결과로 생각했다. 유대교의 탈무드에 '간질'(epilepsy)은 신성한 병이 아니라는 기록이 있다. 예수께서는 모든 병든 자를 고치시되 '간질하는 자'도 고치셨다.[179] 또 어린아이의 간질병을 고쳐 주셨다.[180] 간질병은 귀신의 농간에 의해 생기는 병으로 인식하여 정신병의학 연구의 시작이 되었던 것 같다. 하지만 고대 그리스 의학이나 로마에서도 '간질'은 신이 주는 병이 아니라 뇌의 병이라고 생각했다. 중세시대의 의사들도 마귀 들린 사람을 진지하게 믿었지만 그래도 말 한 마디 잘못하면 종교재판에 회부되는 험악한 시대에 그중 양심 있는 의사들은 "소위 마녀는 정신병자다. 의사가 고쳐야 한다"고 주장하고 나서기도 했다.[181]

스위스의 의사 펠릭스 플라터(Felix Plater, 1530-1614)가 정신병의 분류에 대한 새로운 시도를 했다는 것은 17세기의 의학적 소득으로 본다. 18세기에 와서 정신의학은 독립된 학문으로 탄생했다.[182] 우리나라 최초의 정신병과가 1913년 조선총독부 의원에 설치되었는데, 일본인 밑에서 한국인 조수로 있던 심호섭(沈浩燮)이 한국 최초의 정신과 의사였다.[183]

---

179) 마태복음 4:23-24.
180) 마태복음 17:18.
181) 대한신경정신의학회, 《신경정신과학》(하나의학사, 1997), p.4.
182) Ibid., p.3.
183) Ibid., p.11.

1) 중추신경계에 미치는 영향

가장 손쉽게 사용할 수 있는 알코올은 인간의 중추신경을 적당히 마비시켜 인간의 자아(ego)의 주요 기능인 의식(consciousness)에 혼란을 야기할 수 있다.[184]

알코올은 복합적인 기능을 가진 부위에 특히 예민하게 억제적으로 작용하여 기억, 인지, 판단, 주의, 정보처리, 사고기능, 반응시간, 운동조화, 언어 등의 장애를 야기한다. 동시에 중추신경계의 통제 기능을 억제함으로 흥분 고양, 공격성, 충동성 등 사회적으로 통제되어 왔던 행동들이 유리된다. 알코올이 중추신경계에 미치는 영향에서 기억상실(blackout)은 특이한데, 이는 취한 상태에서 일어난 일에 대해 전혀 기억하지 못하는 것으로 알코올 '전행적 기억상실'이라고 한다.

마약의 많은 부분이 오늘날 의약분야에서 사용되고 있음은 바로 '순기능적' 존재 이유라 할 것이다. 그러나 오늘날 마약이나 알코올이 인간사회에서 심각한 문제를 야기하는 '악의적 존재'로 등장하는 것에 대한 간단한 대답은 "마약은 인간의 중추신경이나 감정에만 작용하는 데 그치지 아니하고 인간의 정신까지 황폐화시킨다"는 것이다.[185]

올리비아 랭(Olivia Laing)은 자신의 책 《작가와 술》에서 말하기를, "알코올은 뇌의 여러 방식에서 영향을 미치지만 그중에서도 가장 확실히 감지할 수 있으며, 어쩌다 한 번씩 술을 마시는 사람들에

---

184) 배성태, 《마약류 실체》(조은, 2011), p.20.
185) Ibid., p.21.

게까지도 예외가 없는 한 가지 영향이 있다. 바로 회상능력을 파괴하는 방식의 영향이다. 코가 삐뚤어지도록 폭음을 한 경우 알코올은 단 하룻밤 사이에 뇌의 기억 축적 능력을 제압할 수 있다. 이렇게 되면 일명 '블랙아웃'(blackout, 일시적인 기억상실. 속된 말로 필름이 끊기는 것) 상태가 되어 일종의 '순행성 기억상실증'(anterograde amnesia)에 빠지게 된다"고 했다.[186]

연구에 의하면 술을 마시면 기억 형성을 담당하는 세포들이 평소에 비해 외부신호에 적극적이고 호응적으로 반응하지 못하도록 유도되면서 해마상 융기의 활동이 억제된다. 이로 인해 조각난 기억상태에서 전날 밤에 무슨 일이 일어났는지에 대해 전혀 알지 못하는 기억상실증에 걸리는 것이다. 대부분 음주자들이 자신이 술에 취한 상태에서 다른 사람들을 해쳤거나 이상한 행동을 했을 것이란 생각을 하지 않으려 한다. 그 이유는 자기가 이상한 행동을 했다는 것에 대한 두려움이 있기 때문이다.

2) 알코올의 금단 현상

금단이란 술을 오랜 시간 과도하게 마시다가 술을 마시지 않을 때 또는 술을 적게 마실 때 금단 증후군이 나타나는 것을 말한다. 알코올 중독자가 술을 마시지 않았을 때 금단증상이 나타나는데, 알코올 중독자의 약 80%가 금단증상을 경험한다. 이중에 5-15%는 경련이 나고 혼란, 환각이 심각하고 발작이 일어나기도 하며, 때로는 생명을 위협하기까지 하는 금단증상이 나타난다. 경우에 따라

---

186) 올리비아 랭, op.cit., p.203.

서는 술을 줄이고 나서 몇 시간 이내에 알코올 농도가 급속히 떨어질 때 시작되기도 한다. 이런 증상을 견디지 못하여 금단의 고통을 잊기 위해 다시 술을 마신다. 처음에는 사람이 술을 마시지만 나중에는 술이 술을 마시고, 결국에는 술이 사람을 마시고 술이 사람을 지배하게 되는 것이다. 이렇게 되면 그 사람은 중독자의 삶을 살아야 한다.[187] 술은 사람을 나쁘게 발효시킨다. 발효의 결국은 썩는 것이다. 이것이 중독의 결과다.

누가복음 21장 34절에는 술에 대한 경고의 말씀이 있다.

> "너희는 스스로 조심하라 그렇지 않으면 방탕함과 술 취함과 생활의 염려로 마음이 둔하여지고 뜻밖에 그날이 덫과 같이 너희에게 임하리라."

하나님의 경고의 말씀을 등한시하면 범죄하게 되고, 그 결과는 육체만이 아니라 정신적으로도 영적으로도 불행한 결과가 온다는 말씀이다.

영국의 작가요 평론가인 올리비아 랭은 알코올 중독 작가들에 대하여 연구했다. 헤밍웨이, 테네시 윌리엄스, 루이스 하이드 등 유명한 작가들과 술의 관계를 연구했다. 특히 F. 스콧피츠 제럴드, 어니스트 헤밍웨이, 테네시 윌리엄스, 존 치버, 존 베리먼, 레이먼드 카버, 이 여섯 작가 대부분은 하나같이 자기혐오와 자기 부적절감에 시달렸다. 세 명은 극심한 난교에 빠지기까지 하는 등 모두가 성생활과 관련해서 갈등과 불만족을 느꼈다. 대부분 중년의 나이에 세

---

187) 최하석, 《알코올 중독》, p.46.

상을 떠났는데, 사망의 원인은 자살이거나 아니면 수년간의 고되고 소모적인 생활과 직접적인 관련이 있었다. 또 모두가 정도의 차이는 있지만 중간 중간 술을 끊었으나 그중 단 두 명만이 말년에 이르러서야 영구적 금주에 성공했다.[188]

4. 목회상담적 지침

술을 조심해야 할 것은 술은 나를 속인다는 것이다. 마치 사탄이 나를 속이듯이 말이다. 술은 나를 유혹한다.

마음이 섭할 때나 기분이 이상할 때 적절하게 술을 마시면 어떠냐 하는 식으로 마음속을 파고든다. 그 유혹에 넘어가기라도 하면 그때 술을 입에 대게 된다. 그렇게 되면 술에 맛이 들린다. 일시적인 마음의 안정이나 기분이 좋아진 것이 마치 영원히 좋아질 것처럼 하는 술의 그 특유한 속임수에 빠지고 만다. 술을 아무것도 아닌 것처럼 생각하지 말아야 한다. 아무것도 아닌 것으로 여긴 그 술이 나를 통째로 삼킬 뿐만 아니라 우리 가정까지도 파괴시키고 만다. 부부간의 갈등이 유발되고, 자녀들이 삐뚤어지고, 가정 경제가 술로 인해 피폐해지며, 이

---
188) 올리비아 랭, op.cit., p.27.

웃과의 관계도 여의치 않게 된다.

"술은 사람을 발효시킨다"는 것을 잊어서는 안 된다. 필자가 어디서 강의를 할 때 이 말을 했더니 어느 목사가 하는 말이 "발효가 되면 더 좋겠네요"라고 말했다. 더 좋게 발효가 된다면야 얼마나 행복할까? 술은 인간을 더 좋게 발효시킬 수 있는 속성이 없다. 이것은 적정선의 발효가 아니라 썩어 부패케 하는 것이다. 술은 사람의 육신만을 해롭게 하는 것이 아니라 정신까지도 썩어 문드러지게 한다.

술 때문에 썩어 문드러진 가정들이 우리 이웃에 얼마나 많은가? 유명한 정치인들, 관리들, 돈 많은 부자들, 아이들을 가르치는 선생님들, 치안을 담당한 경찰관들, 법을 만들고 집행하는 법관들, 경건한 성직자들까지도, 아니 술로 인해 근친상간도 있으니 술 취함으로 추잡한 죄를 범한 이들이 너무도 많다. 한심스럽고 걱정이다. 하지만 누구 하나 이에서 예외일 수 없다는 것을 기억해야 할 것이다. 술은 누구에게나 노출되어 있다. 경계심을 가져야 한다. 대수롭지 않게 여겨 접근할 일이 아닌 것이다.

제4장

중독의 재발

1. 한 번 중독은 영원한 중독

중독자의 가족과 친지들은 중독자가 지금은 정상이 아니지만 언젠가는 반드시 정상적인 사람으로 회복되어 가정의 일원으로서 건강한 가족관계를 유지하리라는 희망을 가지고 기다린다.

그러나 '진짜(?) 중독자'는 가족들에게 이런 희망을 주지 않는다. 결국 가족들은 스스로 속는 것이 된다. 그들은 철저히 조절할 능력이 사라졌고, 시간이 갈수록 이제는 술을 끊고 싶어 하는 생각도 없어지고, 모든 방법이 전혀 소용이 없게 되어 버린다. 이미 너무나 오랜 시간이 지나 버린 것이다. 중독자의 모든 의지나 인내심은 바닥을 드러냈고, 더 이상 존재하지도 않는다. 심지어는 불과 얼마 전의 고통과 괴로움, 그리고 비참함도 이제는 생각할 수 있는 의식조차 사라져 버린 것이다.

어쩌다가 며칠간의 단주에 성공하고 나서도 중독자의 심리상태는 지극히 불안정하며, 특히 알코올에 대한 반응도 기묘하기 짝이 없다. 갑자기 한잔해도 괜찮겠지, 또는 음식을 충분히 먹지 못해서 술을 이기지 못했을 것이라는 일종의 자기 이해와 자기만족적인 이유, 그리고 핑계를 대며 뜨거운 감자를 만지듯이 스스로를 어르고 있는 것이다. 그러다가 다시 마시기 시작하면 그것으로 결과는 뻔한 것이다.

"한 번 중독은 영원한 중독"이라는 말이 있다. 이 말은 중독의 무서움을 표현한 말이면서도 사실 영원한 중독으로 중독과 함께 죽고 말 것이다. 그래서 '중독자나 중독상담자나 치료자는 둘 다 불쌍한 자'라는 말이 있다. 중독 치료는 미래가 보이지 않는다는 것이다. 어떤 기대할 만한 결과나 희망이 없어 보인다. 중독의 뿌리는 암보다 더 무서운 것이라고 말한다. 알코올 중독은 아주 끈질기다. 알코올 중독은 모르는 중에 중독되고, 알았다 할지라도 고치기가 힘들다. 알코올 중독자가 안 되려면 '술을 안 마시면 되는 것'이다. 따라서 진짜 중독자가 되려면(?) 술을 마시면 되는 것이고, 날마다 마음대로 계속해서 술을 마시면 틀림없는 알코올 중독자가 될 것이다. 우스갯소리 같지만 중독자가 되고 안 되는 것은 지극히 간단하고 쉽다.

중독의 문제는 개인의 불행일 뿐만 아니라 가족에게 심한 고통을 안겨 주며, 사회와 국가의 안녕을 위협하는 요소가 되고 있다. 경제적 손실만 하더라도 국가예산(300조)의 3분의 1에 해당되는 109조 5천억 원에 이른다고 한다. 물론 알코올, 도박, 인터넷, 마약으로 인한 의료비, 범죄와 생산비 저하를 포함한 것이다. 중독의 핵심은

'조절력의 상실'로 본다.[189]

상담사례 중 '술상무' 이야기가 있다. 기업에 따라 손님 접대의 창구 역할을 하는 술상무와 술전무가 있다고 한다. 술상무의 어머니의 이야기다. 아들은 나이 50대가 다 된 사람으로, 명문대를 나와 대기업에서도 능력 있게 일하는 간부다. 인간관계도 남다르고 해서 상무까지 승진했다가 외부 손님들을 만나 접대하는 일을 도맡아 하고 있단다. 손님을 맞이할 때는 손님들과 술을 마셔야 하는 것이 관행이다. 그래서 그를 '술상무'라 별명 지어 부른다. 그러나 별명 정도가 아니라 사실로 술을 먹어 주는 일이다. 그러다 보니 이 술상무는 항상 술에 취해 있어야 했다. 술상무는 밤낮 없이 이 사람 저 사람에게 술을 접대하는 상무가 되다 보니 늘 취해야 했고, 출근하는 시간도 귀가하는 시간도 정함이 없다.

술에 취해 귀가할 때면 아내는 남편의 모습을 아이들이 볼까 무서워서 남편 맞으랴, 아이들 챙기랴 정신이 없다. 아내는 술 취한 남편의 모습을 아이들에게 보여 줄 수 없었다. 그런 이유에서 남편이 올 시간이 되면 아이들을 의도적으로 도서실로 쫓아 보내기도 한다. 이런 생활이 하루 이틀이 아니기에 아내의 불평은 이만저만이 아닐 뿐더러 견딜 수 없는 감정이 극에 달하게 된다. 아이들도 술 취한 아버지를 모를 리가 없다. 한창 아이들 자라는 모습에 재미를 붙이면서 살아야 할 때에 가정 분위기가 엉망이 되고 만다.

이런 술상무 노릇을 10여 년 하다 보니 이것도 보통이 되었다는 것이다. '술상무'는 자기가 중독자가 되었다는 것까지도 모르고 있다. 이렇게 사는 것이 정답인 것으로만 알고 있다. 이미 술에 습관

---

189) 박상규, 《정신건강론》, p.262.

이 되었고, '술에 인박힌 자'가 되었기 때문에 지금은 알코올에 젖은 뇌가 시키는 대로 할 뿐이다. 술상무의 어머니는 이걸 어떻게 하면 좋으냐는 것이다. 이렇게 나가다가는 정말 가정과 가족이 어떻게 될 것인가에 염려가 된다.

2. 중독은 재발한다

신체적인 병도 재발하면 문제가 심각하듯이 중독도 그렇다. 건축하는 데도 새 집을 짓기보다는 헌집을 고치는 일이 더 경제적으로 정신적으로 힘이 든다. 병도 재발하면 위험하다. 그래서 암은 5년을 넘겨야 안심할 수 있다는 것인데, 그것도 5년이 넘으면 죽지 않는다는 말이 아니다. 알코올 중독은 재발하기 쉬운 중독이다.

김병오 교수는 중독이란 공동의존성(codependence)을 갖고 있기 때문에 주위 사람과 가족간에 서로 빠져들게 되고, 의존성을 가지고 서로 공모하게 되므로 "중독에서 빠져나올 사람은 없다"고 했다.[190] 이것을 '관계중독'(relationship addiction)이라 한다.

언제 어떻게 재발할는지 알 수 없는 질병이다. 사회적인 분위기가 그렇기도 하다. 그리고 병이나 알코올 중독도 중독의 진단이 내려진 후에 금주를 했다고 해서 중독에서 벗어나는 것은 아니다. 지금은 알코올을 끊었다고 해도 이미 알코올 중독자가 아닌 것은 아니다. 그 사람에게는 중독의 요소가 숨어 있다. 그 불씨가 적절한 환경과 조건만 맞으면 언젠가는 재발할 위험이 상존해 있는 것이

---

190) 김병오, 《중독을 치유하는 영성》.

다. 물질의존자가 주관적 경험으로 물질을 지속적으로 사용하게 만드는 '갈망'(craving)이라는 유발 요인이 있어 다시 술을 찾게 된다.[191]

알코올 중독은 재발한다. 평생을 관리해야 한다. 재발을 통해 알코올 중독으로부터의 회복은 매우 어려우며 회복은 혼자서 할 수 없는 것이다. '나는 할 수 있다'는 자만심에 빠지게

알코올 중독자

되지만, 가족이나 사회가 이해해 주지 않음으로 인해 '나는 할 수 없다', '에라 모르겠다'로 빠져 다시 술잔을 들게 되었다는 알코올 중독자의 고백도 있다.[192]

이상호 목사(회복공동체)는 "술을 처음 접한 것이 열다섯 살이었고, 10년 동안 상담을 공부하고, 상담사역을 해왔고, 제가 목회현장에 있으면서 내가 이렇게 중독에서 벗어났다라고 말은 하지만 술을 완전히 끊은 것은 아닌 거 같아요. 여전히 술을 마실 수 있어요. 하지만 오늘 안 마시는 것뿐이에요"라고 고백한다.[193]

"술 딱 한 잔만"

술은 재발한다. 술은 다른 중독에 비해 서서히 중독된다. 알코올 중독이란 서서히 진행되는 진행성 질환이며,[194] 치료하지 않으면

---

191) 한국마약퇴치운동본부, 2005 마약류 퇴치 심포지엄, p.76.
192) 박상규, op.cit., p.259.
193) 김상철,《중독》, p.163.
194) 장후용,《학교폭력 및 약물예방 상담과정》, p.208.

결국 치명적이 되는 만성질병이다.[195] 서서히 진행되는 질환이기에 치료도 많은 시간이 걸릴 수 있으며, 아예 고칠 수도 없게 된다는 데 불행이 있다. 알코올 중독은 일차적이면서 흔히 치명적인 질환으로 정의하고 있다.[196]

사람들은 알코올을 적당하게 마시는 것은 몸에도, 정신건강에도 좋다고 말한다. 그러나 항상 적당하게 마시는 것이 생리적으로 불가능하다. 이런 말은 주로 '술꾼'이 할 수 있는 독점적인 말이다.[197]

중독은 또 다른 중독을 가져온다.

중독자는 중독이라는 한 가지 문제뿐만 아니라 우울 장애나 불안, 성격문제, 망상 같은 다른 정신과 문제나 또 다른 중독의 문제를 가져온다. 이런 경우를 공존장애(co-occurring disorder) 또는 이중장애(dual disorder)라 한다. 나쁜 바이러스는 언제나 재발을 노리고 있다.

미국에서 마약중독자 치료소를 운영하고 있는 H목사의 이야기다. 그는 과거에 마약을 제조하기도 했고, 마약을 운반하며 팔기도 했고, 마약을 사용하기도 했고, 한때는 마약으로 큰돈을 벌기도 했다. 그 후 그는 마약을 다 끊고 목사가 되었다. 당시에는 목사 된 지 10년이 넘었다. 그는 모범생이 되어 인정을 받고 주정부의 지원을 받아 마약 중독자 치료소를 운영하고 있었다. 그가 설교 중에 말하기를, "마약은 99%가 재발합니다. 나도 마약을 끊은 지가 수십 년이 되었지만 언제 어떻게 재발할는지 나 스스로를 믿을 수가 없습

---

195) Ibid., p.209.
196) Joseph R. Volpicelli 등, 김성곤 역, 《알코올 및 약물중독 질환을 위한 BRENDA 치료》 (하나의학사, 2002), pp.24-25.
197) Ibid., p.24.

니다. 15년이나 약을 끊었던 사람 중에 1/4이 재발합니다. 간은 2/3가 망가지기 전에는 증상이 없습니다. 간암은 5년 이내에 재발하지 않으면 완치라고 하나 중독은 이보다 더 무서운 것입니다"라고 말한다. 5-6년이 지난 후 그 목사님을 만나러 미국에 갔을 때 나를 인도하던 목사는 "그 목사를 만날 필요가 없소. 그는 어렵습니다"라고 했다. 나는 그 말을 듣고 H목사가 재발한 것으로 이해했다.

중독의 특징은 재발이다. 술 몇 잔을 줄였다고 해서 그것이 특별한 것이 아니다. 좀 나았다든지 알코올을 끊었다고 해서 안심하거나 자만해서는 안 된다. 그렇게 회복될 수도 있다. 그렇게 느낄 수도 있다. 그러나 일시적이고 임시적일 수도 있다는 것을 알아야 한다. 한 번 중독이 평생 간 것처럼 회복도 평생 간다. 그러나 재발했다고 해서 낙심하거나 포기해서는 안 된다.[198]

S여인은 10년 전 남편이 하던 사업이 부도가 나서 술을 입에 대기 시작했다. "시어머니는 남편의 사업실패가 내 탓이라고 몰아세웠어요. 기분이 안 좋을 때마다 입에도 대지 않았던 술을 기분전환 한답시고 한 모금씩 홀짝거렸는데 어느 순간 한 잔이 두 잔이 되고, 두 잔이 석 잔이 되더군요." 그녀는 피까지 토하면서 다시 또 술을 마셨다. 잠이 깨면 몸이 아프고 죄책감에 시달리니까 그걸 이기려고 또 마셨다고 했다.

어떤 여인은 남편의 구타 때문에 술을 마셨는데 술을 마신다고 더 많이 맞았단다. 심재종 원장은 "병원 환자들의 90%가 퇴원 후 재발한다"며 "알코올 중독자에게 한 방울의 술은 기름통에 성냥불을 긋는 격이라, 10년 동안 술을 끊었다 하더라도 일단 맛을 보기

---

198) 정정숙,《상담사례집 4》(베다니, 2003), p.157.

시작하면 걷잡을 수 없게 된다"고 말한다.[199]

3. 목회상담적 지침

병이 재발해 본 경험이 있는가? 그 병이 얼마나 아프고 무서운가? 어느 중년이 넘은 부인은 자기 딸이 유방암이 재발될 때에 태산 같은 염려를 했다. 그 귀한 딸, 명문대를 졸업하고 직장도 훌륭한 곳에서 근무하다가 암에 걸려 수술을 했는데 재발한 것이다. 이미 각오라도 한 듯이 하늘이 무너질 것 같은 걱정을 한다.

알코올 중독의 재발이란 어떤 것인가? 술을 한 잔이라도 덜 마시고 보면 스스로 술에서 해방된 느낌을 갖는다. 마치 고쳐진 것처럼 생각한다. 그런데 어느 날 피치 못할 사정이 있어 술을 한 번 입에 대고 말았다. 이렇게 다시 술을 입에 대는 것이 재발이다. 그 재발은 막을 길이 없다. 그 술맛은 이전의 술맛보다 훨씬 더 좋다. 환상적일 수 있다. 클라우드(Cloud) 맥주가 있다. 기가 막히고 환상적인 술이란 뜻일 것이다. 한 잔을 하게 되면 구름을 타고 떠다니는 것 같은 환상적 기분이라는 것이다. 더 많은 맥주를 마실 것을 권장한다. 더 많이 마시고 팔릴 것을 기대한다. 좋지 못한 바이러스는 퍼지는 속도가 빠르다.

구약성서에 보면 하나님께서 예레미야 선지자에게 술잔을 주셨다. 하나님께서는 술잔으로 모든 나라 사람들에게 마시게 하라고

---

199) 조선일보(2005. 7. 2).

하셨다.[200] 그 술을 마실 때 정신이 없어지고 사람들이 미칠 것이라 했다. 술은 사람을 미치게 한다.

성경을 보면 "악은 어떤 모양이라도 버리라"[201]고 했다. 술 마시는 연습도 말아야 한다. 무엇이나 시작이 중요하다. 요즘 젊은이들이 술 마시는 것을 보통으로 생각하고 자랑 삼아 마시기도 한다. 기가 찰 일이다. 젊은 여인들이 술을 마시면서 낳은 아이는 술독에서 나온 아이가 되는 것이다. 이걸 생각하면 아찔하지 않은가. 내 뱃속에 있는 아이가 술독에 빠져 있다고 생각해 보라. 어떤 생각이 드는가?

술 마시기를 시작하지 마라. 마셨다 하면 그때부터 나도 환자가 되는 것이고, 나의 아이들도 같은 병에 시달릴 것이다.

수년 전에 미국으로 유학 간 아들의 집에 들렀을 때다. 어느 날 이른 아침 친구 목사로부터 전화가 왔다.

"김 목사, 내 아들이 지난밤에 죽었네. 마약을 먹고 죽었네. 자네가 와서 장례를 치러 주면 감사하겠네."

나는 아들과 함께 친구의 집을 찾았다. 졸지에 외국 가서 장례를 치른 것이다. 듣건대 그 아들은 평소에 마약을 즐겨 했다고 한다. 머잖아 사귀던 여자와 결혼을 해야 했는데 죽은 것이다. 우리는 기억해야 한다. 중독은 또 다른 중독을 동반한다는 것을. 중독은 자살까지도 가져온다.

---

200) 예레미야 25:15.
201) 데살로니가전서 5:22.

제3부

중독의 예방과 치료

제1장

중독의 예방과 교육

　미국에 중독이란 말이 한창일 때 한국은 중독이란 말조차 생소해하다가 근간에 와서야 중독이란 말이 퍼지기 시작했고, 정부와 사회에서도 관심을 갖게 되었다. 어느 대학에도 중독학과가 제대로 갖춰진 대학이 없는 것 같다. 본래 하나님의 속성으로 창조된 인간이기에 의롭고 경건하게 또 인간답게 살아가도록 하기 위해 가르쳐야 할 교회에서도 하나님의 모습이 깨지는 중독에 대해 별 관심이 없다는 것이다.

　중독의 경우 미국은 한국보다 약 20년 이상을 앞서 있다고 말한다. 미국은 '중독 예방시대'는 지난 지 오래며, '중독 치료'에 엄청난 재정을 투입하기에 바쁘다. 한국은 지금 미국의 중독을 열심히 쫓아가고 있다. 한국 정부에서도 알코올 중독이나 마약 중독, 니코틴 중독 등 여러 중독에 대해서 늦게나마 관심을 갖고 있는 듯하나 결국은 주조장이나 담배회사의 돈벌이가 될 뿐 중독을 막는 일에는 과히 도움이 되지 못하고 오히려 후퇴하고 있다. 교회도 그렇다. 가장 관심을 가져야 할 교회가 오히려 사회보다 더 무관심하다. 다음의 예방이란 공동체로서의 예방과 노력이다.

1. 예방이란?

'예방'(prevention)이란 웹스터사전(Webster's Dictionary)상의 의미로는 "방해하려는 행동이 일어나거나 생기지 못하게 막는 것"[202]이라 정의하고 있다.

의학에서는 '예방의학'(prevention medicine) 분야가 따로 있다. 위키 백과사전에 의하면, 예방의학이란 질병 발생의 원인을 규명하여 그 예방을 목적으로 하는 의학이라 했다. 즉 개인의 위험요인 평가와 교육, 선별검사 등을 통한 질병의 예방과 건강증진이며, 지역사회의 차원에서는 공중보건(public health)이 있다. 예방은 청소년에게만 국한된 것이 아니라 남녀노소를 막론하고 예방이 절대적으로 필요하다. 중독에 이르기 전에 물론 어렸을 때부터 예방 차원에서 다스려야 한다는 것은 말할 것도 없지만 어른들도 알코올 중독에 이르기 전에 예방해야 할 것이다. 예방은 돈이 덜 든다. 치료하는 데는 많은 돈이 들어가면서도 고칠 수 있는 확률은 낮다.

아이들이나 어른들이나 예방에는 마찬가지다. 누구나 알코올을 시작하기 전에 예방이 필요하다. 그런 의미에서 예방이란, 청소년들의 알코올 및 약물 사용의 진행을 차단하는 것이나 시작을 연기 또

---

202) 〈웹스터사전〉, p.825.

는 예방하는 것을 의미한다.[203] 교회는 중독의 무풍지대로 알고 있다. 교인들도 자신들은 중독자가 될 수 없고 중독과는 거리가 멀다고 믿고 있다. 그러나 중독은 우리에게서 멀리 있는 것이 아니라 아주 가까운 곳에 있다. 미국에서도 마약 중독을 치료하는 데 마약을 곁에 놓고, 마약을 보면서 치료하기도 한다는 것이다. 실제로 사탄이 우리와 가까이 있는 것과 같다. 그러나 실제로 목사들 중에도 중독자가 있으며, 술에 취한 자들이 얼마든지 있다는 사실을 알려고 하지도 않고 있다. 우선 교회 지도자들부터가 중독이 무엇인지에 대해 지식을 얻어야 할 것이며, 사전에 중독을 예방해야 할 것이다. 지금 우리나라도 미국처럼 중독이 만연한 나라가 되고 있다.

우리나라는 세계 최고의 술의 나라다. 끝없이 술이 개방되고 권장하는 나라가 되었다. 교회마저도 한국 선교 초기의 금주운동은 어디로 가버리고 술을 보통으로 여기고 있다. 예방을 게을리 하다가는 급기야는 버거운 짐을 져야 할 것이다. 몇 년 전까지만 해도 한국은 예방 전 시대라고 말하기도 했는데 이 말은 예방시대가 못 되었다는 것이 아니라 예방에 대하여 전혀 무관심, 무감각한 상태에 있다는 말이다. 우리나라도 예방과 동시에 치료시대가 도래했음에도 불구하고 이를 알지 못한다는 것은 안타까운 일이다. 필자가 보기에는 우리나라도 알코올 중독이 무르익어 가고 있다는 생각이다. 예방과 치료는 동시에 이루어져야 한다.

예방에는 초기 노력(primary prevention)이 중요하다. 초기 노력이란 초기 발생을 미리 막거나 지연시키는 데 필요한 것으로, 장기적 전략을 세워야 한다는 것을 말한다. 초기 전략에 대해 몇 가지 중

---

203) 김준·백소진·박훈정 공저, op.cit., p.163.

요한 점을 숙지해야 한다.

① 생활양식의 변화가 불가피하게 있어야 한다.
② 우리의 무력함을 겸허히 받아들여야 한다.
③ 우리의 변화를 위해서는 우리의 모든 자원을 바쳐야 한다.
④ 초기의 상태를 식별해서 효과적으로 치료해야 한다.
⑤ 이웃에게 문제를 알림으로 효과를 거둘 수 있다.
⑥ 공동으로 대처함이 효과적이다.[204]

2. 초기 예방의 노력들

1) 교육적 노력(education efforts)

초기 예방의 노력(primary prevention)에는 교육적인 노력이 있다. 'education'이라는 말은 그리스어 'educare'에서 유래하였다. 이 말은 사람이 '잠재적으로 안에 있는 능력을 개발하여 겉으로 끌어낸다'는 의미이다. 또 'pedagogy'(teaching)라는 단어는 그리스어 'paidagogos'에서 유래했는데 '어린이'를 뜻하는 paidos와 '이끌다'라는 뜻의 agogos의 합성어로, 교육은 '어린이가 잘 자라며 진리에 이르도록 이끌어 준다'는 뜻이다. 교육은 빠를수록 좋다. 수용성이 강한 어릴 때의 교육이 가장 효과이다.[205] 그래서 초기교육이 중요하다. 초기양육(initial follow up)이라고도 하는데 누구나 예수를 영

---

204) Newgate Institute, op.cit., p.84.
205) Ibid., p.84.

접할 때에 확실하게 설 수 있도록 도와주어야 한다.[206]

예를 들자면, 1967년도에 6일전쟁이 있었다. 이스라엘과 아랍의 전쟁 즉 중동전쟁 시 당시 아랍의 1억 4천과 이스라엘의 4백만과의 전쟁이다. 이스라엘의 군 총사령관 모세 다얀(Moshe Dayan) 장군은 6일 만에 이스라엘을 승리로 이끌었다.[207] 전쟁이 일어났다는 소식을 들은 세계 각국에 흩어져 있던 이스라엘의 유학생들이 입대하기 위해 이스라엘로 돌아왔고 미국, 러시아, 독일 등에 있는 이스라엘의 디아스포라들이 돈을 모아 보내기도 했다. 이들이 이렇게 애국심을 발휘할 수 있는 것은 그들에게 어려서부터 '쉐마 교육'을 시켰기 때문이다.[208]

히브리어 쉐마는 "들으라, 이스라엘아"(hear, O Israel)라는 뜻이다. 교육이란 구약 신명기 6장 4절에서 9절까지의 말씀을 의미한다.

쉐마(Hear, O Israel)

이스라엘아 들으라/
우리 하나님 여호와는 오직 유일한 여호와이시니//
너는 마음을 다하고/ 뜻을 다하고/
힘을 다하여/
네 하나님 여호와를 사랑하라//
오늘 내가 네게 명하는 이 말씀을 너

토라를 읽고 있는 유대인 소년

---
206) 박호봉,《이단적 성향의 신앙》(예수제자원, 2015), p.258.
207) 김흔중,《성서의 역사와 지리》(엘맨, 2006), p.30.
208) Ibid., p.46

는 마음에 새기고//

네 자녀에게 부지런히 가르치며/

집에 앉았을 때에든지/

길을 갈 때에든지/

누워 있을 때에든지/

일어날 때에든지 이 말씀을 강론할 것이며//

너는 또 그것을 네 손목에 매어 기호를 삼으며/

네 미간에 붙여 표로 삼고//

또 네 집 문설주와 바깥 문에 기록할지니라//(신명기 6장 4-9절)

이와 더불어 토라와 탈무드를 주내용으로 하여 민족의 역사성과 정체성, 그리고 신앙관, 인생관 등의 가치관을 형성하여 온 것이다. 이것이 유대인들이 어려서부터 받은 '뿌리교육'(root education)이다.[209] 유대인들은 모태에서부터 태교교육을 한다. 아이들에게 하나님의 말씀을 들려준다. 그렇게 하려면 엄마부터 하나님의 말씀을 배운다는 것이다.

우리나라도 '뿌리교육'이 절대적으로 필요하다. 알코올에 대해서 미래가 보이지 않는 우리나라에서 알코올이 나쁘다는 것을 어려서부터 교육을 받도록 해야 한다. 이것이

식탁교육

---

209) Ibid., p.53.

과연 어느 때나 가서 가능할는지 알 수 없지만 부모와 함께 마시고 함께 취하고 함께 싸우는 것은 뿌리교육이 없어서 그렇다.

또 하나의 예를 들어보자. 나폴레옹 전쟁이 끝난 후 독일의 철학자 요한 G. 피히테는 "독일 국민에게 고함"이라는 연설에서 나라를 찾은 가장 큰 공로를 초등학교 선생님들에게 돌렸다. "목숨 걸고 잘 싸운 장병들도 훌륭하지만 장병들의 승리를 이끌어 낸 가장 큰 공은 가장 나이 어린 피교육자를 바르게 가르친 초등학교 선생님들"이라고 했다. 어린 학생일수록 교육의 효과가 가장 잘 나타나기 때문이다. 학년이 높아질수록 선생님의 가르침을 취사선택한다. 한편 영국의 정치가요 교육가인 웰링턴은 말하기를, "인문학 교육만으로는 안 된다"고 했다.

교육의 효과는 언제 어디서나 나타난다. 음주와 마약이 위험하다는 것을 청소년들에게 어려서부터 가르쳐야 한다. 태아교육의 중요성에 대해서는 이미 잘 알려져 있다. 알코올이 태아에게 치명적이라는 것은 너무도 잘 알려져 있다. 이것은 부모의 교육이 안 된 데서 온 것이다. 성인도 중독자가 되기 전에 알코올의 위험성에 대해 교육을 받아야 한다.

초기교육의 예를 든다면, 나라에서 해야 할 일이겠지만 학교수업과 강의, 슬로건이나 포스터, 대중계몽 캠페인이 크게 도움이 될 것이다. 음주 가능한 시간과 나이 제한, 불법 마약의 판매와 사용 금지, 음주운전법 규제 법규, 처방에 의한 약 판매, 알코올 음료 판매를 위한 면허 등 모든 분야에서 성공을 위한 목적으로 교육적 노력은 중요하다.

알코올을 취급하는 일에도 교육적 노력이 있어야 한다. 무엇보다도 일반적으로 '알코올에 대해 얼마나 알고 있는가'이다. 요즘에 와서는 酒道(주도)를 알아야 한다고 말하면서 술 마시는 방법이나 술에 대한 예의가 무엇인가를 가르치기도 한다. 술을 마시되 점잖게 마셔야 한다든지, 취하지 않게 적절하게 마심으로 주변 사람들에게 피해를 주지 않아야 한다든지, 어른 앞에서는 자세를 어떻게 하면서 마셔야 한다든지 등등이다. 이러한 것을 술에 대한 교육으로 생각한 모양이다.

그러나 이렇게 하는 것은 알코올이 안 좋으니 금해야 한다는 것이 아니라 마시되 실수하지 않기를 바라는 것이다. 하긴 요사이는 술이 사회의 전반 어디서나 노출되어 있어 노소간에 술을 아주 가까이하고 있다. 전에는 어른들 앞에서 마시지 못하고 몸을 뒤로 돌려 마시기도 했고, 술잔을 가리면서 마시기도 했다. 어떤 모습으로 마시든 간에 알코올을 마신다는 것은 폐가 된다는 것이 중요하다. 그런데 지금은 부모와 자식들이 술상을 같이 하기도 하고, 오히려 아버지가 아들에게 술을 따라 권하기도 한다. 이렇게 하는 것을 문화인처럼 생각한다. 같이 마시고 그러다가 다투고 싸운다. 술을 마시면 술이란 놈은 우리를 가만 놔두질 않는다.

옛날에는 '식탁교육'(table education)이 있었다. 어른들은 이 시간만을 기다렸다가 할 이야기를 식사시간에 했다. 교육이라기보다는 야단치는 일이다. 아버지들은 이 시간에 교육한다는 게 야단을 치는 것이었다. 밥을 먹어야 일을 하고 공부도 할 것인데 이런 상황에서 어떻게 밥이 목구멍으로 넘어갈 수 있겠는가. 야단을 맞으니 도저히 아이들이 편안한 마음으로 밥을 먹을 수가 없었다. 그것도 힘들었지만 지금은 그런 식탁교육을 할 만한 상황이 못 된다.

필자의 아버지는 농사짓는 일을 하는 농부였다. 농사일은 말할 수 없이 힘든 것이다. 힘들 때마다 농주라도 한 잔 마시면 얼굴이 벌게지면서 힘을 얻는 듯했으나 그것은 힘이 아니라 술기운에 불과한 것이었다. 요즘처럼 농지 정리가 돼 있는 시절도 아니고 경운기 같은 기계가 나오지도 않았기에 모든 운반물을 지게를 지고 힘들게 날랐다. 그렇게 술을 좋아한 아버지는 나에게 한 번도 어른들에게 술을 따라서 드리라고 하신 적이 없었다. 내가 술을 멀리할 수 있었던 이유이기도 하다. 이처럼 초기교육이 중요하다. 예방은 빨라야 좋다.

농사지을 때 병충해도 초기의 예방 노력이 중요하다. 거름도 화학성 산성 비료가 아닌 퇴비 같은 알칼리성 거름이 더 좋다. 퇴비는 토질을 변화시키므로 그 거름의 효능이 오래 지속된다. 알코올 중독도 어린아이들, 즉 초등학교나 중학교에서의 초기 교육이 중요하다. 식물도 어렸을 때에 잘 가꿀 필요가 있듯이 사람도 너무 커버리면 교육의 효과가 감소된다. 어렸을 때 잘 가꾸어야 튼튼해지고 병충해에도 강하다. 사람도 몸이 커지고 또 자기의 생각이 너무 커버리면 교육을 잘 받아들이지 않게 된다. 노력은 IQ보다 더 비중이 크다. 부모의 잔소리는 아이에게 동력(motivation)이다. 이 동력이 나중에는 자기가 자기를 돕고 가르치고 스스로 설 수 있는 자리에 있게 한다.

그래서 미국 같은 선진국에서는 유치원 때부터 교통법규를 가르치고 있다. 우리나라에서도 점점 이런 선진국의 좋은 것을 도입하고 있는 것 같아 보인다. 어릴 적부터 알코올을 멀리하는 교육이 필요하다.

바울은 교회의 직분 얻을 자의 자격을 가르칠 때 "술에 인박히지 아니한 자"(딤전 3:8)라고 했다. '술에 인박힌 자'는 끊을 수 없기 때문이다. 기독교에서 비록 술이 구원에 관계된 교리는 아닐지라도 개인이나 가정의 경건한 삶에 큰 해가 된다. 경건한 공동체를 운영하는 데 도움이 안 될 뿐 아니라 공교회에 폐가 된다는 것이다.

그러려면 어른들이 알코올을 멀리해야 할 것이다. 크리스천은 술을 즐기지 말아야 한다. 중독되기 전에 초기에 잡아야 한다. 가정이 무너지기 전에 술을 끊어라. 술이 사회에 노출된 지금 크리스천들도 한두 잔의 술은 보통이라고 생각하는 사람들도 있다.

다음은 김기태 교수 등이 제시한 학교 예방 프로그램의 개입 내용이다.

(1) 학교 프로그램

① 중·고등학교에서 음주 예방교육을 실시해야 한다. 초등학교의 교육이라면 더 효과적이다.

② 동료집단의 압력 등을 거부할 수 있는 능력을 갖출 수 있도록 교육해야 한다.[210]

③ 무엇이 정상적인 것인가를 판단할 수 있는 능력을 알게 하고 가르쳐야 한다.[211]

세계에서 가장 담배를 많이 피우는 나라 중의 하나인 인도네시아는 초등학생들의 담배로 유명하다. 이들은 대개 친구로부터 배운다. 5-9세 아이들의 흡연율이 증가하고 있다. 아동범죄를 가져온다.

---

210) 김준·백소진·박훈정 공저, op.cit., p.170.
211) Newgate Institute, op.cit., p.88.

술도 마찬가지다.

(2) 부모대상 프로그램

알코올 및 약물 예방교육에는 부모의 관심과 개입이 필수적이다. 음주를 경험한 청소년의 28%가 부모의 동의하에 이루어지는 것으로 드러났다. 이미 부모들부터가 술을 마시는 입장에서 아이들에게 금주를 가르칠 자세가 안 되었다는 것이다. 그러므로 부모가 알코올에 대한 교육을 받아야 한다. 알코올에 대한 부모의 절실한 인식 없이는 자녀들의 알코올 문제에 개입하기 어렵다. 이런 경우 자녀와 부모가 알코올 문제 같은 심각한 문제로 소통할 수 없다.

무엇보다도 부모 교육이 우선이다. 부모에 의해서 자녀의 장래가 결정되기 때문이다. 부모는 자녀의 최초의 교사다. 특별히 아내의 자녀에 대한 역할은 신명기 6장에 교훈된 교육의 원리를 실천하는 일이다.[212]

기독교에서의 부모교육은 효과적인 교사로서의 기초부터 닦아 가야 한다. 하나님을 경외하는 것을 배워야 한다. 유대인의 교육처럼 자녀들을 어려서부터 잘 기르려면 부모들이 먼저 쉐마 텍스트(shema text)에서 교훈한 명령을 배우고 따르는 훈련을 해야 한다. 그리고 부모 자신에 대한 바른 자세가 무엇이며, 이웃과의 바른 관계는 어떠한 것인가를 알 필요가 있다. 물론 크리스천의 교육과 실천은 성경적이어야 한다.[213] 이렇게 교육되고 훈련된 부모라야 좋은 부모로서 자녀를 양육할 수 있다.

---

212) 정정숙, 《성경적 가정사역》, p.148.
213) Ibid., p.259.

2) 법적 노력(legal efforts)

법적인 노력은 보다 한계가 있긴 하지만 그러나 최소한의 알코올의 피해를 막기 위해서는 법적 규제가 필요하다. 알코올 구입 루트와 알코올 음료 소비방지법을 제정하는 일도 한 방법이다. 알코올을 구입하는 일을 어렵게 함으로 예방에 도움을 줄 것이다.

지역사회 프로그램이나 AA와 같은 자조집단의 활용, 그리고 기업체의 고용지원 프로그램이 있어야 하고, 사회적 네트워크를 이용하여 정책이나 방안을 공유하며 협력해야 할 것이다. 우리나라 술값의 53%가 세금이다. 여기에 건강증진 부담금이 가해진다. 정부에서는 국민의 건강증진을 위해 주류세를 올린다고 한다. 여기에 반대하는 입장은 노동자들에게 퇴근 후의 술 한 잔은 피로와 괴로움을 달래는 최고의 낙인데 술값을 올리면 서민들은 어떻게 하란 말이냐는 것이다. 건강증진을 위해 술값을 올린다는 것에는 이해가 되지만 세금을 걷기 위한 목적은 안 된다는 것이다.

그러나 술은 한 잔으로 끝나는 것이 아니다. 한 잔이 두 잔이 된다. 이것이 술의 속임수요, 마술이다. 술은 자연히 마시게 되는데, 술을 많이 마심으로 인한 건강악화를 생각해야 한다. 불과 술 몇 잔으로 인해 발생하는 문제, 가정불화와 자녀들에게서 일어나는 문제와 폭력, 그리고 교통사고 등 이차적인 범죄와 사고는 더 큰 문제가 되는 것이다. 술로 인해 사회적 비용이 들어간다면 그 비용은 술을 마시는 자들이 책임지는 것이 당연하다.

2008년도 발생한 8세 어린이 성폭행 사건에서 범인 조두순이 재판정에서 만취를 이유로 "기억이 나지 않는다"고 한 주장이 받아들

여겨 음주에 따른 심신미약을 인정, 형량이 징역 15년에서 12년으로 감형됐다. 똑같은 범죄를 저질렀어도 술 먹은 상태에서라면 봐준다는 것이다.

형법 10조(심신장애인) 2항 "심신장애로 인하여 전항의 능력이 미약한 자의 행위는 형을 감경할 수 있다"고 되어 있다. 법원은 이 조문을 근거로 심신장애인 요건에 대해 술에 취해 저지른 범죄에 대해서도 사안에 따라 심신미약 상태로 판단할 수 있다. 만취상태서 범죄를 저질렀다면 심신미약상태로 볼 수 있어 형의 감경 사유에 해당할 수 있다는 것이다. 이후 발생한 잔혹한 범죄 사건에서도 흉악범인들은 조두순과 비슷한 '주취범행'을 줄곧 주장했다.[214]

2010년 서울에서 초등학생을 납치한 후 성폭행한 김수철의 경우, "나는 맥주를 마시면 성욕을 느낀다. 범행 당시에도 정신이 없었다. 술이 원수다"라고 말했다. 2011년 수원에서 길 가던 20대 여성을 납치해 성폭행을 시도하려다 뜻대로 안되자 살해한 오원춘은 "난 술을 즐기고 범행 날에도 술을 먹고 외로움을 느끼다가 여인이 오는 것을 보고 숨어 있다가 그 여성을 넘어뜨렸다"고 진술했다.

하나같이 술 때문이란다. 심신미약으로 인정되면 판사는 반드시 형량을 감경해야 한다. 즉 명정죄(intoxication)에 해당한다는 것이다. '술을 먹으면 감형된다'는 인식이 오히려 범죄를 유발할 수 있다는 것은 사실이다. 이 같은 판결에 국민의 불만이 커지고 있다.

2017년 "재심으로 조두순의 출소를 막아 달라"는 국민청원이 60만 명에 달했고, 2017년 11월 4일에 시작된 '주취감경 폐지' 청원에

---

214) 중앙일보(2017. 12. 5). 조두순 사건은 2008년 12월 경기도 안산시 단원구에 있는 한 교회 화장실에서 8세 여아를 강간 상해한 사건이다.

한 달 동안 참여한 사람이 20만 명을 넘었다.[215]

'명정'이란 술이나 약물에 취한 상태를 말하며, 이런 상태도 심신장애로 보며 완전명정(完全酩酊), 즉 꽐라(dead drunkenness) 상태는 심신 상실이므로 그 상태에서 위법행위를 할 때에는 애초부터 그 범죄를 저지를 작정으로 꽐라가 된 게 아니었으면 책임능력이 없어서 벌할 수 없다. 꽐라란 코알라 이름에서 온 말로, 술 취한 상태에서 산다는 말이다.[216]

경찰청이 발간한 '2016 범죄통계'에 따르면 지난해 검거된 살인 및 살인 미수범 995명 중 390명(39.2%)이 음주상태에서 범행했다. 성폭행 범죄는 6,427명 중 1,858명(28.9%)이 음주상태에서 범행을 했다. 최근에도 전북 익산에서 주취자를 돕던 여성구급대원이 주취자에게 머리를 5회나 폭행을 당한 뒤 뇌출혈로 결국은 숨지는 사건이 발생했다. 또 같은 익산의 종합병원 응급실에서 주취자가 의사를 마구 폭행했다. 의사나 소방관이나 막무가내로 폭행하는 사례가 줄을 잇는다. 주취자를 경계해야 할 판이다. 이들은 술에 취했다는 이유만으로 폭언과 폭행을 서슴없이 가한다.

그러면 외국의 경우는 어떤가? 미국과 영국은 스스로 만취해 저지른 범행은 원칙적으로 감경사유에 해당하지 않는다고 규정하

---

215) 중앙일보(2017).
*완전명정(독일 형법 제323조 a. "완전명정" 1. 고의 또는 과실로 알코올 음료나 기타 각성제를 복용하여 명정상태에 있는 사람이 위법 행위를 범하고 명정상태로 인하여 책임 능력이 없거나 책임능력 심사를 배제할 수 없어서 이를 처벌할 수 없을 때에는 5년 이하의 자유형 또는 벌금형에 처한다. b. 전항의 형은 명정상태에서 범한 범죄 행위에 규정된 형보다 중할 수 없다.)
216) 꽐라의 어원-인터넷 술 이야기, 나무위키 '주류 프로젝트'.

고, 이 국가들은 판례상으로도 "주취는 범죄의 변명이 될 수 없다"(Drunkenness is no excuse for crime)는 원칙이 있다. 경찰의 공무집행을 고의로 방해한 주취자는 현장에서 즉각 체포한다. 상대가 주먹을 휘두르면 경찰봉을 사용할 수 있고, 칼을 들고 있으면 총기를 사용할 수 있다.

곽대경 교수(동국대 경찰사법대학)는 "한국은 술 권하는 사회다"라고 말한다. 술에 대해 너무도 너그러운 사회 분위기, 만취자에 대한 용서, 여기에 술을 강권하는 분위기까지 있는 것이다. 이런 한국사회의 '술'에 대한 인식이 변하지 않는 한 법 개정도 어려울 것이다. 2009년도 광복절 사면으로 음주 운전자의 면허취소 등 행정처분을 감면받은 운전자 수백 명이 한 달도 안 넘기고 다시 음주운전으로 적발되었다는 이야기, 더군다나 사면 당일에 음주운전을 한 사람도 수십 명에 달한다는 것이 우리 현실이다. 이제는 한국사회에서 음주에 대해 더는 관대한 사회적 분위기를 방치해서는 안 될 것이다.

미국의 술에 대한 법과 규제이다. 미국의 경우 오래전부터 주마다 그 규정이 다르다 하지만 대개는 아래와 같다.

엄격한 술 판매면허
미성년자의 술집 고용 및 술 판매에 대한 엄격한 처벌

술 판매 지역 제한과 술 판매량의 제한 등을 기본으로 하고 있다. 기본적으로 범죄자에게는 술 판매 허가를 내주지 않고, 판매하는 지역도 엄격하게 지정되어 있다. 미성년자에게 술을 판매했을 때는 영업 취소는 물론 많은 벌금을 물게 되고, 술을 판매한 아르바이트생도 처벌을 받는다. 대학생이라고 술을 마실 수 있는 것이 아니라 21세, 한국 나이로 22-23세가 되기 전에는 마실 수 없고, 어길 시에는 학교에서도 징계를 받는다. 우리나라처럼 전과에 상관없이 팔거나 어느 슈퍼에 가든 술을 살 수 있는 것과는 상당히 다른 부분이다.

우리나라는 어떤가? 각종 연구보고서에 따르면 알코올 중독과 알코올 의존이 전체 국민의 1/4을 차지한다. 거리마다 술집이 즐비하고, 술을 마시는 사람들로 넘친다. 음식점도 술을 판매하지 않으면 장사를 못할 정도다. 중독자는 방치하고 이에 대한 사회적 시스템도 없는 현실, 술로 인해 범죄가 기승을 부리는데 이에 대한 대책은 없다. 경제가 어려워지면 술 판매량이 급증하고 있는데 정부는 오직 이로 인해 세금을 늘려 받을 생각만 하고 있다. 남녀노소, 지위고하를 막론하고 술을 권하는 사회에서 과연 '술'에 관련한 법을 강화할 수 있을까?

우리나라는 언제 어디서나 술에 쉽게 접근할 수 있다. 주세법에 의해 형식적인 면허제를 시행 중에 있으나 판매시간과 장소에 대한 규제가 없어 무분별한 접근이 가능하다.[217]

질병관리본부 2012년의 통계에 의하면, 청소년 10명 중 3명이 최근 한 달 동안 스스로 술을 구매하였으며, 구매시도자 중 10명 중 8명인 82.6%가 주류를 구매하는 데 용이하다고 응답했다.[218] 또 청소년 불법 주류 판매 모니터링 및 공공장소 음주실태 모니터링 자

---

217) 이해국, "중독에 대한 100가지 오해와 진실", p.28.
218) Ibid., p.68.

료에 의하면, 전국 600곳의 편의점 중 263개 편의점(43.8%)에서 청소년들에게 주류를 불법 판매하는 것으로 확인되었다.[219]

몇 년 전, 담뱃갑에 그림을 넣는 것을 법으로 정하자는 것도 국회에서 수년을 잠자고 있다가 겨우 결정을 했다. 문제는 국회의원들 중에 담배를 선호하는 사람이 많다는 것이다.

주류광고에 한국이 무너지고 있다. 보건복지부의 음주의 폐해 예방과 감소를 위한 캠페인, 홍보를 위한 예산은 주류광고의 0.006%의 수준에 불과하다. 2009년 1년간 지상파 TV, 케이블 TV, 라디오, DMB, 신문, 잡지 등 6개 업체에 나타난 전체 주류광고 지출비용 총 955억 8,971원(1,000억 원)에 비하면 보건복지부 2012년 음주 폐해 예방, 감소를 위한 캠페인 및 홍보 예산은 총 5억 7,600만에 불과하다.[220]

대한보건협회와 미디어 리서치 조사에 의하면, 2018년도 1월부터 11월까지 전국적으로 이루어진 주류광고의 현황은 총 18만 9,566건 하루 평균 574회로 나타났다. 이 중 93.9%가 맥주들이 광고에 나서고 있다고 한다.[221]

새로운 시대에는 새로운 중독이 생긴다. 녹색소비자연대의 조사 자료에 의하면, 서울의 홍대 앞이나 이태원 지역 주류판매업소 64개소 대상으로 조사한 결과 75%가 에너지음료+주류, 폭탄주 판매를 하고 있으며, 고 카페인 음료인 에너지 음료와 알코올을 섞어 마실 경우 체내 흡수율이 더욱 증가하여 신체적 위험성이 증가한다

---

219) 대한보건협회(2011-2012).
220) 이해국, op.cit., p.28.
221) 연합경제(2012. 12. 18).

고 한다.[222)]

적절한 법 제정이 매우 시급하다. OECD에서 최고의 술을 자랑하는 우리나라는 알코올 중독에 대한 예방과 관리 치료에 대한 법제도가 가장 취약하다.[223)]

3) 종교적 노력(religion efforts)

교육이나 법적인 노력이 중요하지만 그것만으로는 부족하다. 더 중요한 것은 종교교육이다. 오직 신앙교육은 어떤 다른 방법보다 훨씬 더 우수하다. 인문학은 인간을 만드는 데는 도움이 되나 하나님의 사람으로 회복하게 하는 데는 역부족이다.

하나님의 말씀, 즉 교리적 훈련(bible study)은 악한 습관을 사전에 차단하는 일이다. 온전한 사람으로 이끄는 유일한 방법이다. 사도 바울은 말하기를, 하나님의 말씀은 죄인들이 그리스도에게 인도함을 받는 유일한 수단이라고 했다(롬 1:16).[224)]

종교적 노력은 확실한 초기 예방으로 아주 효과적이다. 종교에는 교리적, 도덕적, 윤리적인 목표가 있다. 종교에는 이런 근본적인 요소들이 '잘 박힌 못처럼' 종교적 서약, 맹세, 금주에 대한 권위를

유대인 자녀교육(출처 kncnr)

---
222) 이해국, op.cit., p.26.
223) Ibid., p.24.
224) 김상곤, 《한국교회와 Nevius 선교정책》(장로회총회신학회, 1968), p.68.

가지고 있다.[225] 마호메트의 코란이 그렇고 유대인의 탈무드가 그렇다.

서임수 교수는 그의 책 《청소년과 종교와 삶》에서 윤리의 토대 또는 근원으로서의 종교를 강조한다. 이런 의미에서 종교와 윤리를 분리할 수 없다고 말한다. 이렇게 될 때 종교적인 삶이 윤리적인 삶이 되고, 윤리적인 삶의 토대는 종교에 있음을 역설한다.[226]

한국교회 초기에는 금주교육에 열심이었다. 대개의 종교 교리에는 금주로 되어 있다. 기독교, 불교, 이슬람 등이 그렇다. 신앙적 교육은 어떤 교육보다 더 확실한 교육이다.

다음에는 2차 예방이 있어야 한다. 이것은 중독의 진행을 막는 일이다.

- 음주운전 위반 초범
- 고용인 지원 프로그램(EAP)
- 가족교육의 노력에 대한 통고
- 의료, 헬스 케어 통고, 교육적 노력
- 정부와 개인 대행업체들의 정부와 민간 차원에서의 노력

여기부터는 상담의 개입(intervention)이 필요하다. 이것을 초기개입이라 한다. 따라서 지속적인 교육이 필요하다. 내버려두면 아무의 간섭 없이 자연히 중독으로 향하게 된다. 이렇게 하는 것을 초

---

225) Newgate Institute, op.cit., p.38.
226) 서임수, 《청소년과 종교와 삶》(엠애드, 2011), p.50.

기치료라 한다.[227]

제3차 예방이 있다. 질병의 진행을 방해하는 일을 해야 한다. 사실은 예방이 아니라 치료 단계로 들어서는 것이다. 이 단계에서는 가장 효과적이고 최고의 훈련이 필요하다. 환자에게 당근과 채찍이 필요하게 된다. 훈련과 채찍이 가끔씩 유익하다. 3차 예방에는 치료, 개입, 법, 교육, 징벌, 약물 테스트, 훈련, 대안들, 공동체 교육 등이 필요하다.

어떤 교육적 방법과 방식이 필요할 것인가?

- 성공적인 케이스의 모델이 필요하다.
- 실제적인 생활역할극 같은 개방적이고 솔직한 가족토의가 있어야 한다.
- 실제 학교 수업에서 정부정책이나 특별한 프로그램을 이용해서 교육이 되게 해야 한다.
- 의사나 법조인, 그리고 경찰로 하여금 교육을 하게 한다.[228]
- 이보다 더 효과적인 것은 상담 전문가를 통해 교육하되 술을 모르는 목사의 강의가 주효할 것이다. 이렇게 하는 것은 학교의 전략이기도 하지만 교회의 전략이기도 하다. 이렇게 함으로 개인적, 사회의 위험요소를 줄이고 청소년 알코올 사용 개시 시기를 늦추는 것이다.[229]
- 이런 전략을 통해 약물에 대한 적절한 정보를 청소년들에게 제

---

227) Newgate Institute, op.cit., p.95.
228) Ibid., p.85.
229) Ibid., p.86.

공할 수 있다.
- 주변의 알코올 압력에 저항할 수 있는 기술과 요령을 가르칠 수 있다.
- 청소년들의 대인 기술을 개발 촉진할 수 있다.
- 스트레스를 관리할 수 있는 기술을 습득하게 하며, 대화의 기술을 연마하게 된다.
- 폭넓은 인생의 삶의 기술을 습득하게 된다.
- 인간성의 전반에 걸친 변화를 볼 수 있게 된다.

3. 목회상담적 지침

특별히 청소년들의 알코올 중독 예방을 위해 많은 연구와 노력이 필요하다. 교회에서 주일학교 교육이 필요하듯이 말이다. 세 살 버릇이 여든까지 간다는 말이 맞다. 사람이 늙으면 어릴 때로 다시 돌아간다. 이것이 귀의법칙이다. 본래의 고향으로 돌아간다. 어렸을 때에 교육을 잘해야 한다. '뿌리교육'이 중요하다. '묘목'이 중요하다는 것이다. 묘목이 건강하고 좋아야 잘 자란다. 성장했을 때의 교육보다 어렸을 때의 교육, 즉 뿌리교육이라야 한다.

성경에 나무를 보고 열매를 알 수 있다고 했는데, 그 나무의 어떠함은 뿌리를 보아야 안다. 우리 자녀들의 뿌리는 어떤가? 아니, 아비의 뿌리는 어떤가? 아비의 뿌리가 나쁜데 좋은 자녀의 열매를 어떻게 기대한단 말인가?

어떤 통계에 의하면, 40대 이후에 교회를 찾는 사람 중에 80%

이상이 어렸을 때에 주일학교를 경험한 사람이라는 것이다. 유대인들의 쉐마 교육이 얼마나 중요한가. 유대인들은 어렸을 때부터 가정의 밥상머리에서 쉐마 교육을 시킨다. 자녀는 부모가 책임을 진다는 것이다. "이스라엘아 들으라"(신 6:4). 하나님에 대한 신앙과 조국을 사랑하는 마음이 담긴 교육이기 때문이다. 학교교육도 중요하고 법을 가르치는 교육도 중요하지만 무엇보다 신앙교육이 중요하다. 어렸을 때의 신앙교육이라야 한다.

성경에서도 어머니의 품 안에서의 신앙교육을 통해 만들어진 지도자들을 많이 볼 수 있다.

아브라함의 아들 이삭이 어려서부터 순종하는 신앙교육을 받았고 이삭의 아들 야곱이 그랬고 야곱의 아들 요셉도 부모로부터 따뜻한 신앙의 사랑을 받고 자랐다. 모세도 그 어려운 상황에서도 가정에서의 여호와 하나님의 신앙교육을 받음으로 조국을 사랑하는 마음을 키워갔다. 디모데는 어떤가? 어려서부터 신앙의 교육을 받고 자라서 큰 지도자가 된 것이다.

종교에는 교리적, 도덕적, 윤리적인 목표가 있다. 인간과 인간끼리의 약속이 아니라 하나님과의 약속이기 때문에 그 약속을 지키기 위해 최선의 노력을 다한다. 이슬람의 예를 보아도 그들은 어디를 가도, 어떤 환경 속에서도 알라를 경배한다. 인천에 상륙한 예멘의 난민들도 이슬람들로서 아무리 어려운 처지에서라도 알라 신에게 경배하는 일을 잊지 아니한다.

신앙교육이 최고의 알코올 중독 예방이다. 아이들에게도 절실함을 갖게 해야 한다. 알코올이 얼마나 큰 폐해성을 가지고 있는가를 알게 해야 한다.

제2장

중독의 치료

알코올 중독과 같은 물질 중독이나 행위 중독을 이해하고 치료하기 위해서는 질병모형을 이해해야 한다. 생물학적이고 심리적 또는 사회적 질병을 이해하라는 것이다. 사회적이고 환경적인 스트레스 등과 그것을 이겨내는 심리적인 면역성의 약화, 그리고 그 개인이 가지고 있는 생물학적 취약성 등이 복합적으로 작용해 중독이 발생한다는 관점이다. 중독으로 인해 개인의 몸과 마음이 망가지는 것은 물론이고, 가족도 피해와 불안함으로 인해 몸도 마음도 망가지며, 결국엔 사회적으로 작용하고, 이는 다시 그 중독자에게 외부 스트레스 작용으로 악순환을 형성하게 되는 것이다.

기독교 중독 상담에서는 술로 인한 간질환, 심장질환, 더 나아가 생물학적으로 뇌에 대한 연구 및 치료에 대한 정신적, 영적 치료를 어떻게 해야 할 것인가에 대해 관심을 갖는다. 기독교적 중독 치료는 지금까지 다루고 있는 신체적, 생물학적, 정신적인 중독에서 영적 치료를 목표로 한다. 인문학적 중독 치료가 영적 치료에 접근할 수 없는 것은 그 한계에 이르기 때문이다. 영적 세계는 하나님만이 하실 수 있는 일이기 때문이다.

1. 미네소타 모델(Minnesota Model)

미네소타 모델은 알코올 중독에 대한 최초의 연구라고 할 수 있다. 1873년 미국 미네소타 주를 포함해서 여러 주들은 술 취한 주정뱅이 문제에 직면하고 있었다. 그래서 1873년 미네소타 주 보건청의 찰스 휴이트 박사(Dr. Charles Hewitt)가 주지사 호레이스 오스틴(Horace Austin)에게 리포트를 작성하여 제출한 것이 채택되었다. 리포트의 제목은 "술주정뱅이들의 치료와 돌봄은 주 정부의 의무"(The Duty of the State in the Care and Cure of Inebriates)였다.

이 보고서에 의하면, 사회복지부가 술 중독자들을 금주시키면서 그들의 가족들의 역할 부담을 덜어 주는 혜택이 있다는 것을 알았다. 그래서 1947-1948년까지 2년간 사회복지부는 술 중독자들에게 전문적인 도움을 주는 실습으로 비용이 절감됨을 알 수 있었다. 연구의 결과로 1948년 10월 5일 '최초의 집'(Pioneer House)이 문을 열었다. 이곳에서 술 중독자들은 AA방침에 따라 2-3주 동안 치료를 받았고, 같은 시기인 1949년에 미네소타의 한 농장 집에서 시작하여 발전된 수양관은 그 후 성직자와 전문가들에 의해 술 중독자를 치료하는 곳으로 국제적으로 알려지게 되었다. 그곳을 바로 '하젤덴'(Hazelden)이라 불렀다.[230]

---

230) Newgate Institute, op.cit., p.36.

미네소타 주는 중독상담전문가를 인정하는 미국의 첫 번째 주가 되었으며, 1954년 '알코올 상담자'로 그 명칭을 제정하였다. 1940년대에 AA프로그램이 확산되었고 Pioneer House, Hazelden과 William State Hospital에서 쓰여졌던 치료의 각 방식들이 미네소타 모델의 11개 지침의 관점으로 제기되었다.

'Hazelden'은 미국 미네소타 주의 한 도시다. 하젤덴은 알코올과 중독을 치료하기 위한 곳의 명칭이 된 것이다. 하젤덴은 어른이나 아이들까지 중독을 치료할 수 있는 곳이다. 외래 치료와 가족 치료도 가능하며, 케어 후에도 계속 치료를 받을 수 있고 가족 프로그램도 있다. 알코올 중독자들에게 회복의 희망을 준 곳이다.

하젤덴은 1949년 허름한 하숙집(old lodge)과 같은 초라한 농부의 집에서 시작되었다. 처음에는 남성 알코올 중독자만 허용했다.

여기서는 AA프로그램 12단계의 정책을 기초로 했다. 처음 18개월은 156명을 도왔다(1953). 1999년에는 병원과 학교를 세웠다. 중요 인물로는 댄 앤더슨(Dan Anderson, 하젤덴의 부회장), 엘렌 브레이어(Ellen Breyer, 회장), 마크(Mark G. Mishek, 병원장) 등이 있다.

1870년에 미네소타 주를 포함해서 미국의 여러 주들은 다음과 같은 지침에 따랐다.

① 알코올 중독은 표현과 진단이 가능한 질병이다.

② 알코올 중독은 만성적이고 진행성의 질병이다. 조절하지 않으면 중독 증상은 가속화된다.

③ 알코올 중독은 치료할 수 있는 것은 아니지만 그 질병은 막을 수 있다.

④ 알코올 중독은 치료의 결과를 예측할 수 없는 질병이다.

⑤ 알코올 중독은 신체적으로, 심리적으로, 사회적으로, 그리고 영적 치료까지 포함한다.

⑥ 알코올 중독의 성공적인 치료는 알코올 중독자의 존엄성과 존중이 따르는 환경이 필요하다.

⑦ 알코올 중독과 각종 중독자들은 다양한 범위의 기분을 좋게 하는 약물남용에 매우 취약하다.

⑧ 약물/중독 치료는 다양하게 훈련된 팀원과 가까이하며 사무적인 관계가 아닌 입장에서 피상담자를 대하고 개별치료로 개발된 모든 활동에 각자가 연합될 때 최선의 치료가 이뤄진다. 항상 동등한 위치와 입장에서 이해해야 한다.

⑨ 치료계획의 구현을 위한 초점은 일반적으로 치료 회복을 위해 피상담자와 같은 성별, 같은 나이 층으로 자기를 공개할 수 있는 분위기 조성, 상호인지, 지원할 수 있는 담당 상담자로 정해 주는 것이다.

⑩ 가장 효과적인 알코올 중독 치료에는 'AA, Orientation 방향 안내'와 서로 대면하고 도와주는 그룹 'Step Work'가 필요하며, 일대일의 상담과 역동적이고 적극적인 학습환경이 포함되어 있다.

⑪ 알코올 중독자들(clients)을 위한 가장 현실적이고, 지속적이고, 술을 끊게 하는 기초 후원기구는 'AA'다.[231]

---

231) Ibid., pp.33-34.

2. 금주 친목회 AA(Alcoholics Anonymous)

AA는 1935년 미국의 오하이오 주의 외과 의사인 밥 스미스(Bob Smith) 박사와 파산한 증권 중개인 빌(Bill) 두 사람이 창설했는데, 사실은 애초부터 하나의 도박이자 무모한 시도였다. 이 두 사람은 알코올 중독에 시달린 경험을 가지고 있었다.[232]

'빌'(Bill)은 부모가 이혼을 한 후 조부모 댁에서 성장했다. 그는 1차 세계대전으로 인하여 대학교를 마치지 못하고 군 복무를 하는 중에 술을 마시기 시작했다. 그 후 월스트리트에서 일하면서 공부를 계속했으나 술 때문에 학업을 마치지 못했다. 빌은 20대 후반에 그의 아내 로이스와 함께 돈을 모아 주식에 투자했으나 1929년 경제 대공황으로 인하여 빚더미 위에 앉게 되었다. 그 후 더욱 술에 빠지게 되고 병원에서 입원치료를 받게 되었다. 그러나 병원에서는 빌의 치료에 희망이 없다고 했을 때 당시의 유명한 심리분석학자인 칼 융(Karl Jung)에게 도움을 구하였다. 그는 칼 융으로부터 오직 종교적인 회심만이 알코올 중독으로부터 해방을 받을 수 있다는 말을 듣고, 미국으로 돌아와서 옥스포드 운동에 참여하였다.[233]

이들은 금주를 결심하고 의사의 도움 없이 자신들의 음주 습성을 고치기 위해 신앙인들을 중심으로 하여 뭉친 사회 종교적 프로그램으로 알코올 중독 환자들을 사회적으로 갱생시키는 데 성공하였다. 이 모임을 통해 자기애적 만족과 자기 표현을 통한 치료적 발산을 할 수 있었다.

---

232) 올리비아 랭, op.cit., p.62.
233) 김병오, op.cit., p.100.

AA를 '단주친목회'라고도 하는 데 금주하는데 지지가 필요한 사람은 누구든지 참석할 수 있다. 다른 조건은 없으나 '술을 끊겠다는 생각'은 해야 한다. 단주모임의 형태도 여러 종류가 있다. 여성환자 모임, 다른 정신의학적 문제가 있는 알코올 중독 환자들의 모임(double-truble), 비종교적 모임(non-spiritual), 비흡연자 모임(non smoking) 등등이다.

AA의 행동수칙 12단계

① 우리는 우리가 술 앞에서 무력하며, 우리의 삶이 속수무책의 경지에 이르렀음을 인정한다.
② 우리는 우리 자신보다 더 큰 어떤 힘이 우리에게 온전한 정신을 되찾도록 이르렀음을 인정한다.
③ 우리는 우리의 의지와 삶을 우리가 믿는 하나님에게 맡기기로 마음먹었다.
④ 우리는 우리 자신의 도덕성에 대해 철저하고도 용기 있게 되짚어 봤다.
⑤ 우리는 하나님에게, 우리 자신에게, 그리고 다른 사람들에게 우리가 저지른 잘못의 정확한 본질을 인정했다.
⑥ 우리는 하나님께서 전적으로 이 모든 인성적 결함을 제거할 준비를 하셨음을 믿는다.
⑦ 우리는 하나님께서 우리의 결함을 제거해 주시길 겸허한 마음으로 간청드렸다.
⑧ 우리는 우리가 해를 끼쳤던 모든 사람을 되짚어 보면서 그 한 사람 한 사람 모두에게 그 잘못을 보상하기로 다짐했다. 사람

에게 피해를 주는 경우가 아닌 한 가급적이면 직접으로 잘못을 보상해 주기로 마음먹었다.

⑨ 우리는 앞으로도 꾸준히 인성을 살피면서 잘못을 하면 그 즉시 인정하기로 했다.

⑩ 우리는 우리가 믿는 하나님과의 의식적 소통을 높이기 위해 기도와 명상에 힘쓰면서 오로지

⑪ 우리를 위한 하나님의 뜻을 구하고, 또 그 뜻을 실천할 힘을 얻기 위해 기도하기로 했다.

⑫ 우리는 이와 같은 수칙을 준수하며 영적 깨우침을 얻으면서, 이런 메시지를 알코올 중독자들에게 전달하고 모든 일에서 이 수칙을 실천하기 위해 노력하겠다.[234]

AA는 지극히 신앙적인 모임이다. AA의 행동수칙 12단계를 살펴보면 중독자 자신이 술 앞에서 한없이 무력하다고 고백한다. 술은 하나님의 능력보다 약하지만 나보다는 강하다는 것이다. 사탄은 하나님보다 약하지만 나보다는 강하다. 하나님 앞에서 죄인임을 고백하며, 하나님이 아니면 아무것도 할 수 없는 존재라고 말한다.

총신대 상담학 정정숙 교수는 치료와 회복의 방법으로 다음과 같이 조언하고 있다.

① 바로 이 시간이다. 약물 중독에서 벗어나는 것은 먼 훗날의 일이 아니라 지금 이 시간부터라는 것을 강조하라는 것이다.

② 회복은 평생 계속된다. 회복이란 일시적인 것이 아니라 평생

---

234) 올리비아 랭, op.cit., p.62.

계속되는 과정이다. 계속적인 회복을 시도해야 한다.
③ 하나님과 전문의의 도움을 받아야 한다. 하나님의 힘과 능력을 의지하라.
④ 재발했다고 해서 포기하지 마라.
⑤ 약물복용 친구들을 피하라.
⑥ 유혹이 와도 놀라지 말라. 당연히 유혹이 온다.
⑦ 자만하지 마라.
⑧ 하나님을 믿고 동행하라.
⑨ 기도와 성경읽기를 계속하라.
⑩ 매주 교회에 출석하라.[235]

브렌다(BRENDA) 치료

브렌다 치료는 치료방법 중의 하나다. 중독질환에 있어서 생물심리사회학적 모델(biopsychosocial model)을 근거로 하고 있으며, 결국은 약물요법과 심리사회적 요법을 모두 통합하여 치료한다는 것이 가장 큰 특징이다. 이 방법은 치료자와 환자 사이의 협동적 관계를 강조하고 있다.

브렌다는 치료의 기본이 되는 6단계의 첫 글자를 따서 'brenda'라고 명명했다.

① 생물심리사회적인 평가(Biopsychosocial evaluation)
② 평가 결과를 환자에게 보고(Report)

---

[235] 정정숙, 《상담사례집 4》, pp.156-157.

③ 환자의 상황을 치료자가 감정이입적으로 이해(Empathetic understanding)

④ 환자와 치료자 사이의 상호 협조하에 환자가 필요로 하는 사항을 규명(Needs)

⑤ 환자가 필요로 하는 사항에 대해 치료자가 적절한 충고를 제시(Direct advice)

⑥ 치료자의 충고에 대한 환자의 반응을 평가하고 가장 적절한 방향으로 충고를 재조정(Assess reaction)[236]

이 브렌다 치료는 치료자와 환자 사이의 협동관계를 강조한다. 환자를 살피며 긍정적으로 더 접근하여 환자가 필요로 하는 것을 파악하여 그 요구사항을 재조정한다는 것이다. 서로 이해를 잘해 감으로 효과를 거둔다는 것이다.

한의학적(Oriental medicine) 접근

'AA'(Alcoholics Anonymous-익명의 알코올 중독자) 모임이라든지 중독자 치료공동체 프로그램, 12단계 등은 미국 프로그램이다. 한방으로 알코올 중독증을 해결할 수 있다는 연구는 국내보다 오히려 미국에서 더욱 활발하게 연구되고 있다.

다사랑병원(원장 심재종)에서는 알코올 중독 환자들을 전문으로 치료하기 위해 한·양방 협진을 노력하고 있다. 치료에 단주 침과

---

236) Joseph R. Volpicelli, Helen M. Pettinatia, Thomas McLellan, Charles P. O'Brien, 김성곤 옮김, 《알코올 및 약물중독 질환을 위한 BRENDA 치료》(하나의학사, 2002), pp.37-38.

단주 탕을 적용한다는 것이 양방 치료와 차별된 점이다. 효과의 기대는 금단현상을 완화시켜 주고, 갈망감을 감소시키는 기능을 하고 있다. 실제로 이렇게 함으로 뚜렷한 금단현상의 완화를 보였다.

그러나 이 알코올 중독이라는 질병은 완치가 없으며, 치료를 받은 후 단주의 단계에 접어들지라도 회복 중일 뿐 완치가 아니다. 그러므로 약을 복용하거나 침을 적용해서 손상된 뇌 조절 부위를 복구시켜 정상적 건강한 음주자로 가능할 수 있게 돕는 치료가 지속적으로 제공돼야 한다는 점이 한계로 남아 있다고 말한다. 손상된 뇌 부위를 바꿀 수 있는 침과 약이 있었으면 좋겠다고 말한다. 한방의 방법에서도 일시적인 효과를 노릴 수는 있어도 완치의 방법은 아니라는 것이다. 즉 침과 약탕으로써는 완치의 방법이 될 수 없다는 안타까운 말이다. 알코올로 손상된 뇌는 회복할 수 없다.

3. 가족 치료(recovery home)

가족이 가족을 돌보는 것은 가장 따뜻하고 효과적이다. 가정은 하나님의 작품이기 때문이다(창 2:24). 가족관계는 인간이 태어나서 첫 번째로 맺는 관계이자 마지막까지 이어지는 특별한 관계의 공동체다. 어려울 때면 서로가 버팀목이 되어 준다. 그런데 안타깝게도 죄가 들어오면서 가족관계에 문제가 생겼다. 가정의 원형이 깨진 것이다. 마땅히 사랑해야 할 가족이 미워지게 되고 시기하고 다투는 일들이 많이 생겨난다. 형이 동생을 죽이는 일이 생긴다(창 4:8). 죄를 짓고도 숨긴다. 인간과 자연도 하나님께 죄를 고발한다.

가족관계는 행복해야 한다. 죄와 아픔의 중독으로 인해 가족관계나 이웃과의 관계가 깨지고 만다. 한 사람의 중독으로 인해 온 가족이 아픔을 가진다. 이것이 관계중독이다. 가족은 치료되어야 한다.[237]

여러 가지 방법의 치료가 있다. 정신 치료, 약물 치료, 행동 치료, 교감 치료도 다 중요하지만 가장 중요한 치료는 가족 치료다. 미국 같은 선진국에서는,

① 아픔을 공개한다.
② 알리고 도움을 청한다.
③ 전문가의 지도를 받으며 온 가족이 최선을 다한다.

기혼자는 배우자를 치료에 참여시킨다.

알코올 중독은 가족 문제다. 한 가족 구성원이 알코올을 잘못 이용하면 가족 모두가 지원, 이해, 도움을 받아야만 한다.[238] 가족의 합동치료는 효과적이다. 그러나 자녀의 합석은 모방의 위험이 있기 때문에 해로울 수가 있다.

가족 치료가 훌륭하다는 것은 병원이나 의사의 도움 없이도 효과적인 치료가 된다는 점이다. 모든 방법보다는 가정에서 식구들의 참여하에서의 치료가 회복이 빠르다. 가족들의 헌신과 노력, 그 정성은 중독자의 아픔을 느낄 수 있기 때문이다. 그리고 가족들은 환자의 요구가 무엇인지를 함께 알고 있기 때문이다.

미국에서는 1970년경에 전국적으로 '회복의 집'(recovery home)이 많이 생겼다. 더 나아가 중독자의 치료만이 중요한 것이 아니라 중

---

237) 조현삼, 《관계행복》(생명의 말씀사, 2011), p.252.
238) 게리 콜린스, op.cit., p.737.

독자 때문에 온 가족이 병들게 된다. 그러기 때문에 결국에는 가족 전체가 치료를 받아야 하는 상황이 된다.

4. 예술 치료(Art therapy)

중독 치료를 위해 다양한 치료법이 수도 없이 개발되고 있다. 어느 부분이든 일정 부분 다 치료에 도움이 될 것이다. 자연을 통한 치료 효과는 말할 수 없이 크다. 강이나 산을 그리고 자연을 접하게 됨으로 인한 힐링이 좋다. 문학과 예술의 치료도 효과적이다.

이철호 시인은 그의 책 《문학 치료》에서 이렇게 말하고 있다.

"문학 또한 적지 않은 도움이 된다. 특히 문학은 알코올 중독자나 도박 중독자에게 자신이 지나온 행위가 왜 잘못된 것인지를 깨닫게 해줄 뿐만 아니라 수치심이나 두려움, 또는 죄의식에 사로잡혀 있는 이들에게 용기와 희망, 극복 의지도 심어 준다."[239]

문학 역시 그 특성상 중독 치료에 도움이 될 것이지만 알코올 중독을 기독교적 입장에서 볼 때 근본적인 문제는 해결해 주지 못한다. 문학은 거짓으로는 할 수 없는 학문이기에 언제나 반성의 노력이 많다는 의미에서 중독 해소에 도움이 될 것이다.

문학이나 예술은 치료에 많은 도움이 될 것이다. 시나 수필은 진실성이 없이는 불가능하다. 문학은 순수한 마음에서 우러나온 것이다. 문학이나 예술을 즐기므로 자기를 드러내게 되고 힐링이가 치유에 도움이 될 것이다.

---

[239] 이철호, 《문학으로 모든 질병을 치료한다》(수필과 비평사, 2014), p.93.

5. 성경문학 치료(Bible literature therapy)

모든 성경은 하나님의 감동으로 된 것으로/
교훈과 책망과 바르게 함과/
의로 교육하기에 유익하니//

이는 하나님의 사람으로 온전하게 하며/
모든 선한 일을 행할/
능력을 갖추게 하려 함이라//(디모데후서 3장 16절)

성경의 문체는 독특하고 강력하고 아름답다. 서툴게 모방할 수는 있으나 완전히 모방할 수는 없다. 성경은 세상에서 가장 훌륭한 표현력이 풍부한 책이다. 감동적인 힘이 있다. 모든 것을 지배하는 것은 하나님의 성품이다. 성경문학 대부분의 작품들은 인간의 속성과 운명에 대한 하나의 함축적 주장이다.[240)]

성경에는 문학과 예술, 음악이 있다. 일반에서 말하는 예술이나 음악보다 훨씬 더 인간의 마음을 감동시키며 영적 변화를 줄 수 있는 부분들이 많다. 성경은 "하나님의 감동으로 된" 것이기 때문에 육체뿐만 아니라 영적인 치료가 있다. 성경에 나타나 있는 문학 자체가 하나님의 소산물이기 때문에 그 어떤 문학에 비교할 수 없다. 필자는 이것을 '성경문학 치료'라고 부른다.

예를 들어 구약의 다윗을 보면 다윗은 문학과 음악과 신학에 능한 사람이다. 시편과 같은 수많은 시를 썼고 여러 악기들을 다룰

---

240) 성경은 최고의 문학작품이다, 빛에스더 칼럼(2007. 10. 19).

수 있었다. 다윗은 유명한 예술가다. 그가 당한 어려움은 파란만장하다. 어린 나이에 양치기 소년으로 시작하여 적과 싸워야 했고, 사울 왕의 오해로 사막과 굴 속에서 피신하였다. 그러다 죽을 수밖에 없는 지경에 이르기도 했을 때 하늘을 보고 별을 보고 시를 쓰고 악기를 불며 음악을 했을 때 그는 큰 위로와 기쁨을 누렸다. 일시 범죄하였을 때면 침상이 눈물에 젖도록 통회하기도 했다. 스스럼없이 사실대로 글을 쓰기도 했다. 이렇게 했을 때 스스로에게 치료가 되었을 것이다. 후대의 많은 사람들이 다윗의 시를 읽으며 마음에 위로와 격려, 용기를 얻고 있다.

인간의 머리에서 나온 문학이 아니라 성경의 문학은 하나님의 가슴으로부터 왔기에 감동이 있다. 성경을 많이 읽는 것이 문학 치료다. 성경을 필사하는 것도 치료에 유익하다.

'성경문학 치료'는 필자의 용어로서, 일반 문학과 차별을 두는 말이다. 성경은 하나의 신령한 문학의 기록이라 할 수 있다. 아무리 좋은 시나 수필 등의 문학이라 할지라도 성경이 주는 감동만큼은 없다. 성경을 읽으면 울고 웃으며 춤을 추고 노래하게 된다. 이 이상의 치유가 없는 것이다. 성경은 하나님의 감동으로 된 최고의 책이다.

6. 성경의 주장

① 어떤 것도 너희를 주장하지 못하게 하라.

사람들은 흔히 해롭지 않은 행동이나 약물에도 중독될 수 있다. 예를 들면 음식물이나 음료는 원래 해로운 것이 아닌데도 절제를 못하고 지나치게 남용하면 해로운 것이다. 성적 음란, 탐욕, 우상숭배, 알코올 등도 마찬가지다.

② 법을 지켜라.

성경은 법을 준수하며 살 것을 가르친다.

③ 약물과 중독이 문제를 해결하거나 긴장을 완화시킨다고 추측하지 마라.

속지 말아야 한다. 약물이나 단침 하나가 어떤 문제를 해결할 수 있다는 생각은 그렇게도 되지 않을 뿐만 아니라 인간의 교만이다.

④ 유혹을 이길 수 있다는 것을 인식하라.

⑤ 육체의 순결을 지켜라.

하나님의 사람들은 순결하도록 노력하여야 한다. 예수님의 신부 됨을 기억해야 한다.

⑥ 약물을 통하여 하나님을 경험한다고 기대하지 마라.

약물을 통해 환상을 본다는 생각을 말아야 한다. 약물은 사람을 미치게 할 뿐 하나님을 경험할 수 없다.

⑦ 극기, 자기훈련, 절제를 실천하라.

⑧ 어떤 행동에도 사로잡히지 마라.

⑨ 술 취하지 마라.

⑩ 성령으로 충만하라.

7. 하나님과의 친밀한 관계

하나님께서는 이전의 중독자가 그리스도 안에서 새로운 피조물로 바뀌는 것을 진정 원하신다. 우리가 그리스도의 피조물로서 우리의 삶 속에 예수를 온전히 영접한 그 순간, 우리는 하나님이 우리를 창조하신 대로 바뀌기 시작한다.

벨즈먼 박사는 "기독교 중심 중독전문직을 위한 수행 능력"이라는 그의 강연에서 알코올에 대한 영적 치료의 중요성을 강조했다. "중독은 사람의 생각과 감정, 행동이 약물이나 어떤 대상에 집중되도록 강하게 자극하는 힘을 가지고 있다"고 말한다. 즉 하나님이 아닌 일시적 편안함과 행복감을 주는 약물이나 어떤 대상을 찾게 되며, 결국 감정에 사로잡혀 영적 굴레로 이르는 선택을 하게 된다. 많은 사람들은 어떤 시각적이고 감각적인 치료약을 원하고 있다. 그러나 모든 중독의 해결책은 그런 것에 있는 것이 아니라 '하나님과의 친밀함'에 있다. 하나님과의 관계에서만 해결할 수 있는 것이다.

벨즈먼 박사는 "하나님은 인간에게 하나님과의 친밀한 교제를 위해 인간의 마음속에 '공허한 공간'(empty space), 즉 '빈 공간'을 만들어 두셨다"고 말한다.[241] 하나님의 지식으로 채울 수 있는 지식의 공간을 두셨다.

우리 영혼의 공간은 무엇으로 채워져 있는가? 하나님과 내 영을 위함이 아닌 그 어떤 것으로 채워져 있다면 하나님의 능력은 어디에다 둘 것인가? 하나님께서는 우리 심령에 공허한 공간을 만들어 두셨다. 지식의 공간이든 사랑의 공간이든 말이다. 더러운 것이나 우상들이나 악한 생각들로 채워져서는 안 된다.

하나님께서는 이처럼 선택받은 사람들의 마음에 빈 공간을 만들

---

241) Newgate institute, op.cit., p.41.

어 두셨다. 그 방에서 하나님을 찾아 만날 수 있도록 하신 것이다. 마치 제사장이 지성소에서 하나님과의 은밀한 대화를 나눌 수 있었던 것처럼(롬 1:19), 이 공간은 하나님과의 유일한 대화의 방이다. 하나님께서 만들어 놓으신 빈 공간을 다른 것으로 채우면 안 된다. 그것이 무엇이든지 하나님 아닌 다른 것은 우상이다.

사람은 유한한 존재요 하나님은 무한한 전능자이신데 인간들이 하나님을 어떻게 알 수 있는가? 하나님을 아는 지식과 우리 자신을 아는 지식은 서로 연결되어 있다.

예수 그리스도를 믿고 구원받은 사람에게만 주시는 특별계시인 성경이 있다. 예수 그리스도를 믿는 '믿음'으로 구원받게 해주셨고, 또 깨닫는 지혜를 주셨다.

또 "중독 관련 지식들은 매일 발전하고 있으나 그것은 하나님이 원하신 것이 아니다. 기독교 중심의 중독전문가들이 상담하는 것은 사람의 이론이 아닌 영원히 변함이 없는 하나님의 진리여야 한다. 새로운 질병과 환경의 변화는 역사를 통해 계속 일어날 것이지만 하나님의 오래된 지혜는 여전히 남아 사람의 마음과 의지, 감정, 영에 관계된 모든 병들을 치료하는 데 가장 효과적인 방법이 될 것"이라고 말한다.[242]

8. 목회상담적 지침

하나님의 말씀의 능력과 성령님의 특별하신 감동과 이로 인한

---

242) Ibid., p.42.

변화가 있어야 한다.

　당신은 실제로 알코올 중독이 얼마나 무서운 것인가를 알고 있는가? 내가 아니면 우리 주변에서 중독으로 인해 개인이나 가정에서 부부간이나 자녀들이 고통을 당하고 있는 사람을 만나 보았는가? 내가 이들을 위해 무엇을 어떻게 도와야겠다는 생각을 했는가? 내가 이런 알코올 중독자가 아님을 하나님께 감사해 본 일이 있는가? 알코올을 멀리해야겠구나 하는 마음의 다짐을 해보았는가?

　중독에 대한 강의를 들어 본 일이 있는가? 강의를 들으면서도 '이 강의가 나와 무슨 상관이 있는가' 그렇게 생각을 했는가? 강의를 들으면서 지금쯤 우리 아이들은 어떻게 하고 있는가에 대해 염려와 기도를 했는가? 중독자와 함께 고민하고 그를 케어할 생각이 있는가? 우리의 중독을 누가 고칠 수 있다고 생각하는가? 결론적으로 중독이란 어디서 왔다고 생각하는가?

　약물이나 침을 맞음으로 가능하지 못할 것이다. 성경에는 인간이 해야 할 방법이 별로 없다. 하나님은 말씀이 아니고 다른 방법으로는 아무것도 말씀하지 않으셨다. 좋은 약이라도 말씀하셨다면 얼마나 좋았을까?

　성경에는 중독이라는 말 자체가 없다. 하나님께서 중독을 몰라서 그러셨을까? 그건 아니다. 중독이라는 말은 없어도 중독을 알 수 있는 말씀들은 많다.

　성경을 읽고 묵상하고 연구하면, 그 중독 치유의 비밀이 있다. 육체의 중독 정도가 아닌 영혼의 중독까지도 하나님은 해결하실 수 있는 분이시다.

제3장

중독 치유의 일반적 모델

중독 치료에는 대개 5단계가 있다. 1-4단계는 학습과 의학적으로 또는 약학이나 간호학에서 다루고 있다. 그러나 학습이나 약물로써는 중독 치료가 불가능하다. 그 이유는 중독으로부터 돌아서게 할 수 없기 때문이다. 오로지 사람의 근본적인 마음의 변화가 전제되어야 하는데, 육이나 약물로는 거의 불가능하기 때문이다. 중독은 재발하기 때문이다. 4단계를 거쳐 약물로써는 치료할 수 없는 5단계가 있는데 이 단계를 '신의 영역'(GOD's province)이라 한다.[243] 인간의 노력이나 기법으로는 치료가 불가능한 부분이다.

1. 중독에 대한 관점(a view)

알코올 중독을 보는 관점이 여러 가지다. 도덕적 관점, 질병적 관

---
243) Newgate Institute, op.cit., p.40.

점, 정신적 관점, 그리고 사회적 관점 등이 있다. 그러나 요즘에는 영적 모델을 중요시하고 있다. 일반 상담 전문가들은 교육이나 약물, 그리고 음식이나 운동 요법으로나 정신적 요법으로 해결해 보려고 했으나 그것도 한계가 있음을 알고, 이젠 정신적 관점에서 영적인 관점으로 옮겨 가고 있다. 도덕이나 질병은 물론이고 정신적으로 인간의 의지로 어떻게 알코올 중독을 극복할 수 있는가에 대해서는 의문이 있다. 그래서 인간의 의지나 정신을 다스릴 수 있는 새로운 면을 찾아야 하는데, 그것은 정신 그 이상의 영적인 면이 있어야 한다는 것이다.

2. 도덕적 모델(Moral model)

알코올 중독은 인간의 도덕적인 의지와 결단의 부족함에서 오는 결과라는 것이다. 알코올 중독자가 된 것은 도덕적인 자질이 부족한 이유라는 것이다. 알코올을 선택함으로 결국에 중독자가 된 것은 판단의 자질이 부족한 결과라고 말한다. 중독자 자기의 잘못이므로 책망을 받아 마땅하다는 것이다. 그 책임은 중독자의 몫이다. 이것이 알코올 중독을 도덕적 관점에서 보는 도덕적 모델이다.

3. 질병적 모델(Disease model)

알코올 중독은 알코올이 신체적 질병의 원인이라는 데서부터 출

발해야 한다.[244]

알코올의 질병 모델은 알코올 중독이 무엇인지 설명하기 위해서 의사들에 의해 유전학적으로, 정신신체학적으로, 환경적으로, 약리적으로, 생리적으로 그 요인들을 고찰한다.

알코올 중독을 도덕이나 윤리적 시각으로 보는 것이 아니라, 알코올 중독을 질병으로 보는 관점이다. 이 관점은 도덕적인 모델보다 훨씬 크게 의미를 가지고 있다. 도덕적 모델에서처럼 중독자에게 중독된 것에 대한 책임을 물으면서 정죄한다는 의미가 아니라 질병에 걸린 사람을 이해하고 사랑으로 불쌍히 여긴다는 관점이다. 그런 점에서 질병적 모델은 지금도 중요하게 취급하고 있다.

중독이 판단력의 부족으로 또는 도덕적으로 자행한 것이 아니라, 질병이란 선천적이거나 유전적일 수 있고, 이 병이 계속 진행하는 불치의 병이라는 것이다. 알코올 중독자는 도덕적인 판단의 결여로 중독이 된 것이라기보다는 많은 부분에 있어서 어쩔 수 없는 선천적이고 유전적인 상태에서 알코올 중독자가 되기 쉬웠다는 주장이다. 같은 술을 마실지라도 유전적 성격이 있어서 술을 가까이 할 수 있게 된다는 것이다.

기억해야 할 것은 성경은 죄가 질병과 많은 공통된 부분을 지니고 있다는 것을 보여준다는 것이다. 예를 들면 죄는 전 인격에 영향을 주고, 고통스럽게 하고, 죽음으로 몰아가며, 절대적으로 비참하게 만든다. 그러나 다른 점도 있으니 죄는 '걸리는 것'(taken)이라기보다는 '짓는 것'(crime)이다. 완전한 치유는 오로지 예수님의 보혈로만 정화된다는 것이다.

---

244) 김충렬, 《알코올 중독과 상담치료》, p.96.

김종원 박사(미국 ACADC 이사)는 중독을 기독교적 관점에서 접근해야 한다면서, "중독은 마음의 의지와는 상관없이 속박되는 영적 굴레이기 때문에 질병으로만 보아서는 안 되며 영적인 부분이 동반되어야 한다"고 말한다.

4. 사회적 모델(Social model)

사회적 모델을 사회학습모델(social learning models)이라고도 하는데, 중독을 학습 결과로 규정한다. 사회학습모델에서는 환경요인들의 작용을 중요시한다. 재발(relapse)의 요인은 환경적인 영향에 기인한다고 본다.[245]

사회와 문화적인 영향에서 알코올 중독이 많아진다는 주장이다. 사회가 다양화되고 문화가 발달하고 경제적인 환경이 변화함으로 인해 사람들에게서 중독물질의 남용(abuse)이 심해진다는 것이다. 사회가 다양하고 빠르게 변할수록 중독의 속도도 빨라지고 다양해진다. 개인적으로도 환경의 영향을 어떻게 받느냐에 따라 중독이 달라진다.

개인이라면 그 사람이 어떤 환경에서 사느냐에 따라 중독의 정도도 달라진다. 그가 사는 주변에 술집이 많아서 쉽게 드나들 수 있다든지, 그 사람의 친구들 중에서 술꾼이 많다든지, 가족 중에서 술을 즐기는 식구가 있다든지 할 때는 술을 쉽게 마실 수 있으며, 중독에 쉽게 빠질 수 있다는 주장이다. 또 그 사람의 직장이 어떠

---

245) Ibid., p.210

한가에 따라서, 그리고 사귀는 친구가 어떠한가에 따라서 술 취함과 중독에 크게 영향을 미친다.

기업도 술을 마시지 않거나 담배를 피우지 않는 직원을 우대한다든지 하면 훨씬 알코올을 취하지 않을 것이다.

이상의 알코올 중독을 보는 관점들은 어느 하나라야만 한다는 것은 아니고, 서로가 보완하고 협력함으로 중독을 극복하는 데 도움이 될 것이다.

5. 목회상담적 지침

인문학적 치유방법은 인간으로부터 시작된다. 인간으로부터 시작된 치유방법은 인간에게서 끝난다. 몸의 질병을 치유하는 것인데 그것도 확실하게 낫게 하는 것은 아니다. 알코올 중독이 어디서 오는가를 알아내는 일이어야 한다. '인간이 왜 술을 마셔야 하는가?' 하는 근본적인 물음이 있어야 한다. 좋은 것이 아닌 줄 알면서도 왜 자꾸 술을 마실 수밖에 없는 것일까?

대개는 술이 하나의 식품이라는 전제로 이해를 하기 때문에 문제 해결이 어렵다. 술이 나쁘면 안 마시면 되는 것이다. 그런데 왜 마시는가? 인간의 죄성에 기인한 것이기 때문에 죄의 노예가 된 우리는 나쁜 줄 알면서도 마시게 된다. 중독은 인간들의 의지의 불완전함이나 불순종의 죄로부터 온다. 하나님의 자리에 대신 술을 놓는 우상이 된 것이다. 즉 하나님보다 세상을 또는 술을 더 좋아하기 때문이다. 그러므로 우상숭배의 정신이다.

즉 질병의 원인은 우리의 죄성에 있음을 알아야 한다. 서로 사랑하고 돌보지 못함도 나를 제일로 여기는, 하나님 중심이 아닌 나 중심이기 때문이다. 술에 취하면 도덕과 질서에서 멀어진다. 이것도 타락의 본성에서 나온 것이다. 그러므로 우리는 늘 하나님을 가까이하면서 회개하는 마음으로 살아가야 할 것이다.

사람들은 자꾸만 새로운 것을 찾아 다닌다. 새로운 것이라고 다 좋은 것은 결코 아니다. 인간의 마음에는 악한 독성이 있어서 하나님께서 원치 아니한 것을 오히려 원하고 있다. 중독을 치료한다는 모델은 많을 수 있다. 그러나 그런 인문학적 모델은 약간의 유익이 있을 뿐 온전한 것이 아니다. 산업화 시대로부터 4차원 시대가 도래해서 인간의 힘으로 할 수 없는 일들을 한다고 하지만 여전히 한계가 있다. 그것은 인간의 생명과 영혼의 문제를 해결할 수 없다는 것이다. 우리의 영혼과 육체의 문제를 해결할 수 있는 것은 성경적 모델이다. 성경을 통해 원죄를 해결할 수 있고 중독 문제를 해결할 수 있다.

제4부

중독 치유의 성경적 모델

제1장

중독 치유의 성경적 모델

꾸준한 변화와 중독의 극복을 위한 유일한 방법은 '안에서 밖으로 개인을 바꾸는 내적(영적)변화'로서 표명되어야 한다. 이런 변화는 사람의 삶 속에 있는 죄를 그대로 내어놓고 성령님의 감동감화를 통해서 하나님 앞에 전적 의지함으로써 시작이 된다. 이것이 기독교 상담의 기본이다. 자신의 내적 빈곤과 영적 공허함을 채우기 위해 필사적인 부르짖음(기도)이 하나님께 인정되지 아니하는 한 그 변화의 진행이 이루어지지 않으며, 그 사람은 중독으로 더 깊이 빠져들어 가거나 아니면 단지 피상적으로 바뀐 중독의 다른 모습으로 확연히 나타난다. 즉 그 모습은 변화된 듯하나 이상한 모습으로 나타난다.

하나님은 중독자를 포기하지 않으신다는 것, 중독자의 생명과 중독에서 벗어나기 위한 약물을 사용하는 그때까지도 하나님은 아직까지도 그 사람과 함께하신다고 믿는 사람, 알코올과 약물의 남용을 중지하고 그 자신이 회복되리라고 믿는 사람, 포기하지 않고 활동에 빠지지 않는 사람들이라 할지라도 이런 경우에는 약물 남용 습관은 중지될 수 있으나 근본적인 영적 변화의 결과는 없다. 이런 사람의 깊은 영적 감정 속에는 항상 파괴적인 중독을 주장하고 있는 요새(stronghold)가 있다는 것이다.

문제는 자신이 내적 빈곤상태를 인정하고 잘못된 습관들에 대한 깊은 인식과 겸손한 회개를 포함하여 내적으로 영의 변화가 없다면, 습관에 대한 개조나 변화의 결국은 비참하게 끝날 뿐이다. 사람은 스스로 자신할 수 없다. 성령으로만 가능하다.

영적 분야의 현실성을 무시하는 동안 물질분야에서만 연구를 해온 것이다. 제한된 오감의 경험적인 측정만으로는 완전한 설명을 할 수 없다.[246]

1. J.E. 아담스의 성경적 상담

성경적 상담이란 무엇인가?

'성경적 상담'(biblical counseling)이란 말이 등장한 것은 그리 오래된 것이 아니다. 다시 말하여 성경적 상담이란 이 땅에 심리학이 뿌리를 내리기 전까지는 실제로 등장하지는 않았다. 성경 그 자체가 성경적 상담이었기 때문이다. 그러므로 성경적 상담이란 성경을 부인하고 대적하려는 반역에 대한 믿음생활의 필연적 방패로서 새롭게 등장한 복음적 정의다.[247]

---

246) Newgate Institute, op.cit., p.38.
247) 손경환,《왜 성경적 상담인가》(미션월드, 2011), p.9.

풀러 신학교의 총장이며 기독교 철학자인 '마우'(Richard J. Mouw) 박사는 현대 세계의 주된 사상들을 하나하나 분석하며, 성경적으로 그 사상들이 어디서부터 왜곡되기 시작했으며 왜 대중들에게 인기가 있는가를 파헤쳐야 한다고 했다. 이런 현대사상들 중에 하나님을 거스르는 진리의 유사품들을 식별할 수 있어야 한다고 했다. 19세기에 이르러 하나님의 말씀 곧 성경에 대적하는 자들이 일어나 심리학의 뿌리를 내리기 시작했다. 그 선두에는 지그문트 프로이트(Sigmund Freud, 1856-1939)가 있었고, 그들은 하나님의 말씀에 대적하여 인생의 삶에 얽힌 문제를 해결한다는 빌미로 주께서 창조하신 인간의 마음과 정신을 훔치기 시작했다.[248]

휴먼리커버리 이사장 김대성 박사는 "기독교 심리학이란 위장된 이름으로 심리학이 교회 안으로 깊이 스며들고 있어 기독교 영성과 신앙에 혼란을 주고 있다"[249]라고 했다.

여기서 말하고 싶은 것은, 인간을 중심으로 하는 심리학은 그것이 기독교라는 매력적인 위장을 했더라도 결국은 인간으로 시작하여 인간으로 끝난다는 것이다. 오히려 심리학이란 이상한 것이다. 심리학과 기독교 신앙과는 다른 것이다.[250]

알코올 중독 문제도 심리학으로는 안 된다. 일반 정신과적으로는 성경이 말한 인간의 원죄를 제거할 수 없다. 모든 중독의 뿌리는 인간의 원죄에서 기인하기 때문이다.

성경적 상담에서는 인문학적인 상담을 배격한다. 성경에 인문학

---

248) Ibid., p.10.
249) 교회연합신문(2018. 7. 1).
250) 손경환, op.cit., p.21.

을 섞지 말라고 경고한다.[251]

말씀과는 동떨어진 이런 인간 중심의 심리학이 요원의 불길처럼 일어나 크리스천들까지도 현혹되어 영적으로 혼미할 때, 성경을 먼저 세우며 성경으로 돌아가야 한다는 것이다. 진짜 인간의 심리를 변화시키고 영적 변화에까지 이르려면 하나님의 말씀이어야 한다고 말한다. 이 운동의 중심에는 아담스(Jay E. Adams) 목사가 있었다. 아담스 목사는 '권면적 상담자협회'(NANC)를 설립했다. 《자기대면》(self-confrontation)을 저술한 존 브로거(John Broger, BCF(Biblical Counseling Foundation) 설립자] 등의 열정적인 기도로 이 운동은 한국교회에까지 뿌리를 내리고 있다. 한국에서는 '한인성경적상담협회'(KABC)를 손경환 목사가 세웠고, 지금은 정정숙 총신대 상담학 교수와 이요나 목사가 맥을 잇고 있다.[252]

성경적 상담 모델은 마이클 벨즈먼(Michael Belzman) 박사의 글을 많이 참고했음을 밝혀 둔다. 성경적 모델의 창시자인 J.E. 아담스(Jay E. Adams) 박사는 심리학이란 "상처에 진통제를 놓지만 성경적 상담은 중독의 뿌리를 치유한 것"이라고 말한다.[253]

그러므로 성경적 상담은 문제의 증상을 치료하는 것이 아니라 우리 마음을 변화시켜 삶을 바꾸는 것이다. 또한 하나님이 주시는 변화는 일시적인 것이 아니다. 성경은 "너희가 거듭난 것은 썩어질 씨로 된 것이 아니요 썩지 아니할 씨로 된 것이니 살아 있고 항상 있는 하나님의 말씀으로 되었느니라"(벧전 1:23)고 말한다.[254]

---

251) Ibid., p.11.
252) Ibid., p.11.
253) Ibid., pp.47-48.
254) Ibid., pp.47-48.

2. 죄와 중독(성경과 중독)

중독에 관하여 우리는 인간을 두 부류로 나누려는 경향이 있다. 즉 중독에 빠지기 쉬운 사람과 그렇지 않은 사람들이다. 그러나 사실은 이와는 다르다. 모든 인간은 이미 죄로 인해 타락했고, 죄에 중독되었다. 우리는 처음부터 죄 가운데서 태어났다. 다만 그리스도를 알고 모르고의 차이가 있을 뿐이다. 그리스도를 모르는 사람은 그냥 죄 가운데 자기를 내놓은 상태일 것이고, 그리스도를 아는 자는 죄와 중독을 경계하며 그 속에서 빠져나오기를 힘쓸 것이다. 그러므로 근본적으로 중독에 '우리' 그리고 '그들'이라는 말은 있을 수 없다. 중독에 빠져드는 것은 우리 모두에게 익숙한 것이다.[255]

중독은 독립적인 질병이 아니다. 중독은 어떤 매체를 통해서, 그리고 어떤 과정을 통해서 생기는 질병이다.

처음에 일반적인 인문학적 상담자들은 중독 상담을 육체적인 질병으로 여기고 상담을 시도해 왔다. 그러나 최근에는 중독이란 육체적 질병으로만 취급한다는 것은 치료의 한계가 있다 하여 정신과적 치료를 필요로 하고 있다. 그런데 이 정신과적 치료도 마찬가지다. 정신이란 이분법적으로 볼 때 신체와 거리가 먼 관계이기에 육체를 다루는 의료상담자가 아니면 정신과적 상담자라 할지라도 정신 부분을 치료하기가 어렵다는 것을 인지하고 있다. 그래서 지금은 정신을 넘어선 영적 치료라는 부분이 생겨났다.

정신은 영에 속한 것이다. 그런고로 중독 치료는 정신 부분까지를 취급해야 하기 때문에 정신 치료는 영적 치료에 포함하여야 한

---

255) Edward T. Welch, 김준 옮김, 《중독의 성경적 이해》(국제제자훈련원, 2013), p.99.

다. 그래서 성경적 상담은 중독의 원인을 규명할 때 중독의 근원이 죄에 뿌리를 두고 있다고 판단한다. 인간은 죄성을 가지고 있기 때문이다.

하이델베르크 요리문답 학습교재(A Heidelberg Catechism Study Book) 제7문 "사람의 타락한 본성은 어디에서 비롯되었는가"의 질문에서 "우리의 시조 아담과 하와가 낙원에서 타락하고 불순종하는 데서 왔다"고 하였다.[256] 그래서 무엇을 보면 '탐욕'(롬 7:7)이 생기는데 마음의 죄성이 발동한 것이다.

인간은 항상 어떤 유혹에 이끌려 살고 있다. 세상의 모든 것은 유혹의 대상이다. 이런 유혹에 이끌려 행동의 열매가 나타나면 그것은 중독의 중요한 증상 중의 하나로, 그것을 통제할 수 없을 때가 많다. 사도 바울도 "오호라 나는 곤고한 사람이로다 이 사망의 몸에서 누가 나를 건져내랴"(롬 7:24)고 탄식했다. "내가 원하는 바 선은 행하지 아니하고 도리어 원하지 아니하는 바 악을 행하는도다"(롬 7:19)라고 했다. 인간이 이렇게 연약하고 피할 수 없는 죄인이요 죄의 존재인가를 탄식하기도 했다. 또 바울은 "나는 날마다 죽노라"(고전 15:31)고 하였다. 평생을 많은 유혹과 시험을 이기려고 고통을 당했다.

중독을 다룰 때 어떤 결과에 대해서 약물로써만 처방하기를 노력하기보다는 이 중독의 근거가 무엇인가, 어디서 무슨 이유로 이 중독이 여기까지 왔는가를 알아야 한다. 기독교의 중독 치유의 개념은 중독 자체보다는 이 중독이 어디서 왔는가를 분별하는 일부터 해야 한다.

---

256) 김세민, 《그리스도가 이끄는 삶》(벤드오프퓨리탄스, 2013), p.67.

중독은 아무 근거 없이 생기는 것은 아니다. 인간이 욕망과 허상을 가지고 점점 그 욕구를 갈망하다가 집착함으로 심각한 중독에까지 이르게 되는 것이다.

성경에서는 이런 증세는 인간이 가진 원죄에 뿌리를 두고 성장한다는 원리를 가르쳐 준다. 원죄가 없다면 중독도 없을 것이다. 그러나 원죄가 없을 수 없고, 아담으로부터의 유전적인 죄이기 때문에 그 죄를 가지고 계속 회개하고 용서를 받으며 살아야 할 처지다. 그러므로 중독은 인간의 죄의 한 결과라고 보아야 한다.

알코올 중독자는 술을 하나님처럼 섬긴다. "너희가 하나님의 성전인 것과 하나님의 성령이 너희 안에 계시는 것을 알지 못하느냐"(고전 3:16)라고 했듯이, 알코올 중독자의 마음에는 술이 하나님 자리를 대신하고 있다. '그게 무슨 말이냐'고 할 사람도 있겠으나, 그러면 무슨 이유로 하나님이 싫어하시는 알코올을 마셔야 하느냐는 말에 대답을 내놓아야 할 것이다. 재물을 섬기는 자, 직장을 제일로 여기는 자, 삶의 중심에 하나님이 아닌 다른 것으로 채워지거나 하나님보다 더 사랑할 때는 그것이 중독의 현상이다.

우상숭배라는 것은 하나님보다 어떤 대상을 더 사랑하는 것을 말한다. 그 무엇이든지 간에 그것을 우상숭배라고 성경은 말한다. 성경에서 중독을 살펴볼 때 우상숭배적 관점에서 보는 것이다. 자기의 욕망에 눈이 멀다 보면 하나님을 잊어버리게 되고, 자기가 원하는 것을 하나님보다 더 사랑하게 된다.

예를 들면, 한 남편이 다른 여자를 더 사랑한다면 그 가정은 결국은 부부관계가 깨지게 되고 자녀들은 피할 수 없는 파멸에 이르게 된다. 사랑이 깨어지고 가정경제가 무너지고 자녀들이 갈 길이 잃고 방황하게 된다. 하나님이 원하신 것은 한 남편이 한 아내만을 사랑하라는 것이다. 그렇게 하지 아니하면 그것은 타락이다.

도덕적 타락은 도덕적 중독이다. 알코올에 중독이 되고 마약을 하는 것만 중독이 아니라 하나님을 멀리하고 그것에 가까이 하면 곧 그것이 우상숭배요, 그것이 중독이다. 이로 인해 가정이 무너지는 결과에 이르게 되니 타락은 곧 중독이요, 중독에 이르는 병이다. 오직 예수 그리스도의 복음만이 중독자들의 삶 속에 견고하게 자리 잡은 사탄의 어두운 왕국을 몰아내고 중독자들을 진리와 자유로 이끌 수 있다.[257]

성경은 이처럼 중독 문제를 포함한 인간 문제의 핵심에는 죄의 문제가 있다는 것을 분명히 밝혀 준다. 성경에서는 중독 대상이 되는 욕망이 죄와 연결되어 있음을 가르쳐 준다. "오직 각 사람이 시험을 받는 것은 자기 욕심에 끌려 미혹됨이니 욕심이 잉태한즉 죄를 낳고 죄가 장성한즉 사망을 낳느니라"(약 1:14-15)고 성경은 말한다.[258]

그러므로 성경적 알코올 중독 치유는 성경이 가르쳐 주는 원리와 방법을 사용해야 한다. 이렇게 하는 것이 근본적 치료이다. 중독자는 성령의 인도를 받아 말할 수 없는 노력으로 하나님을 찾고, 그의 지도와 인도를 받아야 한다.

즉 중독은 어떤 것을 막론하고 인간의 죄성에 기인한다. 성경말씀은 인간의 노력으로 중독을 해결할 수 없다는 것을 깨우치고, 하

---

257) 김준·백소진·박훈정 공저, op.cit., p.47.
258) Ibid., p.44.

나님의 은혜와 구속을 받도록 준비하기를 원한다. 중독자의 영적 회개가 있어야 한다.

3. 원인이 되는 성경적 모델의 요소들(causal elements)

1) 인류 최초의 문제 원인은 죄의 실존(existence of sin)이다

그 원인의 죄는 피해자와 가해자 간에 있는 원인 제공에서 이루어졌다. 인간의 시조인 아담과 하와가 선악과에 중독됨으로 모든 인간은 죄에 중독되었다. 인간의 죄는 에덴 동산에서부터 시작되었다. 죄는 에덴 동산에서 사탄과 아담과 하와 사이에서 이루어진 것이다. 가해자인 사탄과 피해자인 아담과 하와의 관계에서 죄가 이루어진다. 아담과 하와는 사탄의 유혹에 빠져 하나님의 계명을 어겼다. 이들의 범죄는 곧 인류의 조상인 유전죄로 온 인류에게 전가된 것이다(창 3장).

2) 하나님께서는 구속의 상황을 진행하신다

그러나 하나님께서는 인간의 원죄로 인해 인간이 얼마나 무력한가를 아시고, 인간이 원죄로부터 탈피할 수 있는 길을 예비하셨다. 중독이 질병이기 전에 죄에 근원을 둔다. 범죄한 인간은 아주 연약하고 무능력한 존재로서 인간의 재능으로나 힘으로써는 죄로부터 탈출할 수 없다.

그러므로 중독을 의학적 질병 모델(medical disease model)로 보면 안 된다. 이렇게 인간의 연약함을 아시는 하나님께서는 그의 깊은 경륜 가운데서 질병으로부터의 구원이 아닌 죄로부터의 구속을 위해 일을 진행하신 것이다. 하나님은 인간의 죄 문제를 해결하기 위해 예수 그리스도를 이 땅에 보내셨다(요 3:16; 히 4:15). 인간에게 있어서 죄의 문제가 얼마나 심각한 것인지는 하나님께서 아들 예수 그리스도를 이 땅에 보내심을 보면 알 수 있다. 죄의 문제가 해결되어야 인간이 질병과 죄로부터 자유를 얻게 된다.

아담과 하와가 범죄하기 전부터, 그리고 하나님이 친히 만드신 최초의 인간 아담과 하와도 모르는 가운데, 오로지 하나님만이 아시는 가운데서 하나님의 인간 구원에 대한 깊은 계획을 세우고 진행하신 것이다.

중독자 자신의 재치로 또는 자신의 힘으로 죄에서 해방될 수 없다는 것을 알고, 다만 하나님의 은혜와 구속으로만 속죄할 수 있다는 것을 알도록 준비케 하신다. 자기의 힘과 능력으로는 구원받을 수 없다는 그런 무력한 인간임을 알고 절대 능력자이신 하나님을 찾도록 하셨다. 그러므로 중독자는, 그리고 중독자를 상담하는 상담자나 또 가족까지도 절대 구속자는 하나님이심을 믿어야 할 뿐만 아니라, 그런 신앙으로 중독자를 불쌍히 여기는 마음으로 봉사해야 할 것이다.[259] 중독자는 자신을 부인하는 자리까지 와야만 한다.

물론 중독자가 자기 의지로 자기를 부인한다는 것은 불가능하다. 중독자는 자기주장이 강하다. 목적이 하나이기 때문에 주장도

---

259) Newgate Institute, op.cit., p.38.

하나일 뿐이다. 그러나 성령께서 중독자의 마음을 사로잡고 그의 강력한 권세로 움직일 수 있도록 기도해야 한다. 중독자의 의도는 항상 하나님께서 원하신 대로가 아닌 정반대 방향으로 가기를 바란다. 그들의 삶을 주님 앞에 내어놓는 준비가 되도록 해야 한다.

3) 영적 회개가 있어야 한다

중독자는 진정한 회개가 있어야 한다. 회개 없이는 예수 그리스도의 용서와 인도하심과 진정한 치유와 온전한 회복을 받지 못한다. 바울은 "이 사망의 몸에서 누가 나를 건져내랴"(롬 7:24)고 탄식했으며, 또 "나는 날마다 죽노라"(고전 15:31)고 했다. 진정한 회개는 구원의 입문이다.

4) 상담자는 성경적 지도를 해야 한다

상담자는 중독자로 하여금 위의 과정을 잘 이행할 수 있도록 중독자를 도우며, 중요한 것은 중독자에게 지속적으로 성경을 가르침으로 성경에서 지혜를 얻게 하고 능력을 발휘할 수 있도록 해야 할 것이다. 감정의 기복이나 정신적 상태, 영적으로 깊은 경지에 이를 수 있도록 하는 성숙된 신앙인으로서의 지도를 해야 한다.[260]

---

260) Ibid., p.38.

4. 영적 변화를 위한 최소한의 필요
(the need for an underlying spiritual transformation)

대개 중독자는 자기가 중독된 것을 알지 못하며, 알지라도 자기의 노력과 방법을 주장하고 그것이 최선의 방법인 것으로 믿는다. 절대로 남의 말을 들으려고 하지 않는다. 그래서 중독자는 그들 자신만을 믿는다. 자기 말이, 또 자기 생각이 하나님의 생각보다 상담자의 말보다 더 우수한 방법이라고 생각한다. 그러므로 중독자가 중독에서 헤어나오기가 힘들다는 것이다. 중독자는 스스로 자기갈 길을 선택한다. 결국 이들은 자기의 중독을 해결할 수 없는 길을 가는 것이다. 자기 자신이 자기 힘으로, 방법으로 중독을 이겨낼 수 있다고 장담한다. 그 사람은 하나님의 자리에 자기의 지성이나 능력을 두고, 그렇게 함으로 하나님께서는 자기를 지속적으로 회복되도록 해주실 것이라는 허망한 믿음을 가진다.

그런 확신은 성경적 모델에서 온 것이 아니며, 궁극적으로는 실패하게 된다. 성경적 모델은 사람이 하나님께서 주신 새 생명을 받지 않는 한 그들 안에 있는 중독을 깰 수 있는 강력한 힘의 능력을 가지지 못한다는 것이다. 하나님의 힘, 성령이 하시지 아니하면 그 사람의 마음속에서 아무런 변화가 일어날 수 없다. 여전히 아무런 변화도 없는 이전의 상태로 진행될 뿐이다. 사람들은 영적 변화 과정에 들어가기 위해 그들 자신보다 더 큰 힘, 능력, 권세로만 반드시 가능하다는 방향으로 돌려야 한다.[261]

---

261) Ibid., p.39.

1) 마귀의 진

우리의 싸우는 무기는 육신에 속한 것이 아니요/
오직 어떤 견고한 진도 무너뜨리는 하나님의 능력이라/
모든 이론을 무너뜨리며//

하나님 아는 것을 대적하여 높아진 것을 다 무너뜨리고/
모든 생각을 사로잡아 그리스도에게 복종하게 하니//

(고린도후서 10장 4-5절)

사람의 속에는 견고한 마귀의 진(strongholds and dominions)이 있다. 이 마귀의 요새는 오래전부터 있어 왔다. 이 해묵은 마귀의 견고한 요새를 파괴하고 그 속에 하나님의 나라를 건설하려면 인간적인 어떤 이론이나 인간의 방법으로는 불가능하다. 하나님의 강력한 무기가 필요하다. 사람이 하나님께 복종하면서 살지 않는다면 다른 어떤 것의 중독의 노예로 살고 있는 것이 분명하다.

우리에게 있는 중독의 '요새'는 다양하다. 우상숭배와 관능적인 죄와 어떤 특별한 종류의 종교적인 영과 사상과 이단 등이다. 예를 들면 공산주의 무신론 사상과 이론, 진화론, 힌두교,[262] 이슬람 같은 것들이다(고후 10:4). 하나님을 영접하는 데 방해가 되는 개인의 죄, 생각, 느낌, 태도, 생활, 고집, 또 자기의 변화를 거부하는 불신, 절망감, 포기 같은 것들이다.

'마귀의 진'은 '신의 영역'이란 말로 상대적이다. 마귀의 진은 하나

---

262) 김세민, 《다른 복음》(부흥과 개혁, 2011), p.110.

님의 능력을 대항하기 위해 구축한 산성과 같은 것이다. 에덴 동산에서의 사탄이 만든 진이다. 세상과 사람의 마음에는 마귀의 진이 있다. 마귀는 우리를 하나님에게서 이탈케 하는 일을 하고 있다.

이런 악한 요소들이 사탄의 진을 구성하고 있으면서 우리를 붙잡고 놓지 않으려고 한다. 이런 악한 요새를 파괴해야 한다.

바울은 이렇게 말했다.

> "그러므로 내가 한 법을 깨달았노니 곧 선을 행하기 원하는 나에게 악이 함께 있는 것이로다 내 속사람으로는 하나님의 법을 즐거워하되 내 지체 속에서 한 다른 법이 내 마음의 법과 싸워 내 지체 속에 있는 죄의 법으로 나를 사로잡는 것을 보는도다 오호라 나는 곤고한 사람이로다 이 사망의 몸에서 누가 나를 건져내랴"(롬 7:21–24).

복음 말고 율법을 지키라는 사탄이 진을 치고 있다는 것이다.

이것이 노아 홍수 이후의 하나님의 다스림을 거역하기 위해 쌓아 올린 바벨탑과 같은 영적 바벨탑이다(창 11:1-9). 이런 바벨탑 사상은 오늘에도 현저하게 종횡무진으로 나타나 하나님의 경륜을 향해 대적하고 있다. 이처럼 사탄은 항상 하나님을 대적하려고 한다. 알코올 중독은 사탄의 요새 중의 하나다. '사탄이 왕 노릇 하는 곳이 사탄의 진'이다(롬 5:17). "사탄은 바쁘면 술을 대신 사람에게 보낸다"는 말이 있다. 술은 사탄의 강력한 현대의 무기다. "하나님은 물을 만드셨는데 사람은 술을 만들었다"고 했다. 알코올이 사탄의 강력한 무기인 것은 술로 인해 제2차, 제3차 범죄가 일어나고 있기 때문이다.

2) 가장 높으신 권세자

성경적 모델로 보면, 성경에서는 중독자의 쓸모없는 고집이나 상담자와 치료자의 능력이나 또는 권면자의 사랑의 말보다는, 그리고 개인이나 어떤 단체의 그 다양한 능력보다 더 센 힘이 있음을 알려 주고 있다. 하나님께서는 그 마음에 중독자(인간)를 향한 긍휼하심을 가지고 계신다. 그것이 인간들의 축복이다. 그 하나님의 품성 때문에 우리가 살게 된다. 대개는 그 자신이 '최고 파워'(highest power)를 가지신 하나님(GOD)을 마음에 두지 아니하고 자기 자신(himself)이 하나님 같은 권세자가 되려고 한다.

성경은 말하기를, 사람의 길보다는 하나님의 길이 높고, 하나님의 생각은 우리들의 생각보다 더 높다고 하였다(사 55:9). 누구나 자신의 중독된 삶으로부터 구원을 얻는다는 것은 오로지 하나님의 강력하신 권세와 광대하신 섭리의 주님이라는 것을 깨닫는 것이다. 하나님 앞에 겸손히 나아가지 아니하면 그들은 여전히 잘못된 방향으로 운전하는 운전사와 같을 것이다.[263]

5. 온전한 복종(the initial surrender)

자기 생각대로 살아왔던 수단과 방법이 끝나고 인생의 마지막 죽느냐 사느냐의 가장 큰 갈림길(crossroad)에 서게 될 때에, 하나님의 방법이 아닌 자기들의 수단과 방법을 동원하게 된다. 그 결과는

---
263) Newgate Institute, op.cit., p.39.

오직 하나, 죽음과 멸망뿐이다.

한 중독(addiction of sin)은 인생을 최후의 죽음과 멸망으로 인도하고, 다른 한 중독(말씀, GOD)은 영원한 생명으로 인도할 것이다. 그것은 이 세상의 삶에서 결정된다. 이 갈림길에서 만약에 예수 그리스도 안에서 최고의 능력자(highest power)이신 하나님을 향한 내적 고백이 이루어지는 선택을 한다면 새로운 영적 힘인 성령이 그 사람의 마음속에서 자리를 잡을 것이다. 성경은 말하기를, 그 사람의 영은 성령과 다시 결합할 것이며, 죽은 인생이 새로운 생명수로 흐르게 된다(겔 37:6). 왜냐하면 이 생기는 하나님 앞에서의 신령한 고백이 있는 사람 안에 거하기 때문이다.

그러므로 하나님과 나의 깊은 관계에서의 고백이 필요하다(롬 7:14-25). 자기를 비워내는 깊은 내적 고백 없이는 하나님으로부터의 놀랍고 새로운 응답을 기대할 수 없으며, 모든 게 허무할 뿐이다. 그 사람은 자기의 무거운 짐을 짊어지고 자기가 선택한 그 길을 가야 할 뿐이다. 지금까지의 자기주장이나 생각이나 자기가 저질렀던 모든 죄의 짐을 지고 가야 한다. 그것은 더 이상 자기 힘으로 모든 죄 짐에서 벗어날 수 없기 때문이다. 자기가 할 수 있다는 생각은 애초부터 스스로를 속이는 꼴이다.

그러나 성경이 제시한 길로 따른다면 그 사람은 이 세상에서 사는 날 동안 풍성한 삶을 누릴 수 있게 된다. 사는 날 동안 풍성한 삶이란, 하나님이 주신 자연은총을 누리는 것이며, 각종 행복을 맛보며, 중독 회복을 포함하여 이 세상에서 새로운 삶을 누리는 것이다. 따라서 그 사람에게 약속하신 영생의 길로 인도받게 된다. 이 갈림길에서 만약에 예수 그리스도의 이름으로 '높으신 권세자(highest power)이신 하나님을 의지하고 복종하면 새로운 영(성령)이 그 속사람 안에서 역동적으로 역사하실 것이다. 성경은 말하기를, 그 사람의 영은 다시 성령님과 교제를 갖게 되며, 그 사람은 새로운 삶으로 물 흐르듯이 순연할 것이라고 하였다. 왜냐하면 주님께 전적으로 의지하는 사람은 성령님의 사랑의 영과 능력이 이 새로워진 삶의 회복을 위해서 역사하시기 때문이다.[264]

6. 그리스도 안에서의 새로운 중독
(a new addiction in Christ)

하나님께서는 본질적으로 자신의 속성(innate dependency)으로 사람을 지으셨다(창 1:26). 그래서 사람은 하나님과의 영적 교제를 통해 하나님께서 꾸준히 공급하시는 그의 풍성하시고 신령한 영양소(spiritual nutrition)로 살게 된다. 또 인간은 조물주 되신 하나님을 의지함으로 충실한 피조물로서의 사명을 가지고 살게 될 것이다. 또 인간의 영은 마음과 뜻과 감정을 포함하여 풍성한 가운데 모든 것을 정서적으로도 은혜롭게 표현하게 될 것이다. 이것은 모두 하나님과의 바른 관계에서 이루어지는 것이다.

그러나 하나님과의 교제가 끊긴다면 문제가 영 달라진다. 하나님의 신령한 영양의 통로가 막히면 오히려 잘못된 변화로 발전하게 된다. 마치 효소가 너무 오래되면 썩어 버리는 것처럼 영혼은 피폐해지고, 눈에는 하나님이 보이지 아니하고 세상의 것으로 가득해진

---
264) Newgate Institute, op.cit., p.39.

다. 그렇게 되면 그 영혼은 하나님과 멀어지고, 세속에 흔들리게 되고 생의 방향을 잃기 시작한다.

만약에 이런 상태에서 회복하게 하시는 하나님의 진리와 능력의 인도하심이 없다면 하나님과는 관계가 없는 사람으로 전락하고 말 것이다. 결국 영은 죽어가고, 하나님과의 교제는 끊어지고, 자연적으로 하나님 자리를 다른 것으로 대신 채우게 되니 다른 어떤 것이 하나님이 되어 그 사람을 지배하게 된다. 사람은 하나님 아닌 그 어떤 것의 지배를 받음으로 인해, 하나님이 아닌 그들의 힘에 의해 움직일 수밖에 없게 된다.[265]

사람은 그들의 삶을 힘 있게 끌고 갈 그 무엇에 따라 그들이 필요하다고 느껴지면 그것이 목적을 이루게 해줄 것이라는 생각에 현혹되고 만다. 이런 것들 중에는 약물, 알코올, 쇼핑, 도박, 재물 추구, 명예, 사람들에게 인정받는 것 등이 있다. 이런 세속적인 것들이 하나님이 있어야 할 자리에 놓이게 된다. 이런 일시적인 허황된 (temporal counterfeit) 거짓들이 삶을 움직이는 동기가 된다.

성경은 말하기를, 모든 중독의 궁극적인 종말은 죽음과 멸망이지만 중독자의 심령에 성령의 씨, 예수 그리스도의 생명을 뿌림으로 영원한 삶과 새 생명을 가져온다고 한다. 우리 속에 역동적인 성령이 깊이 자리 잡으면 그때 우리는 하나님이 없으면 살 수 없고, 또 우리는 소망 없는 죄인들이라고 고백하면서, 그리고 "우리에게 새로운 삶을 주시옵소서" 하고 기도하게 된다. 요한은 말하기를, "하나님이 세상을 이처럼 사랑하사 독생자를 주셨으니 이는 그를 믿는 자마다 멸망하지 않고 영생을 얻게 하려 하심이라"(요 3:16)고

---

265) Ibid., p.40.

했다.[266]

우리가 예수를 처음 믿는 순간부터 예수 그리스도와 깊은 교제를 하도록 우리를 위해 하나님께서 계획하신 그 거룩한 중독을 붙잡아야 한다. 이 중독은 우리에게 예수 안에서 새 생명을 준다.

그런데 어느 시대를 막론하고 예수의 이름을 빙자한 거짓 중독들이 생겨난다. 예수님 이후부터 예수의 이름을 빌려 이단, 이설들이 얼마나 많이 나타나는가? 시대 시대마다 많은 사람들이 이단에 빠져 진리를 거슬러 살고 있다. 비슷하나 전혀 다른 것에 중독되었다는 것이다. 교회 안에서도 예수와 말씀에 중독되지 못하고 사람, 돈, 명예, 교회에 중독된 사람들이 많이 있다. 예수님은 이런 것들을 이기셨다(마 27장). 예수님과 함께하는 관계가 종교라는 이름으로 현저하게 나타난다. 예배의식, 사이비성 종교, 가끔 이런 것이 정통 기독교 신앙에 대해 도전하여 혼란이 일어나고 있다. 예수 그리스도의 사람으로 확실하게 서야 한다.

새롭게 거듭나는 순간, 이전의 과거로부터 소외되었던 우리의 삶이 생명의 근원이신 예수 그리스도와 다시 연결(re-attach)되었다. 이제 이방인이었던 우리가 하나님과의 재결합을 통해 하나님의 영양 공급을 받게 되고, 전에 가져보지 못했던 중독을 극복할 수 있는 힘을 우리의 영혼에 공급받았다. 아무튼 예수 그리스도의 사람은 하나님과 새로운 관계를 매일 유지해야 한다. 만약에 매일 유지하지 않으면 그 예수(HIM)는 우리의 거룩하고 새로운 중독이 되지 못한다.

예수 그리스도라는 새로운 중독에 연결되지 않으면 이전 악한

---

266) Ibid., p.40.

중독이 우리를 하나님의 빛 밖으로 끌어내고, 이전의 어둠의 장소로 다시 밀어 넣어 옛날의 중독 상태로 후퇴하게 만들 것이다. '옛 어둠의 장소'들이란 예전의 알코올 중독, 약물 중독, 섹스 중독, 도박 중독, 배우자 학대 중독, 아동 학대 중독, 쇼핑 중독, 인간관계 중독 등 사회의 변천에 따라 독버섯처럼 생겨나는 현대형의 중독들을 말하는데, 이뿐 아니라 우리 주변 사람들의 생명과 우리의 삶을 궁극적으로 파괴하려는 이외의 다른 여러 중독들을 포함한다. 만약에 그(HIM)가 우리의 새로운 중독이 되지 못한다면 우리를 매일 지켜 주지 못할 것이다.[267]

7. 중독은 중독으로만 고칠 수 있다

'새로운 중독'(new addiction)은 예수 그리스도이면서, 예수 그리스도 안에서만 가능하다. 새로운 중독이라야 이전 악한 중독에서 해방받을 수 있기 때문이다. 중독이 집중하는 데서 생기는 것이라면 새로운 중독은 예수 그리스도에게만 집중할 때 고칠 수 있는 것이다.

중독을 고치려면 지금의 중독보다 더, '더 센 중독'(stronger addiction)이 필요하다. '귀신의 왕 바알세불'보다 더 더 센 중독이라야 한다(막 3:22). 인간의 죄까지도 해결할 수 있는 중독이라야 참 중독이다. 이 일을 할 수 있는 중독은 예수 그리스도 외에는 없다(행 4:12). 중독은 하나님 외의 그 무엇에게 매이는 것을 말한다. 하

---

267) Ibid., p.40.

나님의 모양으로 지음 받은 인간은 창조주 하나님에게만 매여 살아야 하고, 그만 섬겨야 했다.

그러므로 결론적으로 말하면,

우리는 모든 것을 그리스도에게 내려놓고, 하나님께서 우리에게 가이드라인(guidelines)으로 주신 성경대로 살아야 한다.

우리에게 주신 중독으로부터의 회복의 약속을 믿어야 한다.

성경 안에서 발견되는 새로운 축복을 이해해야 한다.

우리는 삶의 교과서인 가이드북(guidebook)인 성경을 읽어야 한다.

하나님께만 경배해야 한다.

성경을 통해서 하나님이 우리에게 어떻게 하실 것인가 하는 그의 계획을 발견해야 한다.[268]

그리고 우리는 주 안에서 기뻐해야 한다.

8. 기독교상담에 성경을 사용하는 핵심적 의미 (central significance)

성경적 모델의 우수성은 성경 전체가 하나님의 진리이며, 성경은 일점일획도 변함이 없는 하나님의 말씀이기 때문이다. 그러므로 성경 그 자체가 카운슬링이다. 따라서 우리에게 영원한 변화와 생명을 주는 성경적 상담은 하나님의 방법이다.[269] 성경은 완전하신 하

---

268) Ibid., pp.40-41.
269) 손경환, 《왜 성경적 상담인가?》, p.48.

나님으로부터 온 것이기 때문에 인간의 삶의 방법이나 중독에 대한 가르침도 틀림이 없다. 그리고 그는 거룩하시기 때문에 인간처럼 잘못이나 실수를 범할 수가 없다. 성경은 우리에게 구원을 주시고 하나님의 사람으로 온전케 하며, 선한 일에도 부족함이 없게 한다(딤후 3:15-17).

하나님께서는 우리의 힘만으로 살아가게 하기 위해서 성경을 읽으라고 명하신 것이 아니다. 하나님께서는 우리가 창조된 목적에서 얼마나 멀어졌는가, 또는 주님 없는 경건의 삶이 얼마나 힘든 것인가 거울처럼 비추어 보게 하시려고 우리에게 말씀을 주셨다. 즉 성경을 보면서 인간의 무능함을 발견하고, 반성하고, 회개할 것은 회개하라는 것이다. 또 성경에는 수많은 예와 비유가 있어서 우리가 이 땅에서 어려움을 이겨내는 방법과 하나님을 기쁘시게 하는 삶의 방법, 그리고 세상의 다양한 올무에서 해방받을 수 있는 답을 성경에서 찾을 수 있도록 하신 것이다.

그러므로 성경은 하나님께서 내신 상담교과서다. 성경에는 중독이라는 말이 없으나 하나님께서는 중독에 대하여 침묵만 하고 계시지 않는다. 인간이 서로 관계하며 살아가는 데서 생기는 여러 가지의 문제를 해결할 수 있는 비결이 있다. 중독만 해도 그렇다. 중독이 얼마나 무서운 것인지 알고, 거기에 대한 관심을 가질 것에 대해 예시하고 있다.

성경은 알코올 중독이 얼마나 무서운 것인가를 말해 주고 있으며, 중독 문제를 해결하는 길은 성경에서 찾는 것밖에 없다. 성경 말고는 인간을 중독으로부터 해방시킬 수 있는 방법이 없다. 성경은 만능의 책이다. 성경 그 자체가 카운슬링이고 성경이 그 해답이

다.[270]

열두 제자는 예수 그리스도에게 중독된 사람들이다. 그래서 신앙의 절정인 순교자의 자리까지 간 것이다. 바울도 예수를 만나기 전에는 '율법'에 중독된 중독자였다. 율법 중독자로서 열심히 예수를 따르려는 자들을 죽이려고 했다. 알코올 중독뿐 아니라 모든 중독자는 그리스도와 원수의 입장에 서 있다. 중독은 사탄이기 때문이다. 바울은 "나는 바리새인 중의 바리새인이다"라고 했다. 바울은 바리새인 중에서도 아주 센 바리새파 중독자였다. 그의 큰 권력과 명예와 높은 학문과 지식이 율법 중독의 도구가 되어 더 강한 예수의 원수가 된 것이다.

바울도 율법 중독에서 해방을 받으려면 그보다 더 센 중독에 중독되어야 했다. 베스도는 "바울아 네가 미쳤도다 네 많은 학문이 너를 미치게 한다"(행 26:24)라고 말했다. 바울은 지식과 명예와 가문을 자랑했으나 예수를 안 후에는 그 자리에 예수 그리스도를 모심으로 새로운 중독 예수 그리스도께 중독된 사람이 되었다. 중독은 중독으로 치유하라. 한때 중국의 여성들이 송중기(드라마 〈태양의 후예〉) 중독에 빠져 정신이 없었을 때 중국 정부에서는 송중기 중독에 빠지지 말라는 주의보를 내렸다. 중독을 고치려면 또 다른 힘센 중독이 필요하다. 성경에도 "이전보다 더 큰 귀신이 와야 한다"고 했다.

중독에는 좋은 중독도 있고 나쁜 중독도 있다. 부부간의 성생활이 질서 있는 좋은 중독이라면, 이 사람 저 사람과 관계하는 중독은 나쁜 중독인데 이런 것을 섹스 중독이라 한다. 공부 잘하는 중독은 나쁜 중독이 아니다.

---

270) 손경환, op.cit., p.320.

바울은 율법 중독에서 예수 중독으로 변했는데, 예수 중독으로 가만히 있었는가? 아니다. 진짜 중독을 만난 바울은 그 중독에 취해서 살기 위해 부단히 노력하였다. 술이 술을 부른 것처럼, 그래서 술을 마실 수밖에 없는 것처럼, 바울도 예수 중독에 깊은 맛을 즐기며 그 황홀한 지경을 경험하기 위해 노력했다. 예수 중독은 복음을 전하는 것이다. 그래서 바울은 예수 중독에서 더 이상 빠져나올 수 없도록 노력한다. 바울은 '나는 잡힐 듯 말 듯한 것을 향하여 좇아가노라'는 말씀처럼 계속 노력했다(빌 3:12). 어떻게 노력을 했는가? 옛날 습성을 버리기를 노력했다. 바울은 스스로 옛날에는 어떤 사람이었는지 공중 앞에서 고백하였다(딤전 1:13).

그런데 사람은 살다 보면 필요를 느끼게 된다. 예를 들면, 약물, 알코올, 쇼핑, 도박, 재물 추구, 명예 등이 하나님의 자리에 채워진다. 물질적인 것만이 아니라 정신적이고 영적인 것들도 많다. 화를 내는 것, 불안, 초조, 원망, 불평, 잘못된 인간관계, 잘못된 신앙 등 모든 중독의 궁극적 종말은 죽음과 멸망이니 마음에서 뽑아 버려야 한다.

초대교회의 최권능 목사는 감옥에서 매를 맞으면서도 찬송을 불렀다. 일본 경찰이 "저 사람은 야단하면 더 기뻐하고 찬송을 부르니 차라리 가만 두어라"고 했다. '한 번 중독은 영원한 중독'이다.

9. 목회상담적 지침

비록 알코올 중독만이 아니라 모든 중독은 죄에 기인하고 있다. 중독의 시작은 탐욕에서 온다. 여기에서 인류의 씻을 수 없는 유전

죄가 이루어진다. 무엇에나 탐욕이 생기면 그때부터 중독의 싹이 트기 시작한다. 탐욕은 우상숭배라고 했다. 사람에게는 욕심이 있다. 에덴 동산의 아담과 하와의 범죄도 탐욕에서 비롯되었다. 사탄을 통해서 선악과에 대한 궁금증이 생겼다. 그런 후에 선악과를 보니 보임직도 하고 먹음직스럽게 보였다. 그리고 하나님처럼 눈이 밝아진다고 하니 이젠 하나님의 자리까지 넘보게 된 것이다. 그래서 하나님께서는 당신의 아들 예수 그리스도까지 이 땅에 보내시지 않으면 안 되게 된 것이다.

우리의 중독은 물질 중독만이 아니다. 더 크고 깊은 중독은 죄의 중독이다. 이것이 더 중요한 문제다. 아무리 알코올이나 다른 물질 중독이 해결된다 할지라도 죄의 문제가 해결되지 아니하면 영혼은 구원받지 못한다. 성경이 말한 중독의 목적은 영혼 구원이기 때문이다.

중독은 중독으로만 해결할 수 있다. 죄의 중독에서의 해결은 인간의 힘으로는 안 된다. 하나님의 힘으로만 가능하다. 그 하나님의 힘이 가장 위대한 힘이다. 사탄의 권세를 이김으로 우리를 죄로부터 해방시킬 수 있는 전능하신 하나님의 힘이기 때문이다. 귀신의 왕 바알세불을 이기는 힘은 하나님의 힘이다. 그러므로 우리는 예수께 중독되어야 한다.

사람은 무엇인가에는 중독되어야 산다. 신앙생활도 중독되어야 할 수 있다. 중독은 집중하는 것이다. 바울도 예수에 중독됨으로 율법으로부터 해방을 받았고 복음의 나팔수가 되었다. 이것이 새로운 중독이다. 옛 중독은 죄의 중독인 원죄인데, 새로운 중독은 그 원죄를 제거하고 우리를 하나님의 사람으로 온전케 할 수 있는 예수 그리스도의 중독이다. 예수의 중독이어야 사는 중독이다.

제2장

중독의 씨

1. 새로운 삶의 씨(seed), 예수: 한 중독(one addiction)

성경적 중독 치유의 목적은 질병에서의 자유만이 아니라 영혼의 회복에 있다. 예수님께서도 사람의 육체적 고침과 죄로부터의 영혼의 자유를 허락하셨다. 하나님의 백성으로서의 회복이다.

타락한 인간은 죄에 중독되어 있다. 죄가 가져다주는 어떤 종류의 형태든지 중독에 사로잡혀 살고 있다. 인간의 소망은 이 멸망을 가져오는 죄의 중독으로부터 해방을 받는 것이다. 그 방법은 성경에 있다. 구약 창세기에서 '여자의 후손'으로, 죄로부터 인간을 구원하실 예수 그리스도가 이 땅에 오실 것에 대한 첫 언약을 말씀하셨다(창 3:15). 이 언약이 신약에서 이루어진 것이다. 누가복음 1장 "보라 네가 잉태하여 아들을 낳으리니 그 이름을 예수라 하라"에서 '예정된 여자의 씨'[271]는 마리아의 몸을 통하여 태어나는 예수 그리

---

271) 존 밀턴, 조신권 옮김, 《복낙원》(아가페, 2010), p.18.

스도를 말한다(눅 1:31).

조신권(한국밀턴학회 초대회장) 박사는 이렇게 말한다.

《실낙원》은 '율법 아래 있는 인간'을 다루었다면 《복낙원》은 '은총 아래 있는 인간'을 다루었다. 아담은 율법 아래서 타락하여 모든 것을 상실했고, 한 '위대한 인간'이신 제2아담 예수 그리스도가 '성약의 씨'로 오셔서 잃었던 것을 다 회복할 것을 말한다.[272]

밀턴의 《복낙원》에 등장한 인물은 그리스도와 사탄이다. 그리스도는 창조적 질서이고, 사탄은 파괴적 질서이다. 두 질서가 유혹적인 도전과 거부적인 반응으로 상충되며 진행되다가 그리스도의 일방적인 승리로 끝난다.[273]

이것은 사탄과 하나님의 싸움이다. 율법과 복음의 다툼이다. 아담의 후손은 죄의 종이 되었다. 죄에 중독되었다. 죄로부터의 해방은 복음이라야 한다. 죄의 중독보다 더 크고 위대하며 절대적인 중독이신 '한 중독' 예수밖에는 없다.

중독 중의 참 중독은 예수 중독이다. 그것은 사람을 영육간에 살리는 중독이다. 그 중독의 씨가 예수 그리스도. '한 중독'(one addiction)='진짜 중독', 즉 '오로지 중독'은 예수밖에 없다. 누가는 사도행전에서 인간을 죄로부터 구원하실 분은 예수밖에 없다고 했다(행 4:12). 그리스도가 진짜 선함과 의로운 중독이다. 다른 중독은 사람을 죽이는 중독이지만 예수 중독은 사람을 살리는 중독이다. 예수는 제2아담으로 오셨다. 죽은 아담, 즉 인간을 다시 살리기 위해서 오셨다. 새로운 삶의 씨는 아담의 타락 이후에 말씀하셨다.

---

272) Ibid., p.419.
273) Ibid., p.422.

'한 중독'은 성령의 씨를 뿌려 영원한 삶과 새 생명을 가져왔다. 성령이 역동적 영의 장소를 우리 마음속에 깊이 자리를 잡으면 그 때 우리는 하나님이 안 계시면 우리는 소망 없는 죄인이라고 고백하게 된다. 그리고 하나님께 "새 삶을 주십시오"라고 기도하게 된다. 우리가 예수를 처음 믿는 순간부터 예수 그리스도와 깊은 교제를 하도록 우리를 위해 하나님께서 계획하신 그 중독만을 우리는 붙잡아야 한다. 이 중독은 우리에게 예수 안의 새 생명을 준다.[274]

예배와 경건의 훈련을 통해 중독의 씨를 굳건하게 해야 한다. 우리는 이 새로운 중독으로 소외되었던 것으로부터 생명의 근원으로 다시 연결된다. 하나님의 잃어버린 형상을 다시 회복하게 된다. 아무튼 예수 그리스도의 사람은 예수 그리스도와의 새로운 연결을 유지해 가기를 힘써야 한다. 그렇지 아니하면 이전의 어두움의 장소로 다시 밀어넣어 옛날의 중독 상태로 후퇴하게 된다. 옛 어두움의 장소들은 알코올, 섹스, 약물, 도박, 배우자 학대, 쇼핑 중독, 하나님과의 관계의 삶을 궁극적으로 파괴하려는 다른 중독들도 포함된다.

우리의 삶을 영위케 하는 것은 영적 다이내믹한 '큰 영'(성령, Greatest Spirit)이라고 성경은 말한다.[275] 우리는 예수님께 모든 것을 내려놓고 의지하는 것과 중독으로부터의 회복의 약속들을 어떻게 믿으며 살아야 하는지, 인도하는 대로 따라가는 것과 말씀 안에서 새 삶의 축복을 찾는 것을 이해해야 한다. 늘 성경을 묵상하고 하나님이 우리에게 계획하신 것이 무엇인지를 찾아야 한다.

---

274) Newgate Institute, op.cit., p.36.
275) Ibid., p.40

2. 기록된 하나님의 말씀(the description of GOD)

하나님은 창조주이시다. 말씀으로 천지를 창조하셨다. 그는 권세가 많으시다. 인간을 창조하실 때 당신의 형상대로 지으셨다. 하나님은 천지와 인간을 창조하셨기 때문에 우리들의 아버지시다.

구약시대에는 선지자들로 하여금 당신의 뜻을 기록하게 하셨다. 뜻을 정하시고, 계획하심이나 당신의 마음을 당신의 백성들에게 전하셨다. 그것은 타락한 인간을 구원하시려는 선포였다. 이 선포된 약속의 말씀대로 예수 그리스도로 하여금 세상에 오게 하시고, 예수를 통해 구원의 역사를 이루게 하셨다. 예수님은 병든 자를 고치시고 죽은 자를 살리시고 마음의 고통과 괴로워하는 자들에게 위로해 주셨다. 예수님은 성부 하나님과 같은 권세를 가지고 계신다. 그러므로 예수 그리스도께서는 하나님과 똑같은 인격체로서 권세를 가지고 인간의 모든 질병도 중독도 고치시는 분이시다. 예수님은 예수님으로 살아 있는 말씀이시다. 그래서 기독교의 성경은 살아 있는 하나님의 말씀이다.[276]

다른 종교들의 경전과는 달리 기독교의 성경은 많은 신들의 범신론 사상(pantheistic idea)을 포함한 기록이 아니다. 그러나 그 대신 신·구약 성경에서 보는 바와 같이 크리스천들에게는 아버지 하나님의 개념(concept of GOD the father)이요 사상이다. 오로지 기독교의 성경에서 하나님은 전지전능하시고, 무소부재하시고, 자비로우시고, 모든 지식을 가지고 어디든지 편재하시고, 우리를 당신의 사랑의 목적으로 창조하시고 우리 머리털까지 세시는 하나님(눅 12:7), 우

---

276) 서철원, 《교의신학》(신학서론)(쿰란출판사, 2018), p.29.

리 몸의 모든 세포의 조성과 움직임을 아시고 우리의 마음과 생각을 아시는 하나님이라고 말씀하신다.[277]

성경에 기록된 하나님은 세상의 신들처럼 우리의 죄를 이용하여 우리를 괴롭히고 심술을 부리는 그런 치졸한 잡신이 아니다. 성경에 기록된 하나님은 전능하신 하나님으로서 구약에서의 메시아의 약속과 신약에서의 메시아의 완성(곧 예수 그리스도)을 겸손히 영접하여 주님 앞에 나아오는 자에게 용서와 회복을 주시는 하나님이라고 말씀하신다. 성경 기록에 나타나는 기독교의 하나님은 우리와 교제하기를 원하시고, 하나님은 그에게로 돌아오는 사람들의 각각의 삶을 위해 또 다른 특별한 계획들을 예비하고 계신다. 크리스천이 순교에 이를 만큼 헌신할지라도 하나님은 강압적으로 순교하라는 목적으로 우리를 부르신 것이 아니다. 왜냐하면 그들의 믿음을 위해 박해를 받는 것이기 때문이다.

3. 하나님의 약속의 보증
   (the conveyance of GOD's promises)

하나님의 말씀(the Christian Bible)을 아는 크리스천 카운슬러는 어떤 종류의 결정적인 중독에 빠져 있는 자들이라도 하나님의 중요한 약속의 말씀에로 접근(access)할 수 있으며, 하나님의 약속된 보증의 말씀을 체험할 수 있으며, 이 말씀으로 인해 모든 중독으로부터 자유롭게 할 수 있다. 이 지식의 말씀을 가진 상담자는 마지막

---

277) Newgate institute, op.cit., p.41.

회복의 희망이 지속될 것이다.

하나님의 약속된 보증으로서의 말씀을 의지하는 크리스쳔 카운슬러는 희망이 있으며, 치료하기를 바라는 중독자에게도 희망이 있다.

성경에는 수많은 약속들이 있다. 일일이 다 거론할 수 없을 정도이다. 아래 약속들과 더 많은 성경의 약속들이 구약성경을 통해 예언된 메시아와 신약에서 이루어진 예수 그리스도와 관계를 가진 자들에게 주어진다.

- 우리는 하나님의 아들, 딸로서 태어났다(adopted, 갈 3:26).
- 우리는 하나님의 복을 유산으로 상속받았다(blessing, 신 1:34-39).
- 우리는 우리의 중독들을 극복하는 힘을 받았다(power, 빌 4:13).
- 하나님께서는 우리 각 사람을 위한 계획이 있다(plan, 롬 8:30).
- 하나님은 우리를 안에서 밖으로 변화시키신다(transforms, 엡 4:24).
- 하나님은 마귀로부터 우리를 구원하신다(delivers, 마 6:13).
- 하나님은 우리에게 영적 평안과 기쁨을 주신다(peace, 사 65:17-25).
- 하나님은 모든 인류의 재난과 시련을 통하여 강하게 하신다(strengthens, 히 12:5-6).
- 하나님은 우리의 진정한 모든 필요한 것을 제공하신다(need, 히 11:39-40).
- 하나님은 우리의 죄를 들추어내시고 우리의 영을 회복시키신다(생각, 의지, 감정, exposes, 슥 13:1-9).
- 하나님은 우리 자신이 겸손해질 때 우리를 귀하게 사용하신다

(humble, 딤후 2:20-21).

- 하나님에게는 우리의 깊고 오래 지속된 가장 심각한 중독의 상처로부터 우리를 인도하시는 강하고 충분한 힘이 있다(power, 시 27:1).
- 하나님은 회개하고 바로 살겠다고 결심한 자들에게 힘든 삶의 전투에서 승리를 약속하신다(victory, 사 33:6).
- 하나님은 그들의 중독상태에서 회복되고 인도되는 것과 하나님께로 돌아가기를 열망하는 사람들의 도움에 효과적인 영적인 은사를 주실 것을 약속하셨다(spirit gifts, 고전 12:31).
- 하나님은 그들의 중독의 생활에서 빠져나온 사람들에게 어둠에 묶였던 옛날의 모습을 없애고 그들에게 처음 지음을 받았던 진실한 신분을 갖게 하신다(bondage, 벧전 2:5).
- 하나님은 그들의 진실한 삶에 목표를 보여주신다(true purpose, 벧전 2:4).
- 하나님은 그들의 마음에 하나님을 향한 찬송을 주신다(uplifting song, 시 147:1).
- 하나님은 우리의 부끄러운 곳에서 물러나게 하시고, 우리에게 옳은 일을 하도록 다른 기회도 주시고, 도덕적 타락과 지난날의 죄에서 돌아서게 하신다. 이것은 우리를 통해 하나님께 영광을 나타나게 하려 함이다(glory, 고후 4:15).[278]

위에 열거된 약속들은 성경 속에 있는 그 수많은 것에서 추려낸 아주 적은 부분이다. 이보다 더 많은 약속들이 있다. 성령님의 인

---

278) Ibid., p.42.

도를 받은 전문 상담원과의 상호작용을 통하여 아름다운 성령님의 역동이 세상적 상담에서는 찾을 수 없는 멋있는 상담이 될 것이다.

4. 해답(solution)은 성경에서

아담스의 성경적 상담의 근간의 핵심은 죄가 문제의 원인이라는 것과 그 해답은 성경에 있다는 것이다. 성경적 모델이란 권면적 상담(Nouthetic Counseling)이라고 말한다. 이것은 성령께서 하나님의 말씀을 사람들의 생활에 적용시키게 하시는 것이라고 주장한다. 성경적 상담자들은 성령님이 하시는 일에 순종하는 종이며, 결코 자기 마음대로 하는 '전문인'이 아님을 기억해야 한다. 성령께서 전문이시지 사람이 전문인이 아니다. 상담자가 자기가 곧 전문인이 된 것처럼 성령보다 앞서려고 하는 실수를 쉽게 범할 수 있다. 죄 문제를 인간이 해결할 수 없듯이 죄에 대한 해결도 사람이 해결할 수 없다. 성경대로 하라.[279]

1) 믿음의 발걸음을 내디뎌라(First step of Faith)

인간 삶의 중심이 되는 힘의 동기는, 먹고 마시는 것으로 중독을 살찌우기 위한 노력이 예수 그리스도와의 교제에 힘쓰는 것으로 바뀌어야 한다. 야고보 선생이 단순한 믿음보다는 실천하는 믿음에 대하여 말한 것을 참고해 볼 만하다. 당시에 '실천하는 믿음'을

---

279) 손경환, op.cit., pp.310-311.

주장하는 야고보와 같은 입장을 가진 사람들이 말하기를, "실천 없는 믿음을 보여주라. 그러면 나는 실천으로 나의 믿음을 보여주겠노라"고 했다. 이 논쟁은 믿음과 행함을 구분한 것이 아니라 믿음에는 행위라는 열매가 있다는 것이다. 이것은 더 진보되고 성숙한 신앙을 말한다(약 2:18).

그러나 하나님은 우리에게 말씀하시기를, 믿음의 첫걸음을 잘 디디라고 하신다. 그러면 하나님은 우리를 괴롭히는 어떠한 중독이라도 극복할 수 있는 힘을 우리에게 주신다. 만약에 우리가 예수 그리스도와 강하고 끈끈한 인격적 관계를 가진다면 우리는 믿음의 더 높은 단계에 이를 수 있고, 중독을 극복할 수 있는 하나님의 능력을 얻게 된다.

2) 말씀을 읽어라(Read the Word of GOD, the Bible)

당신의 마음이 늘 새로워지기 위해 하나님의 말씀을 읽어야 한다. 성경은 파괴적인 요인을 갖고 있는 당신의 내면의 자리에 진리의 빛을 밝게 비출 것이다. 예를 들자면, 과거 반복해 온 실패를 운명이라고 생각해 온 뿌리 깊은 개념을 예수 그리스도의 힘으로 강하게 변화시켜 줌으로, 전에는 결코 할 수 없었던 일들을 할 수 있게 된다. 또 나는 결코 할 수 없고 목적한 그 목표에 무슨 일에든지 결코 이르지 못한다는 개념을 갖고 있었다 할지라도 지금은 그가 새로운 목적과 그가 가기를 원하는 길에서 그를 인도하시는 하나님을 믿어 의심치 않는 사고로 바꿀 수 있다. 그러므로 우리는 매일 성경을 읽어야 하고, 우리는 하나님께 우리들의 삶에 대하여 우리에게 말씀하실 수 있는 기회를 드려야 한다.

미국의 백만장자 밀턴(Milton)이 불면증에 걸렸다. 20세기 최고의 심리학자요 의사인 칼 융(Carl G. Jung, 1875-1961)을 찾아가 상담을 했다. 융은 밀턴에게 모스크바에 있는 한 수도원 원장을 찾아가 보라며 소개서를 주었다. 수도원장은 밀턴에게 "내가 무엇을 하든지 그대로 하시겠습니까?"라고 물었다. 밀턴이 답했다. "예, 그렇게 하겠습니다. 이 불면증만 없어진다면 무엇이나 하겠습니다." "그렇다면 하루에 주기도문을 300번씩 정성스럽게 외우십시오." 밀턴은 그렇게 하였다. 이튿날도 밀턴에게 "오늘은 주기도문을 600번을 외우십시오"라고 주문했다. 다음 날 수도원장은 밀턴에게 말했다. "오늘은 주기도문을 900번을 외우십시오." 이렇게 하다 보니 밀턴은 주기도문을 하루에 6,000번을 외웠다.

주기도문을 외우려 할 때 밀턴에게 갑자기 놀라운 변화가 나타났다. 밀턴은 놀랍게도 자기의 불면증이 완전히 치유되었음을 알게 되었다. 의학적인 처방 없이도 밀턴의 병이 깨끗이 나았다. 융은 밀턴을 상담하면서 밀턴이 영적 영양실조에 걸린 것을 알았다. 그래서 융은 이것을 '영적 욕구'라고 불렀다. 밀턴이 수도원에 거할 때 주기도문을 외우면서 조금씩 조금씩 하나님과의 관계가 회복되면서 영적 고갈로부터 찾아온 불면증에서 해방을 받게 된 것이다. 이렇게 될 수 있었던 것은 하나님의 말씀과 능력으로만 가능하다.

칼 융(Carl G. Jung)의 '영적 욕구'란 무엇인가?

밀턴이 주기도문(성경)을 외움으로 불면증을 고침 받은 후 대부분의 환자들이 믿음에의 욕구에 굶주려서 병이 났다는 사실을 발견하고, 환자들에게 이 욕구를 강하게 채워 줄 수 있는 방법을 제시했을 때 치유되었다. 인간의 내밀한 속에 믿음에의 욕구가 있다는 것을 창세기 4장 26절에서 말한다.

> "셋도 아들을 낳고 그의 이름을 에노스라 하였으며 그때에 사람들이 비로소 여호와의 이름을 불렀더라."

'에노스'라는 이름에서 해답을 얻을 수 있는데, '에노스'는 사람을 나타내는 말이면서 약한 것, 또는 병든 것이라는 뜻이 내포되어 있다. 인간은 본질상 나약한 존재이기에 하나님을 의지해야 한다는 반증이다. '약함과 병듦'의 뜻인 '에노스'가 태어났을 때부터 사람들이 하나님의 이름을 불렀다는 사실은 오늘을 살아가는 우리에게 깊은 영적 교훈을 준다.

3) 기도하라(Seek to GOD)

기도로 하나님을 더 찾고 인도하심과 지혜를 달라고 구해야 한다. 하나님께서는 우리의 필요가 무엇인지 이미 알고 계시지만 기도하라고 하신다. 기도 없이는 귀신을 쫓아낼 수가 없다고 하셨다(막 9:14-29). 기도는 사람의 의무이다.

4) 겸손하라(Humble yourself)

겸손은 영적 생활의 기초이다. 누구든지 영적 생활에 높이 오르려면 지극히 낮추는 겸손이 있어야 한다. 물이 위에서 아래로 흐르듯이 그리스도의 은총도 겸손한 마음을 통해 흘러 들어온다. 예수님은 12년 동안이나 혈루증으로 고생한 여인에게 "딸아, 너의 믿음이 너를 낫게 했다"고 하셨다(눅 8:42-48). 화려하지 않아도 순수하고 겸손한 믿음을 가진 사람을 구원하신다.

어리석은 교만을 버리고 겸손하라. 핑계와 거만한 행동을 버려라. 하나님께서는 겸손한 자를 기뻐하시며, 교만한 자를 물리치신다(약 4:6).

5) 도망치지 마라(Do not escape)

어떤 시련으로부터도 도망치지 마라. 시련을 받아들여라. 받아들이지 않고 도피만 한다면 그 어떤 일도 해결할 수 없고, 이루어 낼 수도 없다. 고난을 극복할 때만 삶의 열매는 열릴 것이다. 처칠은 말하기를, "위험에 처했을 때도 도망치지 마라. 그러면 오히려 위험이 배로 늘어날 것이다. 그러나 도망치지 않고 결연하게 맞선다면 그 위험은 절반으로 줄어들 것이다"라고 하였다. 로버트 슐러는 "실패한 사실이 부끄러운 것이 아니라 도전하지 못한 것이 더 큰 치욕이다"라고 말했다.

삶이 가장 힘들 때 다른 문을 통해 가는 길이 열리거나 평안이 올 때까지 결코 도망치지 마라. 그것은 하나님이 우리의 어려운 삶 속에서 최선을 다해 일하시기 때문이다(창 39:2-3).

6) 좋은 친구를 찾아라(Seek Fellowship)

그들의 삶 속에 하나님을 더 사모하고 찾으며, 천성을 향해 걸어가는 사람들을 찾아 교제하기를 힘써라. 믿음의 친구들을 찾아라. 누구와 사귀며 누구와 동행할 것인가가 중요하다(단 3:30).

7) 멀리하라(The person back into an Addictive)

그들의 삶 속에서 하나님을 더 가까이하고 싶고 중독에서 회복되기를 원하는 사람은 어떤 사람을 멀리해야 할 것인가? 하나님 찾기를 욕망하지 아니하는 사람과 다시 중독으로 돌아가기를 원하는 사람은 멀리하라(딛 3:10-11).

8) 지혜로운 카운슬러를 발견하라(Wise Counselor)

약점이 있는 당신을 도와주고, 당신의 마음을 열어 보일 수 있고, 당신이 신뢰할 수 있는, 그리고 당신으로 인해 상처를 받지 않을 만한 지혜로운 카운슬러나 친구를 발견하라(잠 13:20).

9) 믿을 만한 친구를 구하라(Be honestly accountable)

솔직히 말해서 당신을 케어해 줄 수 있는 책임 있고 믿음 좋은 친구를 가져라(요 15:13).

10) 핑계를 버려라(Forsake Pretense)

자기 힘으로 무엇을 하겠다는 생각이나 그럴 수밖에 없다는 모든 핑계와 계획을 버려야 한다. 하나님께서는 겸손한 자를 높이시고 교만한 자를 넘어지게 하신다(약 4:6).

11) 하나님을 믿고 순종하라(Trust and obey GOD)

하나님을 앞서 가지도 말고, 뒤로 처지지도 마라. 주변 사람들이나 자신의 환경을 속이거나 조작하지 마라. 늘 기도로 우리를 향한 하나님의 뜻이 무엇인가를 알기 위해, 자신을 위해 하나님께서 하시고 싶은 일이 완전히 끝날 때까지 그 있는 곳에 머물면서 간구해야 한다. 하나님은 토기장이시요, 우리는 점토(clay)이다(롬 9:21). 점토는 토기장이에게 나를 이런 항아리로 만들었느냐고 원망할 수 없다(롬 9:20). 우리는 토기장이의 바퀴 위에 그대로 있어야 한다. 그리고 그가 하나님이심을 알아야 한다.

12) 선택하라(Choose)

자기가 무엇을 할 수 있다고 생각했던 지금까지의 사고를 고쳐야 하고, 우리의 삶을 하나님의 뜻대로 하겠다는 하나님의 계획의 선상에 놓아야만 한다. 엉망진창인 지금까지의 우리의 삶을 그대로 둘 것인가, 아니면 우리의 삶을 하나님의 계획 위에 두고 하나님의

놀라운 변화를 기다릴 것인가를 우리는 선택해야 한다.[280]

5. 목회상담적 지침

성경이 말한 알코올 중독에 대한 치유 방법은 중독 그것을 넘어서 영혼까지도 온전히 하나님의 백성이 되게 하는 데 있다. 그러나 문제는 사람들에게 설명하기가 그리 쉽지 않다는 데 있다. 성경적 입장에 서지 아니하면 이해하고 납득하기가 어려운 것이다. 성경은 딱히 이렇게 하라 저렇게 하라고 말하고 있지 않다. 성경적 방법은 인문학적인 방법과는 다르다. 의학적인 방법과도, 재래적인 약물요법과도 다르다.

그럴 수밖에 없는 것은 중독 치료의 목표가 다르기 때문이다. 성경의 중독 치료의 목표는 인간의 건강을 회복시키는 데만 있는 것이 아니라 더 나아가 그 영혼을 구원하는 데 있기 때문이다. 대개의 사람들은 육체의 건강 회복이면 그 목적이 달성된 것으로 여기지만 기독교의 성경적 치유는 육체의 건강도 필요하지만 영혼의 구원을 이루는 것이다. 육체의 건강이 중요하지 않다는 것이 아니라 영혼의 구원이 더 중요하다는 것이다.

---

280) Newgate Institute, op.cit., pp.45-46.

제3장

중독 치유의 목적

상담을 받기 위해 오는 사람들은 여러 가지 난해한 문제를 해결할 목적을 가지고 온다. 건강, 질병, 가정, 결혼, 자녀, 직장 문제 같은 현실적인 것들을 가지고 오기도 한다. 또 크리스천들은 교리나 영적 성장, 신앙생활에서 생기는 갈등, 교회생활이 가정에 미치는 영향, 그리고 죄책감 문제 등이 있다. 그 형편과 시대에 따라 상담의 내용이 다르다.

요즘은 문화 문명의 발달로 인해 물질 중독이나 각종 중독이 생겨나고 있다. 앞으로는 더 정신적으로 많은 부담을 가지고 살아야 한다. 이러한 불안정한 사회가 도래함으로 이에 대한 불안이나 걱정, 심지어는 테러에 이르기까지 사람들은 많은 문제를 가지고 상담자를 찾는다. 앞으로 신종 중독이 수도 없이 나올 것이 사실이기에 이에 대처하는 신종 상담도 연구되어야 할 것이다.

1. 육신의 건강을 위해서

복음사업에 병 고치는 것과 말씀 전하는 것을 분리해서는 안 된다(눅 9:1-2). 상담은 천국에서 필요한 것이 아니라 이 세상에서 있어야 할 일이다. 기독교에서 다루는 중독에서는 육신의 병을 고치는 것이 상담의 목표가 아니다. 그러나 이 땅에서 평안과 위로가 필요한 인간에게 우리가 할 일이 상담이다. 예수님 앞에 나온 사람들은 누구였는가? 예수님 시대나 지금이나 사람들은 다 약하고 병들고 걱정과 두려움 속에서 산다. 문화 문명이 발달한 지금이 전 시대의 사람보다 더 행복할 것이라고 단정하기는 어려운 것이다.

예수께서는 열두 제자들에게 "더러운 귀신을 쫓아내며 모든 병과 모든 약한 것을 고치는 권능"을 주셨다(마 10:1). 열두 제자를 부르시고 복음 전파자로 파송할 때, 그냥 보낸 것이 아니라 병을 고칠 수 있는 '권세'를 주셨다. 예수님은 처음 복음을 사역하실 때부터 사람들을 가르치셨고, 복음을 전파하셨고, 모든 병과 모든 약한 것을 고치셨는데 모든 앓는 자, 곧 각종 병에 걸려서 고통당하는 자, 귀신 들린 자, 간질하는 자, 중풍병자들을 고치셨다(마 4:23-24). 제자들에게 주신 권세는 예수님께서 친히 행사하신 권세다.

육신의 질병이나 인간적 고민에 대해 크리스천 상담자들이 크게 관심을 가질 일이다. 크리스천 상담자는 이런 자들을 잘 지도해야 한다. 환자를 위해 기도를 해야 하며, 마음에 위로를 준다든지 하는 수고가 따를 수밖에 없다.

우리는 하늘나라의 영생을 누릴 것을 믿지만 이 땅에서 풍성한 삶을 경험하지 못한 사람도 많다는 것을 알아야 한다.

"내가 십일조를 잘하는데 왜 이렇게 가난할까?", "교회에서 하라는 대로 잘했는데 무슨 이유로 몸에 병이 났는가?", "내가 무슨 죄를 지은 것이 아닌가?"와 같은 목사나 상담자들이 대답하기 힘든 질문을 가지고 올 것이다. 이때 상담자는 하나님의 사람이라는, 또는 목사라고 해서 고압적인 자세로 내담자를 억압하는 경우가 많다. 그것은 전혀 효과가 없을 뿐만 아니라 오히려 내담자를 실망케 할 것이다.

내담자가 상담자를 찾아오는 길은 어려운 길이다. 내담자가 상담자를 찾아올 때는 깊은 고민을 하다가 온 것이다. 과연 상담자가 나에게 어떻게 무슨 말을 할지에 대해서 궁금해하면서 한편으로는 두려운 마음을 갖게 된다. 자기의 어려운 이야기를 토로한다는 것은 그렇게 쉬운 일이 아니다. 그런 중에서도 상담자를 찾아온 것은 큰 용기가 있는 것이다. 그러나 상당한 문제 해결의 희망을 가지고 온다.

"그까짓 게 무슨 문제요, 믿음으로 이기세요. 아무것도 아닌 것을 가지고 그럽니까?" 내담자는 이런 정도의 상담을 받기 위해 어려운 일에 각오와 용기를 가지고 온 것이 아니다. 이런 식의 대답은 상담자로서 부적절한 것이다.

상담자는 경청하는 기술을 익혀야 한다. 상담자는 듣는 훈련이 되어야 한다.

어떤 교인이 상담을 받기 위해 목사님을 찾아왔을 때 내담자와 잠시 인사를 나누고서 내담자에게 무슨 문제가 있느냐고 이야기를 시켜 놓고, 목사가 신문을 뒤적거린다든지 책을 들었다 놓았다 한다든지 분주하게 서두르는 경우가 있다. 그러다가 내담자가 이야기하기를 멈칫하면 목사는 "계속 이야기하시오. 내가 다 듣고 있으니까"라고 하지만 벌써 이 상담은 실패로 끝난 것이 된다.

구약을 보면 욥이 어려움을 당했을 때에 세 친구들이 보여준 상담의 모습이 있다. 결과로 보면 앞서 세 친구들의 상담은 실패했으나 엘리후는 상담에 성공한 것이다. 그렇게도 하나님을 잘 섬겼던 욥에게 갑작스럽게 어려움이 찾아왔다. 아내마저 고난을 당한 욥에게 "하나님을 원망하고 죽으라"고 저주하였다. '하나님은 나와 멀리 계신가' 생각하고 있을 때 엘리후가 나타나 욥을 깊이 이해하기 시작했다. 엘리후는 앞선 친구들처럼 욥을 가르치고 깨닫게 하려 하지 않고, 욥의 처지와 입장에 서서 욥의 고통을 이해하려고 노력했다. 학자들은 엘리후를 성공한 상담자라 부르고 있다.

내담자를 실망케 하면 안 된다. 물론 상담의 실질적인 이론이나 기법에도 문제가 있을 것이다. 이런 내담자의 이야기를 믿음이 없는 사람의 말로 취급해 버린다면 그 사람은 마음의 평안이나 신앙의 성장을 기대할 수 없게 되고, 상담자의 신뢰와 권위도 잃게 될 것이며 결국에는 좌절하게 될 것이다.

크리스천 상담자는 육신의 병든 자를 불쌍히 여기면서 예수님처럼 '긍휼히'(마 5:7) 여기는 마음을 가져야 한다(마 20:29-34). 대제사장 되신 예수님도 이 땅에서 우리와 같은 인간의 '연약함을 동정'하셨다고 성경은 말한다(히 4:15).

2. 올바른 크리스천이 되기 위해서

중독자가 해야 할 모든 일은 (쉽지는 않지만) 단주하는 일이다. 그러나 목표는 단주나 금주가 아니라 하나님의 사람이 되게 하는 데 있다. 단주는 치료의 유일한 목표가 아니다. 단주로 끝나는 소극적이고 방어적 목표가 아니라 실제의 목표는 인생의 어떠한 상황에 다시 처했을 경우 그의 희생자가 견딜 수 있도록 적절한 자아를 회복시켜 주는 일이다.[281]

일반 상담은 대체적으로 인본주의적인 사상의 영향을 받아 인간의 잠재력과 가능성을 중요시하고 개인의 자아실현을 강조하기 때문에 상담의 목표도 인간 중심이고 세속적인 인간 행복에 두고 있다.[282]

이처럼 일반 상담의 목표는 최고의 인간을 만드는 데 있다. 소위 휴머니즘(Humanism) 사상이다. '착실하고 선한 인간'이 되게 하는 데 있다. 육신의 평안만을 위한 치료다. 육신의 평안을 위함으로 정신과 영혼이 평안해지기를 바라는 것이다. 인간의 기술로써 인간을 선하고 건강하게 만들 수 있다는 것이다. 그래서 지금은 치료의 방법도 다양해졌다. 의약적 치료, 운동 치료, 음식 치료는 기본이고, 심미적 치료 즉 미술 치료, 시낭송 치료, 독서 치료 같은 문학적 치료가 있고, 원예 치료, 애완동물 치료, 습작 치료 등 다양하다. 이런 치료들이 도움이 된다.

그러나 이런 치료에는 한계가 있다. 평상을 유지하는 데 만족해

---
281) 김중원 편역, 《알코올 중독 내일이면 끊으리라》, p.93.
282) Ibid., p.20.

야 할 것이지, 재발을 막을 수 있는 것은 아니다. 근본적인 치료가 아니기 때문이다. 인문학적 치유는 인간으로부터 시작했다가 결국엔 인간으로 마친다. 그러나 기독교적 중독 치료는 성경적 입장에서 즉 하나님으로부터 시작하기 때문에 하나님의 방법에는 사람의 힘이 미치지 못하고 하나님을 의지하게 된다.

'휴머니즘'(Humanism)은 '인본주의'(人本主義)를 말한다. 인본주의는 모든 것을 인간의 관점에서 생각하고 문제에 접근하는 방법이다. 하나님을 배제한 인간 중심으로 사는 주의다. 인간이 뿌리요, 또 인간이 완성이라는 것이다. 집단적 인본주의의 대표적인 모델이다. 반면에 '신본주의'(神本主義)는 신의 관점에서 생각한다. 신의 존재를 믿지 않고는 신의 관점에서 생각할 수 없다. 중독을 인본주의적으로 접근하면 병을 고치려고 노력할 뿐이지 왜 병에 걸렸는지에 관심이 없다. 예수님 당시에 바리새인들과 서기관들이 하나님의 아들 예수를 얼마나 핍박하고 괴롭혔는가? 즉 그들은 자기들의 생각과 행동이 하나님의 뜻에 맞다고 여겼을 것이다. 지금도 우리가 우리 자신도 모르게 수도 없이 인본주의적 신앙생활을 하고 있는 것은 아닌지 생각해야 할 것이다. 그러므로 우리는 깨어 있어 항상 기도해야 한다(눅 21:35-36).

그러나 기독교적 상담의 목표는 이러한 인본주의적 행복에만 의존하지 않는다. 기독교 상담의 목적은 내담자로 하여금 예수 그리스도와의 올바른 관계를 갖게 하는 데 있다. 중독에 대한 성경적 치료라는 것은 인간의 병만을 고치는 데 있는 것이 아니라 그 이상 영적으로 하나님의 백성이 되도록 하는 데 있다. 바울 사도는 하나님의 사람으로 온전하게 하는 데 있다고 말한다(딤후 3:17). 성경은 결국 '하나님의 사람'(man of GOD)을 위한 것이다. 성경은 하나님의 사람을 온전케 하기 위한 몇 가지를 말씀하고 있다. '하나님의 사람'으로 온전케 하는 데 네 가지 기능(function)이 있다.

- 교훈(teaching)
- 책망(rebuking)
- 바르게 함(correcting)
- 의(righting)로 교육함(딤후 3:17)

하나님의 사람으로 온전케 되려면 중독자가 중독(죄)으로부터 해방을 받아야 한다. 사람이 중독으로부터의 해방을 받으려면 근본적인 인간의 변화가 선행되어야 하는데, 그 '변화'(change)란 인간적인 방법이나 기법으로 가능한 것이 아니라 오로지 하나님의 방법이라야 한다. 그 방법이란 무엇인가? 그 방법은 성경에 있다. 성경이 아닌 다른 데서 그 방법을 찾으려는 것은 헛된 수고일 뿐이다. 그런고로 인문학적인 상담과는 달리 기독교 상담은 성경적 상담으로서 인문학에서 말한 '착한 인간'이 아닌 '하나님의 사람'으로, 즉 영육이 구원받은 '영혼 구원'이 목적(goal)이다.

바울은 "누구든지 그리스도 안에 있으면 새로운 피조물이라 이전 것은 지나갔으니 보라 새것이 되었도다"(고후 5:17)라고 하였다. '중독'에서뿐만 아니라 인간의 모든 죄로부터의 용서와 해방은 하나님께서 하실 일이기에 그의 말씀인 성경을 배우고 알아야 할 것이며, 그대로 따라야 한다.

고린도후서 5장 17절은 중독을 생각하는 일에 중요하므로 자주 등장하는 말씀이다.

1) 변해야 한다(change)

성경에는 거듭남(regeneration)이라고 했다.
거듭난다 또는 변한다는 것은 사람이 할 수 있는 일이 아니라 성령의 역사에 의한 것이다. 사람이 죄성을 내려놓고 복음을 깨닫는 것은 성령의 비침, 곧 조명으로만 가능하다.[283]
중독에 있어서의 '변화'는 예측이 가능할 수도 있고 불가능할 수도 있다. 갑작스럽거나 점진적일 수도 있다. 매우 파괴적일 수도 있고 영향이 미미할 수도 있다. 그러나 변화란 무척이나 힘든 것이다. 변화란 힘들고 고통스러운 과정이다. 제임스 볼드윈(James Baldwin)이 말한 것처럼 "마치 아이가 엄마의 뱃속에서 나올 때에 힘든 만큼 우리는 변화를 싫어한다. 그리고 비슷한 충격상태 속에서 변화를 통과한다."[284]
'작심삼일'이란 말이 있듯이 많은 다짐과 약속들은 오래가지 못한다. 새해가 되면 자기에 대해서 많은 약속을 하게 된다. 또 기독교인들은 하나님과 교회에 대해서 많은 약속을 하게 된다. 그러나 오래 지속되거나 이행하려는 의지와 노력은 시간이 갈수록 점점 시들어 간다. 결국은 포기하게도 된다. 그러고도 별로 아쉬워하지도 않는다. 지금까지 그렇게 해왔으니까 이것도 오히려 당연하지 않은가 하면서 스스로의 연약함을 합리화한다. 그러면서도 시간이 지

---

283) 서철원, 《교의신학》(구원론)(쿰란출판사, 2018), p.57.
284) 게리 콜린스, op.cit., p.21.

돌아온 탕자

나면 다시 시도를 한다. 사람은 변화를 원하는 마음이 있으나 그 변화를 수용하기는 어렵다.

기독교인들은 새로운 변화를 기대하는데 성령의 역사를 바라고 있다. 아마도 이것은 일반인들과는 다를 수 있다. 변화는 자기가 할 수 있는 것이 아니라는 증거다.

'자기 변화'(himself change)가 얼마나 어려운 것인가. 자기 변화가 실패로 돌아가는 것은 '헛된 희망 증후군'(falsehope syndrome)[285] 때문이라고 말한다. '헛된 희망 증후군'(falsehope syndrom)이란, 미국심리학협회(APA)에서 발행한 학술지에 발표된 논문에 의하면, 이 증후군의 시작은 "지나치게 야심에 차고 비현실적인 결심이나 계획"이라고 했다. 사람들은 흔히 자신의 행동이 실제보다 더 빨리 더 큰 규모로 쉽게 변할 수 있다고 여긴다. 작은 것에서부터의 변화를 바라는 것이 아니라 전면적 변신을 빠르고 쉽게 성취하려고 한다. 하지만 대부분 성공하지 못한다. 오히려 비현실적인 목표는 역효과를 일으키고 실패하게 된다. 이런 함정에 빠져서는 안 된다. 현실적이면서 점진적인 변화를 기대해야 한다.[286] 그것은 사람들은 종종 이룰 수 없는 비현실적인 것에 기대를 하다가 이루지 못했을 때에 자포자기한다는 것이다. 중독에서 해방을 받으려면 변해야 한다.

---

285) Ibid., p.21.
286) 연합뉴스(2016. 12. 30).

어떤 의학계의 총아라도 자기의 중독 치료는 못한다. 알코올이나 마약이 그토록 대단한 효과가 있는가? 아니다. 오히려 대단한 사람들이 마약으로 인해 파멸의 길을 걷고, 자기뿐만 아니라 타인에게까지 큰 피해를 입힌다.

로렌스 골드스톤의 《죽음의 해부》는 19세기 말 의술의 첨단을 걸었던 천재 의사가 마약 중독으로 살인을 저지르게 되는 이야기로,[287] 1889년 미국의 의학계를 다루고 있다. 마취제의 효과를 검증하기 위해 스스로 약물중독자가 되어 버린 천재 외과의사 윌리엄 홀스테드의 이야기가 실려 있다. 의학을 다룬 팩션으로는 처음이었다. '리얼 다큐멘터리 의학 팩션'이다. 외과의사들의 양면성과 의학의 미스터리가 적나라하게 기록되어 있다.

윌리엄 홀스테드(William Holsted)는 유방수술의 권위자로 많은 여성을 살렸다. 그가 어느 날 수술 마취제를 사용하려고 코카인의 약효를 실험하기 위해 자기 몸에 코카인 주사를 놓았다. 그는 불과 몇 개월 만에 약물 중독자가 되고 말았다.[288] 그리고 다른 의사들에게까지도 영향을 미쳐 마약을 하게 했다. 마약이란 그 효과와 상관없이 중독성이라는 강력한 부작용이 있다. 중독은 본인의 의지력과는 관계가 없다. 위대한 정신의 힘도 중독을 이기기에는 역부족이다.

치유의 전제조건은 "변해야 한다"(change, 고후 5:17)는 것이다. 인간의 근본적인 치유는 변화에 있다. 일반 심리학에서도 변화된 삶

---

287) 로렌스 골드스톤, 임옥희 옮김, 《죽음의 해부》(레드박스, 2009).
288) Newgate Institute, op.cit., p.42.

을 살기 위해서는 생각의 변화가 있어야 한다고 한다. '변화'란 외적인 변화를 말하는 것이 아니다. 그것은 내적 변화를 말한다. 내적 변화가 있을 때면 중독자에게 극복할 수 있는 능력이 생기기 때문에 외적 중독은 큰 문제가 안 된다.

낡은 부대와 새 포도주는 맞지 않다. '새 포도주는 새 부대'(마 9:17)라야 가능하다. 그렇지 않으면 이것도 저것도 쓸모없이 되고 만다. 칼럼니스트 박종구 박사는 "4차원 시대에 사회는 급변해 가고 있는데 교회는 과연 그 느낌이 있는가. 그 변하는 사회를 바르게 이끌어 가기 위해서는 먼저 교회가 새롭게 변해야 한다. 그러기 위해서는 한국교회가 낡은 가죽부대, 누더기를 벗어 버려야 한다. 한국교회가 서두르지 않으면 안 된다"라고 말한다.[289]

변화는 인간을 내적 외적으로 창조한 하나님만이 하실 수 있는 하나님의 역사로만 가능하다. 약을 쓰면 낫고 약을 쓰지 않으면 낫지 않는 것은 올바른 변화도 회복도 아니다. 부대도 포도주도 하나님만이 변화시키실 수 있다. 약을 먹으면 나은 것 같고 약을 끊으면 재발하는 것은 근본적인 변화가 아니다. 술을 마시는 느낌을 머릿속에서 완전히 지워 버릴 수 있는 최선의 방법은 하나님을 영접하는 것뿐이다. 참된 변화는 외적인 말과 행동의 훈련에서 오는 것이 아니라 내면으로의 변화(inside-out)가 일어나야 한다.[290]

칼럼니스트인 박종구 박사는 "주어를 바꾸면 미래가 보인다"고 말한다. 모든 것의 우선순위 첫 번째는 나 자신이다. 내 문제가 해결되고 난 다음에야 남에 대한 관심이 생기는 것이다. 이런 사고로

---

289) 박종구, 《그러므로 오늘 우리는》(쿰란출판사, 2017), p.43.
290) 래리 크랩, 《영적 가면을 벗어라》(나침반, 2005).

살아가는 사람의 주어(subject)는 언제나 일인칭 단수형의 나 자신이다. 주어는 하나님이어야 한다. 역사의 선한 주인공은 오직 하나님 한 분이시다. 변화는 주어가 나에게서 그리스도에게로 바뀌는 것이다.[291] 이렇게 될 때에 진정한 변화라 할 것이다.

H목사와 Y목사가 있다. 둘은 친구로서 거의 같은 길을 걸어왔다. 목사가 되기 전에는 술에 찌든 사람이었고 주먹질을 하며 사람을 해치는 일을 했다. 이들은 회개하고 신학을 하고 목회를 다년간 했다. 이젠 은퇴할 나이가 되었다.

H목사는 깊은 산중에서 조용히 가정제단을 쌓고 있다. 텃밭을 일구며 신앙생활을 하고 있다. 알고 찾아온 사람들은 자연을 즐기며 은혜를 받곤 한다. 방송국에서 찾아와 생활을 취재해 보자고 해도 거절했다. 무엇 때문에 거절했느냐고 물었을 때 그는 "나는 그런 것 싫습니다. 소문이 나서 좋을 것 같지만 그렇게 되면 옛날 잘못 살았을 때의 사람들이 알고 다 찾아오면 나는 안 됩니다. 지금은 그들과 관계를 다 끊었습니다"라고 말했다. 옛날의 생활이 너무도 지겹단다.

친구 Y목사도 목사가 되어 다년간 목회를 했다. 그는 목사가 된 후에도 술을 자주 마셨다. 가끔씩 술로 인해 문제가 생기기도 했다. 결국 목회도 접게 되었고, 어느 산속에서 남의 일을 하게 된다. 그런데 거기서도 술을 마시고 문제가 생겼다고 한다.

목사라고 다 변한 것은 아니다. H목사는 변했다고 말할 수 있으나, 그도 10-20년 전에는 수도 없이 술을 마셨고, 폭행하는 것은 물론 자기 복부에도 칼자국이 선명하게 남아 있을 정도인 그가 언제

---

291) 박종구, 《주어를 바꾸면 미래가 보인다》(신망애, 2007), p.175.

다시 입에 술을 댈는지 아무도 모를 일이다. 지금까지 재발하지 않는 것뿐이지 중독증은 아직까지도 그에게 남아 있을 것이니 그 중독증과 계속해서 말씀과 기도를 통해 성령님의 역사하심으로 싸우고 이겨야 한다. 결코 조심하지 않으면 안 된다. 한 번 재발하면 치료하기 거의 불가능하고, 지금까지 쌓은 노력이 허사가 될 수 있다. H목사는 자기의 약점을 알고 미리 환경을 새롭게 만들기를 노력하고 있다. 지난날의 삶이 지긋지긋하게 느껴지는 것도 새롭게 변한 사람의 특징이다. 이런 마음과 생활이란 오로지 성령님의 감동하심과 역사라 할 것이다.

Y목사는 변하지 않았다고 말할 수 있다. 그렇다고 앞으로도 변하지 못할 것이라고는 말할 것이 아니다. 부단한 노력과 하나님의 역사와 십자가의 용서를 구해야 할 것이다. 습관상으로 알코올을 마시고 말고가 아니라 근본적으로 새사람으로 덧입기를 바라고 노력해야 한다.

변하지 않으면 안 된다. 인간의 의지와는 별개의 문제다. 근본적으로는 하나님의 은혜라야 한다. 성령님이 우리 속에서 역사하셔야 가능한 것이다.

H목사는 행여나 자기가 앞으로도 옛날 사람으로 다시 돌아갈까 봐 조심스런 삶을 살고 있음을 볼 수 있다. 우리에게는 근본적인 죄의 요소, 즉 원죄란 게 있기 때문에 쉽게 시험과 유혹에 빠질 수 있는 연약한 인간이다.

"하나님의 말씀은 살아 있고 활력이 있어 좌우에 날선 어떤 검보다도 예리하여 혼과 영과 및 관절과 골수를 찔러 쪼개기까지 하며 또 마음의 생각과 뜻을 판단하나니"(히 4:12).

하나님께서는 교회를 핍박하고 스데반을 죽이는 일에 주동이 된 사울을 변화시켜 바울이 되게 하셨다. 당대에 누가 사울이 예수의 제자가 될 것이라 감히 생각을 했겠는가? 그러나 현실적으로 사울은 바울이 되어 최초의 기독교 선교사가 되었다. 사람이 변화된다는 것은 쉽지 않으나 하나님은 사람을 변화시키실 수 있다. 세상에 사는 사람은 '새것'이 아니다. 다 '타락한 사람'이다. 그러나 하나님은 이런 폐인들을 고쳐 쓰신다.

2) 개인 회복

교의신학자 서철원 박사는 그의 《교의신학》에서 이와 같이 말한다.

사람이 하나님의 형상을 상실한 것은 죄로 인격이 완전히 이지러진 것을 말한다. 사람이 하나님을 떠났으므로 인격이 그 방향을 상실하였다. 그러므로 인격의 표준을 하나님에게서 구하지 않고 피조물에서 구한다. 인격의 표준이 하나님에게서 피조물로 옮겨졌다. 또 형상의 상실은 사람이 바른 판단을 하지 못하게 되었음을 말한다. 그러므로 바른 결정을 할 수 없다. 자기 본분과 위치에서 바른 판단을 할 수 없으므로 바른 결정을 합당하게 하지 못한다.[292]

서 박사는 계속하여 말하기를, 사람이 죄로 하나님의 형상을 상실하였다고 하는 가장 단적인 증거는 바로 자기의 결정과 행동을

---

292) 서철원, op.cit., p.52.

책임지지 않는다는 것이다. 자기가 작정하여 일하여 책임을 져야 할 경우에도 자기의 책임으로 삼지 않고 외적 요인들에게로 돌린다.[293]

개인이 회복됨으로써 인간 본연의 자세와 책임을 가지고 살게 된다.

나의 모 교회이기도 한 순천대대교회에 강영온 장로가 있었다. 이미 고인이 되었지만 그는 교회 나오기 전에는 술주정뱅이요 알코올 중독자였다. 그가 술을 마시고 집으로 올 때면 동네 입구에서부터 고래고래 소리를 지르며 왔다. 그 소리를 들으면 동네 사람들은 사립문을 잠갔다. 행여나 들어와서 행패나 부릴까 싶어서였다. 그런 중에도 그의 부인은 교회에 열심히 다녔고 집사였다. 한번은 남편이 술 취해 집에 왔는데, 아내가 없었다. 아내가 교회 갔을 것을 알고서 수요일 밤인데 교회로 찾아왔다. 전도사가 설교하는 시간인데 소리를 지르며 교회 안으로 들어오더니 앞자리에 앉아 있던 자기 부인의 머리채를 잡고 입에 담지 못할 욕을 하면서 질질 끌고 나갔다. 이런 일이 더러 있었던 모양이다.

그런 일을 당한 부인이 교회에 나오지 않을 법도 한데 계속 나왔다. 그런데 기적이 일어난 것이다. 웬일로 아내가 다니는 교회에 나오기 시작했다. 그 술주정뱅이가 회개하고 예수를 잘 믿었다. 그리고 교회에서 '영수'가 되었다. '영수'란 장로가 없을 때에 교회의 어른으로 대접하는 비공식적인 직분을 말한다. 나중에 장로가 되었는데, 교회 일도 신앙생활도 얼마나 열심히 하는지 교인들의 존경을 한몸에 받았다.

---

293) 서철원, op.cit., p.53.

그 중독자가 술을 끊은 것이다. 끊을 수 없는 술이었다. 이것이 하나님을 통한 '변화'이다. 많이 배우지 못한 분이라도 하나님의 말씀과 기도와 성령의 역사를 통해 변화를 받아 평생 술을 입에 대지도 않았고, 그의 영혼이 구원을 받은 것이다.

중독 치유의 목적이 무엇인가? 영과 육이 함께 구원받는 것이다.

3) 가정 복원

알코올은 중요한 사회문제이면서도 건강문제, 경제문제, 도덕에 관련된 문제가 된다. 알코올로 인해 가정이 혼란에 빠지게 되고, 수십 년 동안 살아온 아름다운 인생의 경력과 명예가 다 수포로 돌아가는 경우가 많다.

가족은 가족 중에 중독자가 있다는 것을 숨기려 한다. 가족들이 알코올 중독자의 행동을 싫어하는 것처럼 다른 사람들도 싫어할 것이라는 생각에서 중독자가 아니더라도 술을 과하게 마시는 식구에 대해 감추려는 경향이 많다. 그러나 알코올 중독자, 알코올 남용자 식구를 그대로 묻어 두고 감추려고만 하면 알코올 중독자로 그대로 고착시키는 것이 되고 말 뿐 아니라 결국 식구들에게 더 안좋은 결과로 돌아올 것이 뻔하다.

반면에 그 이야기를 듣는 사람들도 중독자의 가정에 대해서 안타까움과 애처롭게 보는 경향이 있는데, 중독자의 식구들은 이런 애정이나 충고의 도움을 원치 않는 경우도 있다. 더구나 속을 내보여 주는 데 인색한 우리나라 사람으로서는 심각한 결과를 가져올 것이다. 중독의 삶에 익숙해지면 문제는 그런 삶이 영속화되고 고통은 끝없이 계속된다는 것이다. 가족 모두가 상처를 입게 되고 고통을 당하게 된다. 한 가족 구성원이 병들게 되면 모든 식구들이 함께 어렵게 된다. 개인의 회복은 가정의 복원이다.

알코올 중독은 '개인의 문제'가 아니라 '가족의 문제'이기 때문에 본인 외에도 모든 가족이 고통을 당하는, 참으로 힘든 문제다. 본인과 가족, 그리고 사회와 교회가 힘을 합하여 회복을 위해 노력한다면 회복의 가능성이 있기 때문에 우리는 희망을 가져야 한다.[294]

가족들이 중독자를 과보호하거나 내뱉는 합리화, 변화에 대한 약속, 변명을 지속적으로 용인한다면 중독자에게 하등의 도움이 되지 않는다. 알코올 관련 문제들이 많은 기독교인들 사이에 숨겨져 있다는 것을 무시하고 알코올이나 다른 중독 문제로 씨름하고 있는 가족들에게 제대로 된 도움을 주지 못하는 교회 지도자들 또한 책임을 면키 어렵다.[295]

4) 교회의 영성 회복(하나님의 나라)

이 땅에 하나님 나라를 건설하는 하나님의 일꾼으로서 부름을 받았으니 경건의 훈련을 받아야 할 것이다. 술을 멀리하고 중독에서 해방받는다는 것은 하나님의 백성으로서의 일원이 되어 이 땅에 하나님의 나라를 건설하는 일꾼들이 많아진다는 것이다.

알코올은 사탄의 머리다. 알코올은 교회의 생태계를 죽이고 있다. 교회가 알코올에 병들어 가고 있다. 교회의 지도자들 중에 알

---

294) 정정숙, 《상담사례집 2》, p.118.
295) 게리 콜린스, op.cit., pp.726-727.

코올 중독자(drinking pastor)가 많다. 교회 지도자들이 세속에 물들어 알코올을 함부로 취급하는 사람이 많다(롬 12:1-2). 술을 좋아하는 지도자는 자신 있게 금주에 대한 설교를 못할 것이다. 그렇다고 해서 술을 마셔도 좋다는 말도 못할 것이다.

"너희는 이 세대를 본받지 말고 오직 마음을 새롭게 함으로 변화를 받아 하나님의 선하시고 기뻐하시고 온전하신 뜻이 무엇인지 분별하도록 하라"(롬 12:2).

5) 사회 참여

우리나라에서도 알코올 중독 문제는 이미 사회적인 문제로 대두되었다. 2017년 중앙일보 취재팀이 6-7월 부산에서 발생한 '고독사' 13건을 분석했다. 그 결과 13명의 나이 분포는 40대 2명, 50대 2명, 60-64세 3명, 65세 이상 6명이었다. 40-50대가 30%를 차지했다. 이들 대부분은 알코올 중독과 간경화나 우울증에 시달리고 있다. 간경화나 우울증도 결국은 알코올과 깊은 관계가 있는 것으로 본다. 고독사는 연간 1,000건 이상으로 발생한다. 우리나라는 '고령화 사회'가 이젠 '고독사 사회'로 진입한 셈이다. 고독사가 7080세대에서 일어나는 것으로 알았으나 이젠 4050까지도 노리고 있다. 하지만 고독사에 대해선 정부의 통계조차 없다. 고독사를 '통계 없는 죽음'이라고 부르는 이유다. 의료적으로 '고독'은 사인이 될 수 없다고 보기 때문이다.

이재정 부산복지개발원 연구위원은 "실직 등을 한 40-50대가 지병을 가지고 술을 많이 마시며 혼자 살면 고독사할 확률이 높다"며, "정부가 통계를 내고 대책을 세워야 한다"고 말했다. 40-50대는 어깨가 무거운 세대다. 가정을 책임져야 하며, 사회적으로 헌신과 봉사를 필요로 하는 세대다. 그러나 이들에게 불어닥치는 태풍은 직장에서의 퇴출이다. 이들은 가정까지도 갈 곳이 없게 된다. 대부분 이들은 마음을 달랜다는 생각으로 술로 벗삼는다. 알코올 중독자가 따로 없다. 이들이 곧 알코올 중독자가 되고 만다. 이들의 사회로부터의 퇴출 위험은 사회의 가장 큰 리스크다.

이러한 사회적 환경에서 크리스천들이 사회의 리더가 되어야 한다. 1886년 애틀랜타를 비롯한 미국 전역에서 금주운동이 일어났다. 살인, 아동학대, 정치부패, 산업재해 등 각종 죄악의 근원이 '술'이라는 주장이 기독교계를 중심으로 확산되기 시작했다. 일종의 미국판 루터의 종교개혁이 금주운동의 형태로 나타났다. 애틀랜타에서 샘 존슨 목사가 금주운동에 앞장섰고, 그는 매스컴을 통해 '빨간 코의 위스키 악당'들을 비판하는 연설을 했다. 이로 인해 1885년에는 애틀랜타에서 금주법을 가결했다.

청교도 국가인 영국은 중국과 인도, 베트남 등에 아편을 팔아 부를 쌓아 복지국가를 이룩했다. 아편전쟁을 통해 중국과 인도를 아편쟁이로 만들었다. 보수적인 기독교 국가인 영국이 왜 이런 일을 했는가? 지금은 복지로 망해가는 나라가 되고 있다. 이것은 하나님의 징계가 아닌가 한다.

3. 영혼 구원

네 동생은 죽었다가 살아났으며/
내가 잃었다가 얻었기로/
우리가 즐거워하고/
기뻐하는 것이 마땅하다//(누가복음 15장 32절)

우리가 해야 하는 전도나 가르치는 일이나 병 고치는 일의 궁극적 목표는 '영혼 구원'에 있다. 이 모든 사명과 권위를 주신 이유이다. 예수님은 잃은 양을 찾기 위해 오셨다(눅 5:32). 예수님은 죄인들의 영혼 구원을 위해 십자가에 죽으셨다. 사도 바울은 "주 예수를 믿으라 그리하면 너와 네 집이 구원을 받으리라"(행 16:31)고 외쳤다. 예수 승천 이후에 유일한 유산으로 남기고 간 교회, 2000년 동안 핍박과 역경 속에서도 지탱해 온 교회의 목적과 역사와 역할도 오로지 영혼 구원을 위한 것이다. 예수님 이후로 수도 없이 순교한 선진들의 신앙의 고귀함도 영혼 구원 때문이다.

알코올 중독을 비롯한 많은 질병들을 치료하기 위해 물질과 정신, 그리고 신앙과 봉사를 투자하여 병을 고치고 가르치는 수고를 할 수밖에 없는 것도 '한 마리의 양'을 찾아내는 '영혼 구원'을 위해서이다. 이 일은 하나님께서 아들 예수를 이 땅에 보내신 목적이 바로 '영혼 구원'이기 때문에, 탕자의 아버지가 '아직도 거리가 먼데 달려가 아들의 목을 안고 입을 맞추며 기뻐하듯'(눅 15:20) 가장 좋아하시는 일이다. 다른 설명이 무슨 필요가 있겠는가? 기독교에서 이보다 더 중요한 가치는 없다. 영혼 구원에 목표를 두지 않는 교회는 교회가 아니다. 인간적인 욕망을 채우려는 예수 이름을 빙자한 악한 집단이요, 삯꾼이다.

성경적 상담의 궁극적인 목적은 영혼 구원에 있다(눅 5:32). 성경에 나타난 예수님의 상담은 대부분 비형식적 단기상담에 속하지만 현대의 기독교 상담자들에게 전형적인 상담자로서의 모범이 되신다.[296] 육체와 영혼이 함께 하나님의 나라에 가기 위함이다. 혹 육체가 병들어 죽을지라도 영혼은 구원을 받는다는 것이 기독교 상담의 목적이다. 인간의 근본적인 치유는 'change'다. 변화가 없으면 약물 의존으로도 안 되고, 의지로도 안 된다. 오직 근본적인 치료는 하나님의 말씀과 기도를 통한 성령의 역사로만 가능하다. 궁극적인 목적은 영혼 구원에 있다. 영육간의 치유다. 육체와 함께 영혼이 치유되어야 한다. 중독은 세상적 방법으로 come back 할 수 없다. 중독은 절대로 원상회복이 안 된다. 약을 먹으면 낫고 약을 끊으면 재발하는 것은 근본적인 변화가 아니기 때문에 중독이 치유된 것이 아니다.[297]

크리스천이 회개하고도 다시 범죄하게 되는 것은 근본적으로 인간이 타락한 존재이기 때문이다. 그러므로 다시 뉘우치고 회개해야 한다. 그래서 구원의 서정의 7단계 중 하나인 회개는 '단일회적'인 것이 아니라 주님의 나라에 가기까지 계속해야 하시는 신앙행위이다.[298]

성령께서 죄인 된 우리를 거룩하게 하시는 것은 육의 욕망을 벗

---

[296] Newgate Institute, op.cit., p.20.
[297] Newgate Institute, op.cit.
[298] 박형룡, 《조직신학》

어나게 하여 죄짓는 일을 중단하게 하시는 것이다.[299]

목사는 한 영혼을 귀하게 여겨야 한다. 설교가 회포나 감정을 발산하는 것이어서는 안 된다. 박윤선 박사는 "오늘의 설교를 나의 마지막 설교로 알고 하라"고 했다. 말씀에 충실하라는 것이다.

어느 목사가 강단에 설교하기 위해 올랐을 때 강단에 작은 쪽지 하나가 올라왔다. "아버지, 오늘은 소리 좀 지르지 마세요"라고 아들이 올린 쪽지였다. 습관이겠지만 듣는 자도 생각할 일이다. 설교는 하나님의 백성을 향한 하나님의 메시지다.

교회의 재정도 영혼 구원을 위함이다. 알코올 중독과 같이 만성적으로 평생을 앓아야 하고 이미 판단력을 잃은 중독자 본인만이 아니라 가정의 식구들까지 피해를 입고, 중독자 때문에 자녀들이 곁길로 가고 불가피한 이혼까지 해서 가정파탄에까지 이르는 것이 현실이다. 암에 걸리면 벌벌 떨면서 서두르는데 중독에는 오히려 외면하게 된다. 알코올 중독은 돈의 씨를 말리고, 가정의 사랑을 해치고, 사회의 골칫거리가 되고, 국가의 재정에도 손해를 끼친다는 것을 알아야 한다.

4. 목회상담적 지침

육신의 질병도 사람의 지혜나 의술로써 치료하기가 불가능한 것이 너무도 많다. 죽음에 이르는 병을 누군들 치료할 수 있겠는가. 중독 치유의 원천적인 것은 변해야 한다. 육신의 질병도 변해야 하

---

299) 서철원, op.cit., p.168.

고, 영적인 것에서는 더 변해야 한다. 크리스천은 하나님 앞에 죄인임을 고백하면서 산다. 영혼의 문제가 해결을 보려면 원죄를 해결해야 한다.

사람이 사람을 변화시킬 수 없다. 사람은 하나님이 아니다. 어떤 이론이나 의료적 기술로도 그렇다. 창조주 되신 하나님이라야 사람을 변화시킨다. 우리의 죄를 고백하면 예수 그리스도의 십자가의 은총으로 우리의 죄를 용서받을 수 있고 가벼워진다. 하나님의 말씀과 기도와 성령의 역사로만이 우리 마음에 변화가 온다. 그 외에는 어떤 방법도 없다. 죄에 중독된 우리에게서 죄를 제거하는 일은 하나님께서 하신다. 변화된 작업이 이루어지면 하나님께서는 다시 그 터 위에 우리를 세우신다. 개인의 변화가 온다. 하나님의 자녀로서의 위치를 회복하게 된다. 가정이 회복된다.

중독된 나로 인해 가정이 피폐하게 되지 않았는가? 하나님의 인격과 성품으로 돌아갈 때 좋은 재료로 새 집을 건축한 것처럼 좋은 가정을 이룩하게 된다. 행복한 가정이 된다. 하나님의 은혜로 술 중독에서 해방을 받고 흩어진 가정이 다시 회복되어 온전한 크리스천의 가정이 된 것을 볼 수 있다. 중독으로 폐인이 될 뻔했는데 다시 변하여 회복됨으로 이젠 사회에서도 필요한 일꾼이 된다. 보다 귀한 것은 개인으로는 영혼이 구원받은 일이다. 기독교 중독 치유는 영혼을 구원하는 데 있다.

제4장

중독, 누가 치료할 것인가?

누군가는 중독에서 고통받고 있는 중독 환자를 치료해야 할 것이다. 기계를 만든 자가 고장 난 그 기계를 고칠 수 있다. 기계에 대해서 전혀 모르는 사람이 고칠 수는 없다. 그 기계의 내용과 그 부속을 잘 파악하고 있는 사람이라야 한다. 이처럼 사람을 만드신 분은 하나님이시다. 하나님께서는 사람의 오장육부를 다 알고 계신다. 창조자로서 당신이 인간을 만드셨기 때문이다(히 4:12). 사람을 만드신 자가 사람을 알고 계신다. 육체적인 면만이 아니라 정신적이고 영적인 면도 그렇다. 인격을 가지신 하나님은 인간을 당신의 형상대로 만드셨다. 영이신 하나님께서는 인간을 만물의 영장으로 만드셨다. 그래서 하나님은 인간과 소통하려고 하신다. 소통하는 그 즐거움을 누리려 하신다.

하나님은 기술자가 기계를 조립하기도 하고 그것을 망가뜨리기도 하듯이 사람을 만들기도 하시고, 살리기도 하시고, 변화시켜 새 사람이 되게도 하신다. 그러면 누가 죄에 중독된 사람을 고칠 수 있는가?

1. 하나님(GOD)

중독 치료에는 몇 단계가 있다. 식이요법, 운동요법, 약물요법, 정신과적 요법이 있다. 이런 방법은 인문학적 치료방법이다. 이런 모든 치료는 근본적으로 중독자에게 완전한 것이 아니며 거의 다 재발을 한다. 재발은 치료가 아니다. 오히려 더 위험하다. 이런 요법이 아닌 인간의 영적 문제를 다루어야 하는 제5단계의 치료법이 필요하다.

제5단계 요법이란, 정신이 아닌 영의 부분이다. 영을 치료하려면 영적인 방법으로라야 가능하다. 즉 '영적 치료'라야 한다. 인간이 할 수 없는 영역이기 때문에 이를 '신의 영역'(province of GOD)이라 부른다.[300] 영적 치료는 사람이 해야 할 단계는 이미 떠나고 하나님만이 역사하시는 단계다. 그 하나님은 누구인가? 일반 중독 치료학에서는 '초월자'(highest power) 또는 '가장 위대하신 능력자'(greatest power)라고 부른다. 이분이 누구신가? 하나님(GOD)이시다.[301]

그런데 일반 상담학에서는 '하나님'(GOD)이란 말을 사용하지 않는다. 특정 종교에 편승해서는 안 된다는 것이다. 그러면 '초월자', 그 '위대한 힘'은 누구인가? 하나님이다. 하나님은 '여호와 라파', 치료하시는 하나님이다(출 15:26). 오직 하나님만 하실 수 있다. 기독교

---

300) Newgate Institute, op.cit., p.39.
301) Ibid., p.40.

의 하나님이신 유일신 하나님만이 알코올 중독자를 중독으로부터 해방시키실 수 있다. 육신을 괴롭히는 알코올 중독으로부터, 그리고 중독의 근원인 죄까지도 해결하실 수 있는 분이 참 하나님이시다. 왜냐하면 중독은 사탄이기 때문이다. 알코올 중독은 사람의 영혼도, 육체도 죽이는 것이기 때문에 사탄이다. 그런고로 중독 사역은 영적 전쟁이다.

'신의 영역' 중독 치료를 하는 데 있어서 인문학적인 방법으로는 불가능하다. 교육과 훈련, 그리고 운동과 음식요법 같은 것으로는 치유가 불가능하다. 이제 사람이 할 수 있는 영역은 더 이상 없다. 근본적인 치유는 죄를 제거해야 하는데, 그 일을 사람이 할 수 없고 오직 하나님만이 하실 수 있는 영역이다. 기독교 중독 치유란 영혼의 치유가 근본적이고 완전한 치유이다.

2. 목사(shepherd)

"영혼을 치료하는 것은 성직자의 몫이다."[302] 목사는 상담 전문가다. 목사가 하는 목회의 전반적인 것이 상담자적인 일이다. 설교, 기도, 심방, 대화, 그리고 특별히 상담하는 시간만 상담이 아니다. 서울대 심리학 이장호 교수는, 모든 종교적 공동체에서 목회상담이 수행되어야 한다. 목사의 상담은 일반상담의 측면과 유사하게 보일지 모른다. 그러나 목회상담이 일반상담과 동일하게 취급될 수는

---

302) 빅터 프랭클, 유영미 옮김, 《영혼을 치유하는 의사》(청아출판사, 2017), p.332.

없다"고 했다.[303] 목회상담은 인문주의적인 상담만이 아니라 신본주의적인 상담이라 할 수 있다. 그러므로 목회상담자는 흔히 심리전문가가 취하는 인본주의적인 입장과는 다른 신학적 인간관과 세계관을 가지고 있다.[304]

사람을 근본적으로 변화시킬 수 있는 것은 하나님의 말씀과 기도, 그리고 성령의 역사로만 가능하다. 그러므로 중독 예방이나 치료에 있어서 가장 효과적인 상담자는 성령을 받고 말씀에 능력이 있는 사람이라야 할 것이다. 그렇다면 그 사람은 누구일까? 믿음 있는 목사 아니면 능력을 구비한 사람일 것이다. 여기에서 '목사'는 그 본분을 두고 하는 말이다. 목사가 아닐지라도 오히려 그 이상의 영력이나 능력의 소유자까지를 두고 하는 말이다. 왜 꼭 중독 상담자는 목사라야 하는가? 목사는 '신의 연출가'(divine dramatist)다.[305] 하나님의 말씀을 요리사처럼 잘 요리할 줄 알아야 한다. 중독자가 잘 받아들일 수 있도록 적용을 해야 한다.

인간의 근본적 변화와 회복의 일은 하나님만이 하실 수 있는데, 이 권능의 일이 참으로 쉽지 않다는 것이다. 그럼에도 불구하고 그 일은 목사가 해야 할 일이다. 같은 사람이라 해도 목사는 그 본분상 하나님과 영적으로 제일 가까운 위치에 있다고 볼 수 있다. 목사는 양들을 위해 늘 기도하며 하나님께 부르짖는다. 양을 제 몸처럼 생각하고 병든 양이 있는지를 아침마다 살핀다. 병든 자가 있으면 자기가 병든 것처럼 아파하고 괴로워한다. 목사는 자기를 경건하게 하며, 경건한 자만이 가까이할 수 있는 하나님 앞에 나아가기

---

303) 이장호, 《상담심리학 입문》(박영사, 1987), p.295.
304) Ibid., p.285.
305) 모리모토 안리, 《반지성주의》, p.69.

를 노력한다. 그리고 하나님께서 원하시는 것이 무엇인가를 아는 데 힘쓴다. 그래야 하나님의 뜻을 따라 기도할 것이기 때문이다. 그렇다면 목사 말고 누가 있겠는가? 그런 점에서 목사는 최고의 상담자다.

상담과 중독의 중요한 목표는 변화인데 그것은 인간의 의지나 방법으로는 안 된다. 목사는 환자에게 동기부여를 해야 한다. 동기부여를 위해 개입(intervention)해야 한다. 그래서 중독자로 하여금 자기를 찾아가도록 해야 한다.[306]

사람을 변화시키는 일에 하나님은 물론이지만 그다음으로 효과적인 사역자는 목사가 적임자다. 목사라는 이름만으로 사람을 변화시키는 것은 아니다. 그러나 목사는 세상의 누구보다도 가장 신의 영역에서, 영적 세계에서 일하는 사람으로 하나님과 가장 가까운 관계라는 점이다. 구약시대의 선지자나 제사장들처럼 사람들을 대표해서 하나님을 대하는 일을 목사가 한다고 볼 수 있다. 물론 중보자의 역할이라 할 수 있다. 목사는 땅에서 살지만 신령한 세계의 일을 하고 있다. 목사라는 직분은 중요하다. 목사는 '영적 돌보미'(spirit career)이다.

목사나 교역자에 의한 상담은 개인에게 구원을 효과적으로 미치게 하기 위한 적절한 수단이다. 교역자들에 의해 수행된 이러한 기독교적 상담을 교황 그레고리 1세는 "신성한 안내역"이라고 불렀다.[307]

현대문화는 하나님의 능력이나 권능 같은 절대적 진리를 믿지

---

306) Newgate Institute, op.cit., p.99.
307) 전영복, 《기독교상담의 이론과 실제》(미드웨스트, 1999), p.46.

않는다. 현대문화는 하나님을 대적하고 있다. 앞으로 문화와 문명이 창궐할수록 모든 것이 하나님과는 멀어지는 적대적 관계에 서서 인간의 힘으로 해결해 보려고 하는 거대한 세력으로 나타나게 될 것이다. 바벨탑을 쌓기 좋아하는 이 세상은 사람의 힘으로, 능력으로, 지식으로, 기재나 기법이나 상담으로 중독문제를 해결하려고 한다. 이런 인본주의 사상이 세계로 확장되어 가고 있다.

사람의 삶을 변화시키는 핵심(gold key), 천국열쇠는 사람에게 있는 것이 아니라 하나님께 있다. 진정한 치유의 황금열쇠는 그리스도에게 있다.

땅에서는 신의 영역을 담당하고 하나님을 대신하여 중독자를 치유할 수 있는 특권이 목사에게 있다면, 목사는 중독자에 대한 하나님의 사랑을 가지고 상담자가 되어야 한다는 것을 깊이 생각해야 한다. 그리하여 하나님의 사람으로 준비된 사람이 되어야 한다. 하나님의 사람으로 준비된 사람이 되려면 다음의 몇 가지에 주의를 기울일 필요가 있다.

• 부지런히 학습하라.

목사는 성경을 읽는 것으로만 족하게 여겨서는 안 된다. 성경을 통해서 예수님이 어떻게 하셨는가를 배워야 한다. 성경의 가르침을 수행해야 한다.

• 좋은 경험을 축적하라.

경험은 확신을 만들어 낸다. 긍정적인 사고를 가져야 한다.

- 인격자가 되라.

생각은 말을 낳고, 말은 행동을 낳고, 행동은 습관을 낳고, 습관은 성품을 낳고, 성품은 인격을 낳는다. 카운슬러는 내담자를 고객으로 알라.

- 말씀과 기도의 사람이 되라.

말씀과 기도는 하나님의 사람에게 신령한 영양과 힘이 된다.

존 칼빈은 "말씀이 있는 곳에 성령이 역사한다"고 했다. 목사의 '노하우'는 말씀과 기도이다. 목사는 병을 고칠 책임이 있다. 예수께서 열두 제자들을 파송할 때에 귀신을 제어하며 병을 고치는 능력과 권위를 주시고 하나님의 나라를 전파하라고 하셨다(눅 9:1-2). 중독만이 아니라 문둥병자와 죽은 자도 살리셨다(마 10:8). 믿음의 기도는 병든 자를 고칠 수 있다(약 5:15).

- 성령의 인도를 기다려라.

중독환자를 변화시키는 것은 목사가 하는 것이 아니라 하나님께서 하신다. 단지 목사는 하나님께서 쓰시는 도구일 뿐이다. 사람을 변화시킬 수 있는 분은 성령이시다. 중독은 원상회복이 어려운 질병이다. 대제사장 되신 예수께 힘을 얻기 위해 기도해야 한다. 내게 성령이 임하시면 주님이 내 마음에 거하심으로 금주하게 된다. 술을 억지로 먹이는 나라는 한국밖에 없다. 주도가 좋다고 자랑하는 나라는 한국밖에 없다. 술 잘 먹는다고 자랑하는 나라는 한국밖에 없다. 알코올 중독 치료는 교회와 목사에게 있다(살전 5:23).

3. 더 정확한 3자(3 Person) 상담

상담에 있어서 성공적인 상담이란 상담자와 내담자로만이 이루지는 것이 아니다. 유명한 정신의학자 칼 융(Carl Jung)은 "35세 이상 된 환자들 중에서 최후의 문제가 삶에서 종교관을 발견하는 문제가 아니었던 사람은 없었다"고 했다.[308] 기독교 상담자는 상담자와 내담자 두 사람만의 대화 대신에 효율적으로 사람들을 돕는 중심에 하나님의 임재를 인정하는 '3자 대화'(trialogue)를 하기 위해 노력해야 한다.[309] 위에서 말한 대로 하나님 없는 상담을 기독교 상담 즉 성경적 상담에서는 생각할 수 없다. 이것이 성경적 상담의 기초다.

그래서 더 정확한 '3 Person의 상담'이 필요하다. 이것을 '3자 대화'(trialogue)라고도 한다. 상담자와 내담자, 그리고 성령이 어떻게 조화와 협력을 이루느냐에 따라 어려운 중독의 질병과 중독의 뿌리인 죄 문제도 해결될 것이다. 즉 피상담자(client)와 성령의 인도를 받은 전문 상담인(counselor), 그리고 성령(GOD)이다. 상담자는 내담자의 영혼을 불쌍히 여기는 마음으로 간절해야 할 것이며, 내담자는 고백하고 하나님을 의지하는 믿음으로 나아갈 때에 하나님께서는 두 사람의 관계 속에서 역사하신다.

이런 삼각관계에서 협력할 때 상호작용을 통해서 성령님의 역동적인 힘이 나타난다. 이것은 사람의 힘이 필요하다는 것이 아니라 목사는 중재적인 역할을 하고, 따라서 중독자의 적극적인 협력이 있

---

308) 게리 콜린스, op.cit., p.85.
309) Ibid., p.85.

어야 한다는 것이다. 성령의 인도 없이는 목사의 노력도 의미 없는 것이 되고 만다. 피상담자가 성령님의 인도를 받는 전문상담원과의 상호작용을 통하여 아름다운 성령님이 역동적으로 역사하실 때에 세상적 상담에서는 찾아낼 수 없는 멋있고 성공적인 상담이 된다.

목사에게는 권위가 있다. 하나님이 목사를 '하나님의 사람'으로 기름 부어 세우셨으니 하나님의 권위를 가지고 일할 수 있다는 것이다. 그런 점에서 목사는 최고의 상담자다. 하나님의 약속은 성경대로 살고 잘 알고 믿는 상담자에게서 이루시는데, 상호 상담하는 동안 바른 상담이 되도록 깨달음의 지혜와 할 수 있는 말을 주시며, 하나님은 상담자 혼자 내버려두시지 않고 그들을 인도하신다 (요 14:26).[310] 내담자는 가만히 있으면 되는 것이 아니라 효과적인 결과를 가져오려면 중독으로부터 해방을 받고자 하는 적극적인 태도를 가져야 한다. 이때 성령께서 역사하실 것이다.

벨즈먼 박사(Dr. Michael Belzman)는 중독에서 벗어나기 위한 영적 준비에 대해 다음과 같이 말하고 있다.

① 풍성한 기도생활
② 헌신적인 삶과 성경공부
③ 성경구절 암송
④ 하나님의 약속에 대한 믿음
⑤ 죄의 결과에 대한 인식
⑥ 하나님께 순종하는 삶
⑦ 치료경험의 간증

---

310) Newgate Institute, op.cit., p.100.

4. 성경적 상담 전문가(specialist)

누군가는 알코올 중독에 '개입'(intervention)을 해야 한다.[311] 여기에는 훈련과 기술이 필요하다. 초이론적 모델(TTM: Transtheoretical model)에서는 치료자들은 공인된 치료자, 심리사, 사회기업가, 공인된 약물의존 상담자, 여러 해 동안 치료집단에 참여해 온 자들이 자격이 있다고 말한다. 초이론적 모델에서는 많은 전공적인 자격과 스펙을 요구한다.[312]

매뉴얼에서 얻은 기법의 정보와 경험을 사용할 때 숙련된 전문가가 되는 것이 중독 치료에 유익할 것이다. 그러나 중독은 인간의 정신적 근간에 영적인 것이 있기 때문에 영적인 문제를 해결하지 못하고서는 중독으로부터 해방을 받을 수 없다.

'성경적 중독사역자'(Biblical Addiction Counselors)는 사탄과의 전쟁을 하는 사람들이다. 손경환 목사는 "기독교 심리학은 하나님의 말씀을 왜곡하고 또 성경을 세상의 이단사설로 대치하려는 인간의 노력의 산물이다" 하여 '기독교 심리학'(Christian Psychology)까지도 거

---

311) Newgate Institute, op.cit., p.99.
312) 신재정·황인복·김석산 등, 《알코올 및 약물 중독환자를 위한 집단치료》(하나의학사, 2008), p.61.
초이론적 모델(TTM)이란, 중독자에게 변화가 있어야 치료가 가능할 것인데 변화란 한순간에 이루어지는 것이 아니다. 시간과 에너지가 필요하다. 초이론적 치료 모델(Transtheoretical Therapy Model)에서는 환자의 여러 변화의 과정을 살펴야 한다는 것이다. TTM에서는 5단계의 변화로 구분하고 있다. 1. 숙고 전 단계(Precontemplation): 문제를 발견하지 못함 2. 숙고단계(Contemplation): 문제를 인식하고 대처를 해야 할지 고민하는 단계. 3. 준비단계(Preparation): 곧 있을 행동에 대한 구체적인 계획을 준비. 4. 실행단계(Action): 변화를 위해 어떤 일을 실시함. 5. 유지단계(Maintenance): 변화된 상태를 유지하는 노력. Ibid., p.30.

부한다고 말한다.[313]

　중독은 기독교의 적이요, 사탄이다. 중독은 무엇보다도 근본적으로 죄에 근거를 둔 것이다. 중독은 독립적인 질병이 아니라 원죄로부터 파생된 것이며, 중독은 하나님과의 관계를 단절케 하는 것이기 때문에 죄의 결과라 할 수 있다. 기독교는 이런 죄와 더불어 부단히 싸워야 한다.

　이런 사탄과 싸우기 위해 일선에 서야 할 사람이 목사와 성경적 상담전문가다. 사탄을 이길 수 있는 무기는 좌우에 날선 검과 같은 하나님의 말씀이요, 기도요, 성령의 능력이다. 이 신령하고 능력 있는 무기가 아니라면 사탄을 이길 수 없다. 전에 말한 대로 일반적인 상담가로서는 신령한 세계의 원수를 이길 수 없다. 사람의 병을 치유하는 데 약간의 도움이 될 수는 있지만 더 중요한 인간의 영을 회복시킬 수는 없다. 혹 목사가 아니라면 (외적으로 구별할 수는 없지만) 하나님의 사람으로 준비된 상담자라야 할 것이다. 즉 하나님의 말씀으로 무장된 성경적 상담자로서 사탄과 싸울 수 있는 전문가일 것이다.

　그 전문가란 부모일 수도 있고, 선생님일 수도 있고, 친한 친구도 가능할 것이다. 부모나 선생, 그리고 친구는 우리에게 가장 필요한 이웃이다. 성경으로 잘 무장된 사람들이라면 얼마나 효과적일까? 상담과 치료는 하나님께서 하신다. 기독교 상담자는 그리스도께서 우리에게 변화를 주신 만큼 다른 사람을 변화시킬 수 있다. 그러므로 그리스도의 종이 먼저요, 전문가는 다음이다.

　하나님께서는 모든 크리스천을 상담자로 부르셨다. 예수 그리스

---

313) 손경환, 《왜 성경적 상담인가》, p.21.

도의 제자들은 예수님처럼 상담자다.[314]

종교개혁으로 탄생한 개신교에서는 성경을 중시하는 성서원리에 더해 만인제사장의 원리를 가지고 있다(히 10:19). 이는 성직자만이 신과 인간을 중개할 수 있는 것은 아니라는 의미이다. 신 앞에서는 목사와 평신도의 구별이 없고, 누구나 하나님의 말씀을 직접 들을 수 있는 제사장 또는 사제라는 것이다. 그러므로 목사만이 전문지식을 가지고 신도에게 하나님의 말씀을 전달하는 것이 아니라, 모든 신도(주를 따르는 제자)가 스스로 성경을 읽고 직접 그 메시지를 받아들이는 것이 이상적이라는 뜻이다.

미국의 하버드 대학교 제2대 총장 찰스 천시(Charles Chauncy)는 졸업식에서 다음과 같이 말했다. "성서는 구원 이외에도 많은 것을 이야기하고 있기 때문에 목사가 성서의 진리를 설교하기 위해서는 학예며 학문(arts and science)에 관련된 지식을 가지는 것이 도움이 된다."[315] 목사가 아니더라도 성경은 물론이거니와 더 넓은 지식과 시계를 알기 위한 연구와 경험을 쌓아야 할 것이다.

5. 목회상담적 지침

누가 알코올 중독의 치료자인가? 알코올 중독의 경험자인가? 아니다. 여러 개의 인증서를 가진 자가 될 수 있는 것일까? 손경환 박사는 "심리학은 암환자에게 소독약을 바르는 것과 같다"고 했다.

---

314) 손경환, 《성경적 상담》(은혜출판사, 1998).
315) 모리모토 안리, 《반지성주의》, p.37.

중독은 죄의 결과라는 것을 알았다. 중독은 원죄의 뿌리에서 돋아난 죄의 형태이다. 그런고로 원죄를 제거하기 전에는 알코올 중독이 해결된다 해도 하나님의 사람으로서 온전해질 수 없다. 성경적 중독 치유의 목적은 올바른 사람이 되게 하기 위함에서 더 나아가 하나님의 사람, 천국 백성이 되게 하는 데 있다. 그러니까 인문학적 중독 치료는 인간 육신의 질병에서 해방시키는 데 있거나 더 나아가 바른 인간으로서 자기와 가정이 회복됨으로 사회의 일원으로서 유익한 사람이 되게 하는 데 있다. 그러나 기독교 중독상담, 즉 성경적 상담이나 중독 치료의 목표는 중독자의 건강 회복을 넘어 하나님의 사람으로 하나님께 영광을 돌리게 하는 데 있다. 인문학적 중독 치료와 달리 인간의 영혼을 죄로부터 해방시키는 데 있다. 즉 '영혼 구원'이 목적이다.

그렇다면 이 위대한 일을 누가 할 수 있다는 말인가? 궁극적인 대답은 하나님(GOD)이시다. 그러나 하나님은 당신의 하실 일을 사람을 통해 하신다. 그 신령한 일을 어떤 사람이 할 수 있는가? 알코올 중독을 치유하는 일도 힘든데 사람의 영혼을 구하는 일에 종사할 사람이 누굴까? 하나님의 일을 할 수 있는 사람이라야 할 것이다. 사람 중에서 하나님의 신령한 영적인 일에 경건한 마음으로 노력하고 기도해 온 목사가 아니겠느냐 하는 것이다. 이것은 목사라는 사람이라기보다는 하나님 편에서 볼 때 그래도 하나님의 뜻을 사람에게 전달할 만한 사람이라는 것이다. 그래서 우리가 중독이 아닐지라도 마음이 괴롭다든지 근심이나 걱정이 있어 해결하기가 어렵다 할 때에, 그래도 하나님과 가까울 것이라고 생각되는 목사를 찾아 상담을 하는 것이다.

더 중요한 것은 하나님께 기도할 일이다. 기도란 막연한 것 같아도 하나님의 영적 세계를 체험하는 일이 있다는 것은 성경의 교훈이고, 또 현실이기도 하다. 침을 맞아야 한다든지 이러이러한 약을 먹어야 한다든지 하는 구체적인 방법은 성경에 없다. 문화와 문명의 발달로 주사와 약물의 방법은 있다 할지라도, 변할 수 없는 것은 육체를 넘어 영혼을 구원하는 일은 성경에서밖에 찾을 길이 없다는 것이다.

하나님의 목적은 질병의 고침만이 아니라 하나님을 닮은 영혼이 구원받는 일이다. 예수님도 육신의 고침과 함께 영혼의 구원을 선포하셨다.

제5부

중독의 현주소

제1장

일반 사회의 알코올 중독

　우리나라는 마약 중독의 안전지대가 이미 아니다. 1980년대 이후 고도의 경제성장과 윤리 도덕의 혼란, 가치관의 붕괴로 인해 알코올 중독, 마약 등 약물남용이 확산되기 시작했다. 그중에도 가장 쉽게 접근할 수 있는 알코올 중독의 중환자가 늘어나게 되었다. 세계가 개방됨에 따라 해외여행의 자유화와 인터넷의 발달 등으로 밀수입된 알코올과 마약류가 사회에 급속히 파고들어 왔었다. 부유층이나 돈 많이 버는 연예인 같은 귀족층에서나 하는 것으로 알았으나, 마약을 신기하게 여긴 청소년들이 늘어났고, 지금은 거기에만 머무르지 않고 있다. 이제는 학생, 주부, 회사원, 의사와 주요 인사들 등 전 계층으로 마약이 확산되고 마약 중독을 유발하고 있다. 유학이나 해외관광, 국제무역이나 사업 등 외국을 접할 기회가 현실적으로 많아짐에 따라 유흥문화가 발달하고, 이런 여러 경로를 통해 마약이 한국에 들어왔다.
　마약 이전에 알코올은 재래적인 중독으로 자리 잡고 있었다. 마약이나 모르핀, 코카인, 아편 등은 미량으로 강력한 진통작용과 마취작용을 지니며, 계속 사용하면 습관성과 탐닉성이 생기게 하는 물질이다. 사용을 중단하면 금단현상이 생기게 되고, 사용하지 않으면 일상생활을 할 수 없게 되니 다시 시작하게 된다. 결국에는 정신적으로, 육체적으로 폐인이 되게 하는 무서운 물질이다.

1. 우리나라는 과연 알코올(중독) 청정국인가?

2012년 8월 16일자 중앙일보는 국내 남성 음주자 10명 중 4명은 일주일에 최소 한 번 이상 폭음을 한다고 했다. 또 운전자 5명 중 한 명은 음주 경험이 있다. 질병관리본부가 내놓은 '우리나라 성인 음주 현황' 보고서에 의하면, 연간 음주경험자 가운데 17.6%는 '고위험' 음주자였고, 71.4%는 '폭음' 경험이 있었다.[316]

지금 한국에서는 남자 성인의 약 70%가 음주를 하고 있으며, 전체 인구의 5% 이상이 알코올을 상습적으로 음용하고 있다. 각 기관마다 그 통계치가 약간의 차이는 있지만 적어도 100만 명 이상은 알코올 중독자로 조사되고 있다. 이런 알코올 중독으로 인한 피해는 중독자 자신을 포함하여 그 가족이 같은 고통을 겪게 되는데, 직계가족만 하더라도 알코올 중독으로 인해서 고통 받는 사람의 수는 약 400만 명 이상으로 추정된다.[317]

문제는 중독자는 더 중독자가 되고, 더 많은 젊은 청소년들이

---

316) 청소년 알코올, 중앙일보(2012. 8. 6).
317) 임효주, 《어느 알코올 중독자의 죽음》, 프롤로그.

술을 마시고 있다는 것이다. 그나마 다행스런 것은 경제협력개발기구(OECD)에 따르면, 2013년 기준 한국의 15세 이상 인구의 1인당 연간 알코올 소비량은 8.9리터로, OECD 34개 회원국 중 22위를 차지했다. 1위는 12.2리터를 마신 것으로 집계된 오스트리아였다. 사실 군사독재 시절의 강압적이고 남성중심적인 음주문화가 사회 전체를 지배하던 1980년대 초까지만 해도 한국의 1인당 연간 알코올 소비량은 전체 OECD 회원국 중 8위인 14.8리터였다. 그러던 것이 33년 만에 국민 1인당 연간 5.9리터의 술을 덜 마시게 된 것이다.

2015년 한국의 1인당 알코올 소비량은 10.9리터로 전년보다 조금 더 증가해서 순위도 14위로 올랐지만 여전히 1위인 체코의 14.1리터, 호주의 12.6리터와는 큰 차이를 보였다. 이런 추세는 경기침체에 따른 사회분위기 변화와 달라진 직장 내 회식문화 등의 영향으로 주류산업이 위축되고 있는 것과 지난해 9월부터 시행된 청탁금지법의 영향까지 겹쳐 룸살롱 등 유흥업소에서의 질펀한 술자리와 접대 문화가 크게 감소했기 때문으로 본다.[318]

OECD 국가에서 술 판매와 독주 음주량 1위인 한국은 자살 1위, 자살자 중의 50%가 술에 의한 것이라는 점은 널리 알려진 사실이다. 우리나라 사람들이 한 해 마신 술값은 20조 9000억, 술로 인한 의료비 2조 8000억, 술로 인한 사망자 22,000명, 알코올 중독자 350만, 주부 알코올 중독자 55만, 알코올 피해 가족 1,500만 명이다.[319]

술만이 아니라 마약의 청정국에서 마약 밀수입국으로 전락하고 있다. 한국도 미국처럼 '예방의 시대'를 이미 지나 더 힘들고 불행한

---

318) 한국인의 술 소비량, 중앙일보(2017. 5. 30).
319) 김상철, 《중독》, p.68.

'치료의 시대'가 되었다. 국세청 2014년의 발표에 의하면, 상반기의 밀수 단속은 153건이며, 1,195억 원 상당액을 적발했으며, 계속 대형화되어 가고 있다고 한다.

산업사고의 20-25%가 음주 관련 사고였고, 음주로 인한 인명피해가 연간 3만 명이 넘고, 매년 20조 원이 넘는 비용이 지출된다. 질병관리본부가 내놓은 것처럼 음주 경험자 중 71%가 폭음 경험자, 17.6%가 고위험 음주자요, 정신병동의 80%가 알코올 중독자다. 알코올은 마약보다 더 무섭다. 마약은 멀리 있고, 술은 가까이 있다. 술은 중독성이 강하며 즐거움보다도 고통이 길다.

한국 사람이 술을 잘 마시는 이유는 무엇 때문일까?
−세계적으로 술값이 가장 싸고
−무한정 주류광고를 하고
−어디서나 만취할 수 있는 무한정 주류 접근성이며
−취중 범죄는 죄가 가벼워지는 잘못된 법 때문이다.

술의 3가지 폐단은 무엇인가?
−자주성(재앙, 근심, 분쟁, 상처, 가난을 가져온다)
−음란성(불륜, 퇴폐, 성폭력)
−기만성(본인도 가족도 모르게 생긴다)

우리나라는 점점 술을 권장하는 상황이다. 술이 아니면 교제도 어렵고, 대접이 아닌 것으로 여긴다. 술이 모든 이들에게 노출되어 있고 매스컴도 그렇다. 젊은이들이 술 광고에 노출되고 있다.

2. 청소년 알코올 중독

　청소년들의 금주교육은 꼭 알코올 남용문제가 있는 아이들뿐만 아니라 모든 청소년들에게 예방으로서 필요하다. 10년 전 청소년보호원의 보고를 보면, 전국의 초·중·고생 3,000명을 대상으로 '청소년음주실태조사' 결과 63%가 음주관련교육을 전혀 받아 보지 못했다는 대답이다. 그중 44.9%가 취한 경험, 24.2%가 필름이 끊긴 경험을 했다. 10년 이후 오늘에는 말할 것도 없다. 장병혜 교수[320]는 "청소년들이 어른을 가장 쉽게 흉내 낼 수 있는 것은 술과 담배"라고 말한다.

　우리나라는 청소년보호법상 술을 유해물질로 규정하고 있으나 실제 청소년에 대한 음주 판매 규제는 엄격하게 이루어지지 않고 있다. 통계로 보면, 청소년의 주류구매 경험이 35%나 된다. 청소년의 음주와 자살이 성행하고 있다. 국내 연구자의 연구결과에 의하면, 응답한 청소년 중 남자의 19.1%, 여자의 27.9%가 자살충동을 경험한 적이 있다고 답하였으며, 자살 시도 경험도 각각 4.6%, 6.1%에 이른다. 연구에 의하면, 한 달간 5회 이상 과음을 할 경우, 그렇지 않은 청소년에 비해 자살시도의 위험이 남자 4.5배, 여자는 2.7배가 증가하여 청소년에게 음주와 자살이 직접적으로 연관됨을 시사하고 있다.

　또 청소년들의 무질서한 음주문화가 군대의 음주문화로 이어진다. 군의 3년간 술 소비량을 확인해 본 결과 1억 8,000만 병을 판매한 것으로 확인되고 있다. 하루에 평균 14만 병이 팔린 셈이다. 육

---

320) 《아이는 99% 엄마의 노력으로 완성된다》의 저자.

군 간부의 경우 1인당 연간 300병을 소비한다. 군 간부급 술 소비량은 일반인의 2배에 가깝다.

술은 음주운전으로 이어진다. 음주운전 적발은 3년 새 2,165명에 달해 사회적인 문제로 대두되고 있다. 도로교통공단 최근의 실태조사에 의하면, 2017년 음주운전으로 매달 36명 사망, 2,780명의 부상자가 나왔다. 주목할 것은 젊은층의 음주운전이 심각한 현실의 문제라는 것이다. 음주운전이야말로 '도로 위의 살인'으로 뿌리 뽑아야 할 적폐 중의 적폐이다.[321]

전문상담가인 서임수 교수에 따르면, "젊은 청소년들이 술 문제로 고민한다. 기독 청소년들의 술 문제의 고민은 더하다. 교회에서는 술을 금하라고 하지만 사회에서는 술을 권하고 있으니 크리스천 청소년이라도 고민할 수밖에 없다"[322]고 말한다. 청소년들의 음주가 점차 늘어남에 따라서 크리스천 청소년들의 알코올도 늘어나고 있다. 그 이유 중 하나는 부모들의 알코올 사용이 늘어나는 데 있다. 최근 술에 대해 고교생들에게 행한 설문조사 결과, 술이 '해로우니 삼가한다'와 '신앙과 위배된다' 등의 금주 입장보다는 '필요에 따라서는 해도 좋다'와 '절제하면 무방하다'로 허용 입장이 84%로 훨씬 높은 것으로 나타났다.[323] 우리나라의 경우 점점 더 술에 대한 허용 정도가 높아질 것으로 추정된다.

로손(Lowson)에 의하면, 부모의 알코올 사용은 청소년의 약물 사용 시도와 사용, 그리고 앞으로의 사용 가능성과 밀접하게 연관되

---

321) 중앙일보(2018. 9. 21).
322) 서임수, 《청소년과 종교와 삶》, p.112.
323) Ibid., p.113.

어 있다. 이것은 유전적 기질과 연관되어 설명되기도 한다.[324]

청소년이 음주를 선호하게끔 하는 사회적 영향이 무엇인가?
- 열악한 가정경제 형편
- 부모교육의 부재
- 가정 붕괴와 가족 갈등
- 가족의 유대감 부족
- 부모의 감독 부재
- 부모의 알코올에 대한 허용적인 태도와 규칙의 부재
- 알코올 중독의 가족력[325]

3. 늘어나는 여성 음주

국내 여성 알코올 의존증 환자들의 숫자가 위험수위를 넘어섰다. 알코올 의존증이란 술을 마시지 않으면 금단현상을 보이거나 음주로 인해 사회적, 직업적 장애가 나타나는 등 음주의 양상이 병적인 상태에 이른 지경을 뜻한다. 의학계 신문에 의하면, 지금까지 성인 남성들만의 문제로 여겨지던 알코올 중독이 최근 들어서는 여성에게서도 급격하게 증가하고 있으며, 11-12년 사이에 23.9%나 증가하였다. 이처럼 여성의 알코올 중독으로 인한 사회적인 문제가 늘어나고 있으나 대책은 미비한 상황이다. 이 신문에 의하면, 국내

---

324) 김준·백소진·박훈정 공저, 《알코올 중독의 상담과 재활》, p.175.
325) Newgate Institute, op.cit., p.88.

에 알코올 중독 치료전문병원 중 여성전용 병동을 갖춘 곳은 '다사랑병원'과 '예사랑병원' 두 곳밖에 없는 것으로 나타났다.[326]

3년마다 실시한 국민보건조사 결과, 술 마시는 여성 중 알코올 의존증 환자가 해마다 늘어나고 있다. 여성 중 알코올 의존증 환자는 1998년 3.1%에서 2001년 10.5%로 3배 이상 늘어 약 55만 명에 이른다. 술을 마시는 여성도 1999년 47.6%에서 2003년 49%로 증가하였다. 1일 1회 술을 마신다는 여성은 44%에서 58%로 크게 늘었다. 이런 통계는 수년 전의 통계인 만큼 지금은 더 말할 것이 없을 정도다.

주부가 알코올 의존인 경우 자녀에게 미치는 영향은 심각하다. 2005년 강원도 춘천에서 남편이 출근한 후 혼자 술을 마시다 우유를 먹고 있던 두 살배기 아들을 이불로 덮어 숨지게 한 20대 여성이 붙잡혔다. 권 씨는 경찰에서 "생활고에 시달리다 술김에 일을 저질렀다"고 말했다.

"한 가정의 어머니가 흔들리면 가정 전체가 흔들리고, 아이들도 정서적 안정을 찾기가 힘들다"고 다사랑병원 신재정 원장은 말한다. 술을 끊자. 여성은 그동안 방치해 왔다. 가족들은 쉬쉬하면서 지냈다. 여성이 남성에 비해 우울증 발병률이 더 높다는 점을 감안하면 알코올로 인한 여성의 자살률은 증가할 것이다.

여성 알코올 중독자가 늘어나는 이유는 무엇일까? 조사에 의하면, 여성 알코올 중독자는 남성보다 사회 경제적인 수준이 더 높았고, 병원에 입원하게 된 주된 사유는 과격적, 파괴적 행동의 결과에 의해 입원하는 남성의 경우와는 달리 여성은 스트레스나 식욕

---

[326] 김준·백소진·박훈정 공저, 《알코올 중독의 상담과 재활》, p.179.

부진, 일상생활에서의 기능 상실 등이었다. 또 여성은 대체로 결혼생활에 대한 불만이나 어려움, 남편과의 갈등 등의 스트레스로 인한 고통을 혼자 참으며 알코올로 해결하다가 결국은 알코올 의존상태가 되는 것이라 하였다.[327]

특히 여성의 알코올 중독은 임신과 태아에 대한 태아 알코올 증후군을 불러일으킨다. 태아는 모체 속에서 생존하는 생명체이므로 산모가 알코올을 마실 경우 태아를 알코올로 오염시킨다는 것이다. 술 마시는 아내가 늘어나고 있다. 여성들의 음주 이유 중 80%는 정서적인 불만으로 인한 우울증의 요인이다.

2017년 보건복지부에 따르면, 여성 알코올 중독자 추정 환자 수는 2011년 38만에서 2016년에는 41만여 명으로 늘었다. 같은 기간에 남성 중독자는 118만여 명에서 98만여 명으로 줄었다. 5년마다 시행되는 국내 알코올 중독 실태 조사에서 여성 알코올 중독자 41만 명을 대상으로 할 때, 여성들 대부분은 외로움 때문에 술 마시기를 시작했고 중독에 빠졌다는데 남편들의 외도로 인해 술을 찾았다는 사람들이다. 또한 20대 여성 중 2명 가운데 1명꼴이 '매달 폭음'을 한다고 한다.[328]

남성 중독자는 줄어드는데 여성 중독자는 늘어나고 있다.[329]

술 취한 아내는 주로 전업주부에게서 많다. 이전만 해도 만취한 여인들을 보기가 어려울 정도였으나 그것도 아닌 것이다. 오히려 만취한 아내에게 맞았다는 남편들도 있고 보면 술 취한 아내들이 적

---

327) 이정숙·김수진, 2000, "여성 알코올 중독자의 음주경험", 〈정신간호학회지〉(한국간호과학회 정신간호학회, 2000).
328) 중앙일보(2018. 11. 12).
329) 술에 빠진 여성들, 중앙일보(2017. 5. 23).

지 않다는 것이다. 엄마의 술 때문에 친구들을 집으로 초대할 수 없는 아이들은 집을 나가기도 한다. 처음에는 '맥주 한잔' 하지만 습관이 되면 그때부터는 주량도 차차 늘어나고 주종도 맥주에서 소주로 바뀐다. 술 때문에 쫓겨난 주부는 오기로 더 마신다. 결국은 알코올 의존증 환자가 되어 가족들에게 버림을 받게 된다.

하종은 박사(다사랑병원)는 술 마시는 남편에 대한 아내의 대처 유형을 다음과 같이 말하고 있다.

① 순교자 유형(the martyr)

'내 한 몸 희생하면 되지' 하면서 술 중독자 된 남편의 모든 뒤치다꺼리를 해주며 사고 칠 때마다 해결사 역할을 한다. 아내는 중독자 남편에게 최선을 다하는 것이 아내의 본분을 다하는 것으로 알고, 아주 영예로운 생각을 갖고 희생을 감수한다.

② 박해자 유형(the persecutor)

"너 때문에 내 인생도 꼬였어", "이렇게 술을 마실 바에야 차라리 나가서 죽어 버렸으면 좋겠어!" 하며 중독자에게 적개심을 반복적으로 표현하며 비난하는 유형이다. 남편에게 대들기도 하고 같이 싸우기도 한다. 중독자의 잘못에만 초점을 맞추고, 모든 문제가 중독자의 책임이라고 비난한다. 이런 경우 남편으로 하여금 낙심과 좌절케 함으로 더 술을 찾게 만들고, 그럴수록 중독이 심해지게 된다. 자녀들은 중독자 아버지와 어머니를 같이 미워하게 되고, 아이들의 처신에 곤란함이 따른다. 아이들은 집을 뛰쳐나가든지 탈선으로 빠지는 아주 나쁜 영향을 미치게 된다.

③ 공모자 유형(the co-conspirator)

'너만 마시냐? 나도 마신다'는 아내도 있다. 나도 얼마든지 마실 수 있다면서 마주 앉아서 부어라 마셔라 한다. 어떤 경우 중독자가 저녁에 술 취해 들어오고 술이 깬 아침에 다시 술을 찾는다. 아내는 술을 사다 주지 않으면 다툼이 생기고 시끄러우니 할 수 없어서 술을 사다 준다. 또 술을 마실 줄 알면서도 용돈을 준다든지 오히려 술을 마시도록 자극하기도 한다. 술을 마시면 안 된다는 것을 알면서도 공동의존에서 그렇게 하는 것이다.

④ 냉담한 유형

'이젠 정말 지긋지긋해' 하며 마시든 말든 방치하고 무관심하다. 오랫동안 술에 취해 있는 중독자의 가정에서는 지치고 실망하다 보면 가족들까지도 용기를 잃게 되고 무력감에 빠지게 된다. 중독자를 포기하고 싶은 생각이 든다. 그러나 중독자의 회복을 위해서는 중독자 본인과 가족 간의 공동협력이 필요하다. 크리스천들은 힘들지만 신앙적인 도움을 주어야 한다.

여성도 '술 한 잔은 기본'이라는 말은 옛말이 되어 버렸고, 지금에 와서는 '한 병이 기본'이라는 말이 있다. 성경은 와인을 '음녀'에 비유했다(계 17:1-2). 이스라엘이 타락했을 때 선지자들은 이스라엘 백성을 향해 '음녀'라고 비유했다. 타락의 대표적인 예는 '술 취함'이다. 술 취한 자에게는 법도 질서도 없다.[330]

2016년 9월 '다사랑병원'에서 입원환자 217명을 대상으로 설문한 결과 62%(135명)가 "술을 숨긴 적이 있다"고 대답했다. 지금은 전업주부들의 음주가 늘어나고 있는데, 남편이 출근하고 아이들이 학

---

330) 하종은, 《왜 우리는 술에 빠지는 걸까》, pp.270-275.

교 가고 없는 틈을 타서 혼자 몰래 홀짝거리는 '홀짝 술'이 많아졌다. 지금은 김영란법이 있어서 많이 줄어들었다고 하지만 직장여성들도 퇴근 후에 회식을 통해 술 마시는 것은 상식으로 되어 있다. 그러다 보니 부부 싸움으로 번져 결국은 이혼에 이르는 경우도 있다.

예1) 김 모(52세, 여) 씨는 3년 전 남편이 회사를 옮기면서 함께 부산으로 이사했다. 부산에 연고가 없어 아는 사람이 거의 없다 보니 혼자 있는 시간이 많았다. 남편이 출근한 어느 날 김 씨는 선물로 받아 집에 보관하던 와인을 따서 한 잔 마셨다. 그런 날이 잦아져 이젠 매일 한 병씩 마시게 되었다. 와인을 안 마시면 괜한 불안감이 생겨 아무 일도 손에 잡히지 않았다. 김 씨는 최근 '키친(kitchen 부엌) 알코올 의존증(중독증)' 진단을 받았다. 그러나 김씨는 "내가 알코올에 중독되었다는 사실을 믿지 않는다"고 한다.

예2) 서울 마포구에 사는 최 모(25세) 씨는 술 취한 아빠가 엄마에게 손찌검하는 모습을 어린 시절 자주 목격했다. '때리는 아빠나 맞는 엄마를 다 보기 싫어' 가출도 여러 번 했다. 고등학생 때는 소위 '일진'이 돼 술과 담배를 했다. 고교 졸업 후엔 고시원에 살면서 술집에 취업을 했다. 손님들과 일주일에 3-4회씩 술을 마시다 보니 한 번에 소주 3-4병을 마시고 정신을 잃은 경우도 있었다. 과음하고 손님과 다투는 일도 생겼다. 결국은 술집을 그만두고 아르바이트로 생계를 이어갔다. 최 씨는 지난해 9월에 또 폭음으로 정신을 잃었다. 길거리에서 폭행과 강도를 당하고 쓰러진 채 행인에게 발견되었다.

남성에게나 심각한 것으로 알려졌던 알코올 의존증이 빠르게 여성들에게 번지고 있다. 2017년 3월 중앙일보에 실린 건강보험심사평가원 보고에 따르면, 지난해 알코올 의존 치료를 받은 환자 7만 2,173명 중 여성은 21.2%였다. 환자 5명 중 1명이 여성이다. 주목할 점은 여성환자 숫자가 늘고 있다는 것이다. 여성환자는 2013년 1만 4,056명에서 지난해 1만 5,311명으로 1,200명 늘어났다. 반면 남성은 같은 기간 5만 9,226명에서 5만 6,862명으로 2,300명이 줄어들었다. 한 번에 마시는 술이 많고 음주 횟수도 잦은 이른바 '고위험 음주'도 여성에서 늘고 있다. '고위험 음주'란 소주를 기준으로 한 번에 남성은 7잔, 여성은 5잔 이상을 마시는 것을 일주일에 두 번 이상 반복하는 것을 일컫는다.[331]

여성의 혼술

알코올 의존증은 남녀 모두에게 위험하지만 여성에게 더욱 치명적인 이유가 있다. 우선 '깔때기 효과'다. 술을 마시기 시작해서 알코올 의존이 나타나는 데 걸리는 시간은 여성이 남성보다 술을 적게 마셔도 더 짧다는 것이다.

미국 톨레도(Toledo) 대학의 연구에 따르면,

첫째, 여성은 습관적으로 술을 마시기 시작해 알코올 의존이 처음 나타나기까지 0.9년이 걸린다. 남성은 2.3년이다.

---

331) 여성의 혼술, 중앙일보(2017. 3. 2).

둘째, 알코올 의존이 다른 정신과 질환을 동반하는 비율이 여성에게서 더 높다.

2006년 세브란스병원 정신건강의학과에 알코올 의존으로 입원한 환자 270명(남녀 각각 135명) 중 다른 정신과 질환이 동반된 비율을 보자. 여성은 63%(85명)나 돼 남성(25.1%, 34명)의 2배가 넘는다. 여성에게 특히 동반된 질환은 기분장애(51명), 인격장애(24명), 식이장애(16명) 등이었다. 이는 음주 동기와도 관련이 있는 것으로 보인다. 술 마시는 동기를 보면 여성은 부부 문제(46명)가 가장 많았고, 가족 갈등(42명), 정신과적 문제(36명), 경제적 문제(22명) 순이었다. '습관적으로 마신다'는 사람은 16명(11.9%)에 불과했다. 반면에 남성에게선 '습관적으로 마신다'는 사람은 60명(44.6%)으로 가장 많았다. 이어서 직업적 문제(24명), 정신과적 문제(24명), 부부 문제(18명) 순이었다. 자살을 시도한 경험도 여성 27.4%(37명)로 남성(13.3%)의 두 배나 되었다.

셋째, 최근에 유행하는 '혼술'(혼자 술 마시기)이 여성의 알코올 의존 위험을 높이고 있다. 혼술족은 '혼자' '적은 양으로 술'을 '정기적'으로 마시는 경우가 많다. 혼술은 여성들이 주로 마시는 유형이다.

서울 강남구에 사는 정 모(34, 여) 씨는 직장 건강검진에서 간수치가 높게 나왔다. 추가 검사를 받아 보니 '알코올성 간염'을 앓고 있었다. 정 씨는 성인이 된 후 술을 마시기 시작해 퇴근길에 거의 매일 혼자 소주를 반 병에서 한 병을 마셨다. 정 씨는 '알코올 의존환자'라는 진단에 수긍하지 않았다. "폭음한 적도 없고 주량도 맞춰 기분이 좋을 정도로 마시는데 내가 왜 알코올 중독자냐"며 의아해했다. 혼자 술을 마시면 본인은 물론 식구들도 심각한 수준에 이르기까지는 알코올 의존을 눈치 채기 어렵다.

넷째, 알코올 중독이 신체에 미치는 위해는 여성이 더 크다. 간경화나 알코올성 간염 같은 합병증이 발생할 위험이 여성에게서 더 높이 나타난다. 여성은 남성에 비해 알코올 분해효소가 적게 분비된다.[332]

상담사례이다. 어느 여대생은 한 남자를 사귀고 있었다. 사귀고 있는 남자는 두 번째 남자다. 필자는 수가 성의 여인을 본 듯했다. 애인이냐고 물었을 때 애인이 아니고 친구란다. 그 남자가 결혼 상대자인가 하고 물었더니 그것도 아니라는 것이다. 그 친구하고 얼마만큼씩 만나느냐고 물으니 거의 날마다 만난다고 했다. "사귀면 어때요?" 하고 되묻는다. 여대생의 말에 의하면 대개 80% 이상의 학생들이 교제할 것이라고 한다. 그러나 결국은 다 깨진다는 것이다. 언제 깨지느냐고 물으니 남자는 군대 가면 깨지고, 여자는 그 틈새에서 더 좋다고 생각되는 남자가 있으면 자연스럽게 깨진다는 것이다. 그러면서 그 여대생은 편의점에 들어가 소주 한 병을 사 들고 "이것이나 마시고 잠이나 자야겠어요" 한다. 일어서는 학생에게 하루에 술을 얼마씩 마시느냐고 물었더니 "소주 한 병은 마셔요" 한다. 밤 10시 정도였다.

일주일에 소주 한 병을 마시는 자는 '고위험 음주자'다. 비율은 40대가 가장 많다. 여성은 20대 여성의 15.5%가 고위험 음주자이다.[333]

특히 여성들에게 찾아오는 우울증은 큰 문제로 등장하고 있다.

---

332) 중앙일보(2017. 3. 2).
333) 보건복지부 국민건강 영양조사, 고위험 음주자(2015).

여자 음주자 중의 80%는 우울증 환자다. 우울증을 피하기 위해서 알코올을 취한다지만 알코올이 우리에게 쉼을 주는 것은 아니다. 마시고 나면 더 괴롭고 더 우울해지고 더 외로워지고 열등의식에 빠져들어 여기서 벗어나기 위해 알코올을 마신다. 결국은 불행한 삶으로 마감하게 되는 경우가 많다. 지성인일수록 자살의 확률은 높다.

숙녀들의 술 한 모금

예로부터 사회는 (특히 남자들이) 여성의 음주에 많은 제약을 두었다. 모든 아내가 남편에게 복종해야 했던 로마 초창기에 남자들은 간통을 저지른 아내를 사형시켜도 된다고 주장했다. 음주가 결국은 간통으로 이어질 수 있기 때문이다. 여성의 음주에 제약을 가하지 않는 사회는 거의 없었다. 또 어떤 사회에서는 여성이 마실 술의 양을 정하기도 했다. 따라서 여성의 마실 술, 즉 '싱거운 술(약한 것)'을 마실 수 있도록 정해 두거나 상황도 달랐다. 대개 화끈화끈한 증류주는 남자들의 몫이었다.

또 예로부터 남자들은 여자들보다 더 큰 그릇으로 술을 마셨다. 이렇게 남자들은 상습적으로 음주를 자기들만의 영역으로 사수하려 들었다. 수세기 동안 술집에서 볼 수 있는 여성이란 매춘부나 여종업원뿐이었다. 그러나 18세기와 19세기에 이르러 유럽과 미국의 노동계급 여성들은 남성들처럼 공공장소에서 즐겁게 술을 마셨다.

18세기 스코틀랜드의 고지대에 살던 어떤 여성은 이렇게 썼다.

"품위 있는 숙녀들은 항상 술 한 모금으로 하루를 시작했다."[334]

여성들만의 술은 우리가 사는 사회에도 있다. 개인적인 혼술도 있지만 지금은 그룹으로 마시는 술이 많다. 예전처럼 숨어서 마시는 술이 아니라 공개적으로 마시고 있다. 술 마시는 것을 자랑 삼아 이야기한다. 술을 잘 못 마시거나 적게 마시는 것을 부끄럽게 여기고 수준 미달의 사람으로 생각하기도 한다. 술을 잘 마시는 여자는 도도하게 굴기도 한다. 그러나 여성들의 술도 '한 모금'으로부터 시작한다.

우리 사회에서도 50-60년 전만 해도 술자리에서는 '아이들과 여자들은 저리로 가라'고 하던 때가 있었으나 옛날이 되고 말았다. 여성들의 홀짝거리는 한 모금의 술로 인해 가정이 파탄나고 자녀들이 가출을 하며 사회적 문제가 야기되고 있다. 술은 곧 중독이다.

4. 노인의 알코올 중독

우리나라의 노인 인구가 늘어남에 따라 노인 기준 나이를 본격적으로 조종하려 하고 있다.

2015년 유엔은 새로운 연령표를 발표했다. 0세부터 17세까지는 미성년, 18세부터 65세까지 청년, 66세부터 79세까지는 중년, 80세부터 99세까지는 노년, 그리고 100세까지는 장수세대라고 규정했다.

우리나라 사회복지법에는 노인 기준 나이가 65세다. 지금 65세에

---

334) 톰 히크만, op.cit., p.211.

서 70세로 연장해야 한다는 사회적 논의가 필요하다는 것이다. 우리도 초고령 사회로 진입했기 때문이다. 문제는 연금 수령 나이도 늦어짐에 따라 노인빈곤 문제가 따른다는 것이다.[335]

독거노인이 늘고 있다. 어떤 노인은 한 평 남짓한 지하에서 살고 있다. 청소는 고사하고 빈 라면 봉지가 돌아다니고 방바닥은 바퀴벌레의 운동장이다. 한쪽엔 씻지도 않은 빈 냄비가 있고, 벽에는 곰팡이들로 가득 찼으며, 구석엔 빈 소주병이 굴러 다닌다.

독거노인 또는 독고노인은 외로움을 술로 달랜다. 옆구리에 술병을 차고 다닌다. 술을 마시면 잠시 동안은 세상을 잊을 수 있으나 금방 찾아오는 외로움과 고통은 더 감당하기 어려워진다.

술이 피난처가 된다. 그러다 보면 알코올 중독자가 된다. 우리나라 시골에 사는 노인들 중에는 알코올 중독자가 많다. 아무도 돌볼 수 없는 환경에서 술을 유일한 위안처로 삼아 그날그날을 사는 독거노인들이 많다. 독거노인들은 마을마다 세워진 노인정이 있으나 그런 곳에 가지 않고 혼자서 술을 마시며 살고 있다. 독거노인 중에는 우울증 환자가 많다. 더 나아가 자연히 치매환자가 되기도 하고, 자살할 것도 말 것도 없이 그대로 쓰러져 생을 마감하는 독고노인의 독거사가 많다.

현대의학과 문명의 발달로 인간의 평균수명은 놀랄 만큼 연장되었고, 그 결과 노인 인구도 급속히 증가하고 있다. 이에 따라 노인의 건강문제를 다루는 노인의학(geriatrics)이 이미 독립된 분야로 정립되었고, 현대의학에서 차지하는 비중도 날로 커지고 있다.[336]

---

335) 중앙일보(2018. 1. 25).
336) 이정균·김용식 공저, 《정신의학》(일조각, 1995), p.563.

미국에서는 1996년에 중독을 정신질환으로 인정했다. 약물환자는 대개 젊은 사람들이고, 알코올 환자는 늙은 사람들이 많다. 알코올로 인해 고령자들에게 찾아오는 질병이 많다. 고혈압, 당뇨병, 동맥경화성 질병, 심질환, 노년기 치매, 악성 종양 등이다.[337]

노인들 중 젊어서부터 수십 년 동안 생활습관으로 알코올을 섭취해 온 알코올 의존 환자는 대개 만성적인 신체질환이 있고, 사회경제적 상태도 매우 취약하다.[338]

중요한 것은 중독이란 완치개념이 없다는 것이다. 평생 치료하며 관리하는 방법밖에 없다. 치료감호를 해야 하고, 치료보호 같은 적극적인 방법을 취해야 한다. 즉 강제적으로라도 치료 명령을 해야 하고 치료를 해야 한다. 알코올은 신체적 이상 외에도 각종 심리적 및 정신적 이상을 유발시킨다. 이러한 현상이 심각한 정신 질병으로 발전할 수 있다는 것에 유념해야 한다.

술은 물, 에틸 알코올, 그리고 맛과 향을 내는 소량의 아미노산과 미네랄 등으로 이루어져 있다. 알코올은 영양분은 없고 높은 에너지원으로 산화될 때 그램당 7.1칼로리의 열량이지만 실제로 체내에서는 5-6칼로리의 열을 낸다. 이것은 음주자의 체질이나 술 마시는 속도나 방법에 따라 다르지만 대개 알코올의 혈중 농도는 음주 30-60분 후 최고 농도에 도달한다.[339]

우리나라에서는 근간에 노인의 알코올 중독 문제가 심각한 지경에 이르렀다. 수명이 길어지면서 노인의 인구가 증가하고 있다. 고령

---

337) 대한임상노인의학회 편역, Oouchi yasuyoshi, Itou Hideki, Miki Tethurou, Toba Kenji, 《고령자 생활습관병 진료의 실제》, 한국의학, 2005, p.56.
338) 이정균·김용식 공저, op.cit., p.567.
339) 이정균·김용식 공저, op.cit., p.567.

자의 생활습관병의 예방으로 생활습관을 개선해야 한다.[340] 음식이나 잘못된 생활습관에서 온 것이다. 특히 농촌에는 노인들만 살고 있어서 노인들이 화투놀이나 술로 시름을 달래고 있다. 그래서 도시에서는 마약이 심하고, 농촌에서는 알코올이 심하다는 것이다.

어떤 노인은 매일 식사 전 술을 마시는 습관을 갖기도 한다. 또 1주에 2-3회 식사 중 술을 마신다. 알코올 중독의 치료를 받은 적은 없어도 이 노인이 우선 치료를 받아야 할 것은 술 마시는 일을 줄이는 교육이다.[341] 노인들의 알코올 섭취는 소화관, 간장 등 여러 악성종양과 밀접한 관련이 있다. 맥주와 양주는 알코올 양이 늘어나면 사망할 가능성이 높다.[342] 알코올로 인해서 노년기 치매와 알츠하이머 발생 위험도가 높다고 한다.

노인들 중에는 배우자의 상실과 퇴직 등에 의한 것으로 볼 수 있는데, 최근 연구에 의하면 이런 스트레스 요인에 노출된 노인들이 상당 부분 음주에 익숙해지고 있다. 자신을 통제할 수 없는 상황에 직면하면 무력감을 느끼게 되는데 이 무력감이 심각해져 우울, 불안, 혼돈, 낮은 자존감, 무가치감 등의 감정상태를 초래케 된다. 노인들의 음주문제는 치매와 혼돈, 우울증, 정서적 행동문제, 망상 등의 증상을 유발한다. 적은 양의 알코올은 잠시 진정효과를 주지만 과도한 음주는 오히려 불안을 유발하며 이는 우울증상으로 나타난다. 정신적 합병증과 알코올 중독 모두 자살의 강한 위험인자가 된다. 비에넨펠드(Bienenfeld, 1987)에 의하면, 노인 알코올 중독 자살 위험은 비알코올 중독 노인보다 5배나 높다고 한다.

---

340) 대한임상노인의학회 편역, op.cit., p.83.
341) Ibid., p.84.
342) Ibid., p.65.

5. 다민족(minority)과 알코올 사용

세계적으로 다민족으로 성공한 나라가 미국이다. 미국이라는 나라는 광대한 천연자원을 가진 나라다. 그러나 그보다 더 큰 축복을 받았다는 것은 다양한 민족들로 구성되어 있다는 것이다. 다양한 소수민족들이 있었기에 세계에서 제일가는 선두국가가 된 것이다. 소수민족들이 들어올 때에는 그들만의 독특한 문화를 가져왔다.[343] 이미 세계적 추세다. 소수종족이 들어오면 그들의 문화와 종교, 그리고 생활방식도 함께 들어온다. 알코올을 사용하지 않는 민족이 들어오는가 하면, 알코올을 자유자재로 취급하는 민족도 있다.

알코올 중독만 해도 미국 같은 다민족으로 구성된 곳에서는 소수민족에게까지 다양하게, 그리고 좀 더 디테일하게 연구를 한다. 언어(language)와 문화(culture-related), 인종차별(racism), 민족성(ethnocentricity) 등 접근 방식의 가이드로 쓰인다. 인종적으로 존중하며 문화적인 적절한 학습과 문제해결 능력을 갖추어야 할 것이다. 미국에서는 민족(ethnicity)에 따라 알코올 중독에 대한 대처를 하고 있다. 미국의 경우 인종 그룹을 일반적으로 아프리카(Africa), 아메리카(America), 아시안(Asian), 라틴(Latino), 그리고 아메리칸 인디언(American-Indian)으로 지칭한다. 그리고 더 세부적으로는 아시안 그룹에는 중국, 일본, 한국, 베트남과 필리핀 출신의 사람들을 가리킨다.[344]

---

343) Newgate Institute, op.cit., p.65.
344) Ibid., p.67.

우리 사회의 현저한 변화

　세계가 한나절 권으로 빠른 변화를 가져온 19세기 말부터 우리나라도 어쩔 수 없이 타 문화권 민족들의 유입으로 인해 모든 면에서 접근이 빨라져야 했다. 이젠 우리 민족끼리만 살아갈 수 있는 형편이 아니다. 우리만 가장 우수한 민족이라고 자부할 순 없다. 우리도 다른 나라와 무역을 해야 하고, 교회는 선교를 해야 한다. 다른 나라로 나가야 하고, 다른 민족도 우리나라로 들어와야 한다.
　출입국 통계에 따르면, 2018년 7월 현재 우리나라에 체류 외국인이 230만 명, 외국인 등록자 120만 명에 이른다. 점점 더 늘어날 판이다. 국제결혼도 말할 것 없이 늘어만 가고 있다. 국제결혼도 보편화되고 있다. 국제결혼의 시작을 19세기 말로 본다. 사실은 이승만 대통령도 이미 국제결혼을 한 사람이다.
　지금은 다문화 가족의 시대다. 우리 사회가 이 부분에 깊은 관심을 가져야 한다. 요즘은 다문화 가족 카페가 생겨나 국제결혼 생활의 문제점이나 혼혈 아이들의 교육 문제를 공개적으로 다루고 있다. 아주 다행스런 일이다. 혼혈 아이들도 우리 아이들과 같이 다음 세대를 이어갈 것이다. 똑같은 여건에서 보살핌을 받아야 하고 교육을 받을 권리가 있다. 외국인들이 우리나라에 들어올 때는 사람만 온 것이 아니라 그들의 독특한 문화, 언어, 종교 등 다양한 모양들을 가지고 온다. 마치 미국이 건설될 때에 이민들이었던 것처럼 말이다. 다른 문화권을 연구하고 학습한다는 것은 중요한 것이다. 한 나라의 국민이 되는 데 있어서 통합과 조화의 과정에서 절대로 필요한 요소가 된다.

중독 치료에도 다문화를 연구하는 것은 필수적이다. 미국 같은 경우는 오래전부터 다문화 인종을 연구하고 있다. 민족의 특성에 따라 가능하고 현실적으로 적응하고 있다. 우리나라에서는 미국과는 달리 소수인종과 민족에 대해서는 아직 임상적일 수밖에 없다. 이들을 위해서 할 수 있는 치료도 그룹치료가 바람직할 것이다.

미국의 초기에도 인종과 민족의 차별로 인해 치료하는 데도 문제가 되었다. 어느 나라에서도 처음에는 경험해야 할 과정이다. 그것은 그들이 갖고 있는 독특한 고정관념 때문이다. 예를 들면 'Negro'라 하여 차별이 심했고 이들의 자존감, 관계 공포, 불신, 침략의 문제로 상담과 치료에 큰 장애가 되었다. 다문화를 연구하고 파악한다는 것은 참으로 중요한 과제다.

우리나라도 이젠 다민족 시대로 접어들었다. 이젠 백의민족도, 단일민족도 아니다. 더 이상 그들을 거부할 수 없게 됐다. 우리의 경우 지금은 이에 이르지 못한다 해도 인종에 대한 중독 연구가 적극적으로 필요하게 될 것이다. 술을 교리로 거부한 이슬람도 한국에 오면 특별한 조치로 술을 마실 수 있게 한다. 한국에 가서 금주운동을 하겠다던 그들도 술을 마신다. 우리나라는 점점 더 술천국이 되어가고 있다.

지금 제주에 입항한 예멘 난민들에 대한 국민들의 의견이 다분하다. 그들에게는 우리가 용납하기 어려운 문화가 있다. 예를 들면 이슬람 사상의 어느 부분은 위험한 것으로 알려져 있다. 그들의 종교와 문화가 그렇다. 이들을 어떻게 다루어야 할 것인가가 문제다. 이들과의 국제결혼을 통해서 우리 국민이 생긴다면 이들을 치료할 의무가 있다. 그렇다면 이들의 문화와 생활에서 중독 장애의 근원을 연구, 발견해야 할 것이며, 치료에 어떤 영향을 미치는지를 알아야 한다. 이런 연구를 통해 피해를 예방하며, 효과적인 상담을 마련해야 한다.[345]

6. 목회상담적 지침

우리나라의 술은 늘어만 간다. 청소년의 알코올 중독이나 여성의 알코올 중독, 노인들의 알코올 중독이 계속 늘어만 가고 있다. 지금 우리는 노인 장수시대에 살고 있다. 가는 곳마다 노인들이 많다. 유엔에서는 노인의 나이를 65세에서 70세로 상한을 정했다. 우리나라도 노인의 나이를 65세에서 70세로 올린다. 지하철을 타게 되면 노인이 태반이다. 오래 살아서 나쁜 건 아니지만 사회가 어떻게 감당을 할 것인가 문제다. 건강하게 오래 산다면 얼마나 좋을까? 그런데 그렇지 못해서 문제다. 병든 노인도 치료를 해야 한다. 노인들은 많은 질병을 가지고 산다. '골골백살'이라는 말이 틀리지 않는다. 노인 치료에 많은 돈이 들어간다. 도시에서는 젊은이들의 마약이 많고, 시골일수록 노인들 가운데 술 중독자가 많다. 어른을 대접한다면 그저 술대접이다.

교회 안에도 노인들이 많다. 시골교회는 특히 노인들이 많다. 생산 능력도 없다. 평생을 술과 일로 살아온 노인들은 이미 알코올 중독자가 되어 있다. 거기에 많은 질병들이 기생하고 있다.

---

345) David Capuzzi, Mark D. Stauffer, 《중독상담》, p.71.

사회가 각박해지면서 여성 음주자들이 많아졌다. 여성 음주가 대담해졌다. 남성보다 여성 음주가 우위를 점하고 있다. 방송 매체를 통한 여성 음주의 실례들이 많다. 어린 여성들을 내세워 광고하는 일이 많다. 여자들의 '혼술'이 유행이다. 혼자서 자기의 마음을 달랜다는 것으로 술을 마시는 술꾼이다. 어떤 모임이라도 가서 술을 못 마시면 유행에 뒤떨어지는 바보로 취급받고 창피를 당한다는 것이다.

크리스천은 술을 가까이 말아야 한다. 거짓과 술수의 술에 유혹받아서는 안 된다. 술은 개인과 가정과 사회를 병들게 한다. 중독되기 전에 술을 멀리하라.

이제 더 중요한 과제는 우리나라도 단일민족이 아니라 다양한 민족으로 만들어지고 있다는 점이다. 이들 중에도 마약이나 알코올 중독이 얼마든지 가능하다. 앞으로 여기까지도 생각하지 않을 수 없다.

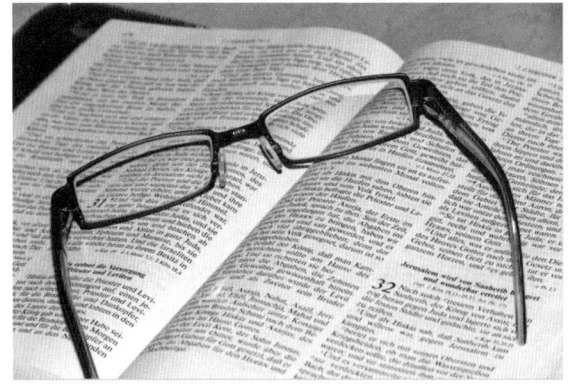

제2장

알코올에 대한 목사의 무관심

1. 목사는 중독에 대해서 얼마나 알고 있는가?

임효주 교수는 그의 책 프롤로그에서 현재 우리 사회에서는 알코올 중독으로 인하여 많은 가정이 극심한 고통을 받고 있음에도 불구하고 아직도 알코올 중독에 대한 인식 부족과 관념으로 인하여 사회 내에서 이를 숨기고 있거나, 주위에 알려지는 것을 극도로 두려워하고 있다고 한다. 더욱 심각한 문제는 이런 알코올 중독에 대한 지식과 경험 부족으로 인하여 많은 환자와 가족들이 병원이나 종교기관을 찾아 도움을 요청하고 있지만 정신병원에서는 일차적인 격리와 체력 회복의 단계에만 머물러 있고, 교회 목회자들은 알코올 중독자를 회피하거나 섣불리 접근함으로써 교회가 혼란에 빠지는 경우가 가끔 발생하기도 한다.[346]

미국의 경우에는 알코올 중독자가 중독에서 해방 받기 위해 온

---
346) 임효주,《어느 알코올 중독자의 죽음》, pp.2-3.

가족이 협력한다. 이사를 간다든지 술친구를 피한다든지 환경을 바꾸어 준다. 이사를 갈 때면 모든 식구들이 따라가서 중독자 가족을 위해 환경을 바꾸어 주기도 한다. 우리나라에서는 생각할 수도 없는 대단한 관심이다. 그리고 미국에서는 자기 아이가 알코올 중독자일 때 숨기지 않고 오히려 다른 사람에게 알린다. 중독자 아이에게 술을 권하지 말 것을 이웃 사람들에게 부탁하기도 한다. 따라서 다른 사람들에게도 알코올 중독자를 조심할 것을 말해 주는 것이다.

그러나 미국에 있는 한국 교포들 중에서는 자녀들 중에 알코올 중독자가 있으면 아무도 모르도록 숨긴다. 행여나 누가 알까봐 걱정을 한다. 미국은 중독이 우리보다 약 20년은 앞선다는 것이다.

크리스천 중에도 알코올에 젖은 사람들이 많다. 교회의 직분을 가진 자들 중에서도 몰래 알코올을 접하는 자들이 있다. 어떤 사람은 알코올을 마심으로 얼굴이 붉어져 교회에 갈 수 없을 때가 많다는 고백도 한다. 하나님께서는 더 이상 이 알코올 문제를 한국의 사회나 교회 내에서 방치하는 것을 용납하지 않으신 것 같다. 이제는 그 누군가를 발가벗겨서 세상을 향한 십자가 지기를 원하고 계신다. 그 어렵고도 참담한 사명이 목사에게 주어졌다고 본다.

2. 목사가 알코올에 무관심한 이유

목사는 알코올에 무관심하다. 필자는 강의나 좌담을 할 때에 목사들이 이렇게도 알코올에 대해 모를까 하는 의아심을 가질 때가 많다. 물론 필자 또한 알코올 중독에 대해서 몰랐을 때는 그랬다. 알코올의 폐해성에 대해 이야기하면 '알코올이 그런가?' 이미 알고 있는 것 같은데 '그까짓 것' 하는 식이다. 목사가 이렇게 알코올에 대해서 무관심하니 교인인들 무슨 관심이 있겠는가? 참 신기하다고 생각한 사람도 있으나 더러는 귓가로 흘려 버리는 경우도 있다.

중독이나 술은 세상 사람들에게나 관계된 일이지 목사와 교회의 몫은 아니라는 생각이다. 중독이 무엇인지도 모른다. 목사가 알코올에 대해 무관심한 이유에 대해 이야기를 해야 한다. 목사가 왜 알코올에 대해 무관심한가?

없으면 안 되는 꼭 필요한 일상의 식품이 아니기 때문에 무관심한가? 가톨릭에서는 알코올 중독에 대해서 신경을 쓴다. 물론 그들에게는 알코올이 허용되어 있어 자유롭게 취한다. 취하고 안 취하는 것은 개인의 문제다. 개인이 알아서 할 일이다.

신앙이 아니고 건덕의 문제로만 생각한다. 목사가 술을 마셔서가 아니라 술을 마시지 않는다 하더라도 알코올은 모든 사람의 문제요, 교회의 건덕 상의 문제이기도 하고, 신앙을 어떻게 세우느냐에 지극히 큰 영향이 있기 때문에 관심을 가져야 한다.

목사가 알코올에 대해 무관심한 이유에 대해 다음의 몇 가지를 생각할 수 있다.

1) 나와 내 가족 중에서 당장 알코올로 인해 어려운 경우가 없기 때문이다

목사의 가정에도 형제나 자식들 가운데서 알코올로 인해 목사의 마음을 무겁게 하고 활동에 위축을 주는 경우가 있다. 어느 불량한 목사의 사위는 술에 취해서 장인목사의 교회를 찾아가 교회의 기물을 부수는 등 행패를 부리는 경우가 있어 목사가 사위를 불가불 경찰에 고발하는 경우도 있었다. 그러나 이러한 경우는 드문 일이다. 이런 경우는 결국 회개하고 교회로 돌아오는 사람들도 있다. 목사라도 당장 어려운 일이 아니어서 자연 알코올 중독으로 인해 신경 써야 할 일이 아니라 생각하고 관심이 덜 갈 수밖에 없다. 당장 피부와 생활에서 고통을 덜 느끼기 때문에 더 많은 관심을 가지지 못하게 된다.

2) 목사가 알코올에 대한 지식이 적기 때문이다

대개의 경우 목사는 알코올에 대해 이론상으로도 잘 모를 뿐더러 실제로 마신 경험도 별로 없다. 그러므로 알코올이 나쁘다는 것은 알지만 피상적일 뿐이다. 알코올의 위험성에 대해 알지 못하는 게 사실이다. 더구나 알코올 중독에 대해서는 더 모를 수밖에 없다. 모르면 무관심하게 된다. 그러면서 술 취한 사람을 보기조차 싫어한다. 술 취한 사람과의 대화는 아무 의미가 없는 것으로 알고 대화를 기피하게 된다.

미국의 경우 목사가 일 년에 한두 번씩은 '금주나 중독'에 대해 공적 설교를 한다는 것이다. 물론 미국은 우리나라보다 중독이 심각한 것은 사실이기에 이해를 해야 하겠지만, 우리나라 강단에서는 술이나 중독에 대해서 목사의 설교를 들어보기가 참으로 어렵다.

그런데 현실에선 술이 너무도 보편화되었다. 술이 너무 가장 가까운 곳에 손만 내밀면 닿을 만한 곳에 있기에 마시기에, 취하기에, 중독되기에 손쉬운 것이다.

우리나라는 미국 같은 선진국과는 달라서 중독자 보호기관이나 치료기관이 많이 부족한 편이다. 그나마 근래 들어서 알코올 치료 병원과 정신병원, 치료센터 등이 많이 생겨나고 있다. 종교기관도 세워지고 있다. 많은 중독자 가족들이 종교기관이나 교회를 찾아오기도 하고 상담과 문의가 많다. 그러나 적절하게 지도하기가 그리 쉽지 않다. 알코올 중독자들을 수용할 만한 기관이 적다. 교인 중에도 중독자가 되어 교회 나오는 사람이 많지만 이들이 교회에 와서 앉을 곳이 없다.

3) 교인 중에는 술 마시는 자나 알코올 중독자가 없다고 믿기 때문이다

교인의 삶이란 동일하지 않다. 경건하게 사는 사람도 있으나 경건하게 살지 못하는 사람도 얼마든지 있다는 것을 알아야 한다. 술을 마시지 않는 사람도 있으나 술을 한 잔씩, 또는 더 심하게 마시는 사람도 있다. 그리고 목사가 모르는 중에 중독이 다 된 사람도 있을 수 있다. 그러나 목사는 우리 교인 중에는 중독자가 없을 것이라는 확신을 갖고 있다. 그러나 이것은 너무 안일한 생각이다.

어느 날, 집사가 사람을 때렸다는 말을 들은 목사는 "우리 교회 집사 중에서는 그런 사람 없습니다. 그 집사가 술 마시고 사람을 치는 사람은 아니에요"라고 했다. 현장에 가보니 집사가 술에 취해 이웃 사람을 때린 것이 사실이었다. 교회는 의인만 오는 곳이 아니다.

죄인을 의인으로 만드는 곳이다.

교인도 술에 중독된 사람이 있다는 것을 알면서도 없다고 생각하려고 한다. 애써 외면한다.

교인 중에 술에 인 박힌 자가 없을 것이라고 믿는 것은 거짓 확신이다. 그것은 불편한 일에 아예 관심을 갖지 않으려는 것이다. 술에 취해 길가에 드러눕는 성직자도 있는 현실인데 교인 중에서도 얼마든지 그럴 수 있을 것이라는 생각을 한다면 관심이 갈 수밖에 없을 것이다. 목사가 무관심하는 중에 알코올 중독자가 된다는 것을 알아야 한다.

4) 알코올 중독자가 목회에 도움이 안 된다는 오해를 갖기 쉽다

김상철 목사는 교회가 중독에 대하여 집중하지 못하는 두 가지 이유를 이렇게 말한다. 첫째는, 중독자들에게 관심을 두면 교회가 성장하지 못한다는 것이다. 둘째는, 교회 스스로 세상의 많은 것으로부터 중독되어 있기 때문이다.[347]

목사의 욕심은 말 잘 듣고 착한 사람만 교회에 오면 좋겠다는 생각을 가진 것 같다. 돈 많은 사업가가 교회에 들어오면 환영의 박수소리가 크다. 그러나 약한 사람이 올 때는 그렇지 못하다.

교회는 어찌 보면 죄인들의 집합소라 할 수 있다. 교회는 죄인들을 예수 그리스도의 보혈로 새 사람으로 만드는 용광로와 같은 곳이다. 목사는 대장간의 대장장이와 같다. 썩고 녹슨 쇠를 뜨거운

---

347) 김상철, 《중독》, p.20.

불에 달구어 녹을 다 벗겨 내고, 그것을 가지고 온전히 좋은 쇠가 되게 하여 유익한 농기구를 만든다.

목사는 짐승이 아니라 사람을 데리고 목회를 하는 사람이다. 사람은 하나님처럼 인격이 있다. 하나님께서 당신의 그 인격으로 사람을 만드셨다. 그래서 교회는 여자나 남자나, 가난한 자나 부한 자나, 건강한 자나 병든 자나, 정신이 온전한 자나 중독자나 그 어떤 자라도 용납한다. 이것이 예수님의 정신이다. 오히려 악한 자가 교회에 와서 선한 자가 되고, 병든 자가 하나님의 은혜로 고침을 받고, 술주정뱅이가 단주를 하고, 알코올 중독자가 금주하고 고침을 받을 때 하나님께는 영광이요, 교회는 더 소문난 교회가 될 것이다. 그렇게 될 때 양적으로 질적으로 더 부흥하게 될 것은 명확관화한 일이다. 혹 술주정뱅이가 교회에 와서 소란을 피웠다고 하더라도 그것으로 인해 교인이 교회를 떠난다든지 하지 않는다. 오히려 더 목사를 이해하는 기회가 될 것이다.

그런고로 알코올 중독이나 이로 인한 장애가 목회에 걸림돌이 되질 않는다는 것이다. 예수님의 교훈을 따르는 것이고, 연약한 자를 돕는 것은 당연하고, 그것이 곧 목회가 아니겠는가? 이런 오해로 인해 목사가 어려운 사람이나 그런 집단을 위한 목회와 헌신을 달가워하지 않는 것이 아닌가 싶다. 하지만 하나님은 이런 빛도 없이, 눈에 보이는 것이 별로 없는 자들과 목회하는 것을 좋아하지 않을까 하는 생각이다. 하나님은 약한 자가 걸림돌이 되게 하지 않으실 것이다. 목사는 이런 오해에서 속히 벗어나야 한다.

가끔 목사들이 알코올 중독자를 회피하거나 설불리 접근함으로써 교회가 혼란에 빠지는 경우가 발생하기도 한다. 그러나 이런 경우는 정신병원에서 일차적인 격리와 체력 회복의 단계에만 머물러 있어 아직은 회복이 덜 된 경우에서 발생할 수 있다.

5) 목사 자신이 술을 마시고 있기 때문이다

일각에서는 "술이 구원과 무슨 관계냐" 하면서 오히려 "술은 괜찮다" 하면서 마음 놓고 술을 마시는 목사들이 늘어 가고 있다. 이렇게 심리적으로 술 마시는 것을 부추기는 경우가 있다. 그래서 목사가 오히려 술에 대한 경각심을 흐리게 만들고 있다. 요사이는 술을 마시는 목사가 많아졌다. 사실이 아니기를 바라지만 목사들이 숨어서 술을 즐기는 경우도 있고, 집단적으로 술집에 드나드는 경우도 있다는 것이다. 조심할 일이다. 개인적으로는 물론 단체적으로도 술을 마시는 경우가 있다는 것은 목사의 신분으로 볼 때 지나친 행동이다.

목사가 술을 마시고 있는데 어떻게 교인들에게 술 마시지 말라고 할 자신이 있겠는가? 술을 마시라고 할 수 없다면 교인들에게 술을 마시지 말라는 설교를 할 수 있어야 한다. 목사는 자신이 없다. 목사가 술을 즐기고 있으니 양심상 '나는 술을 마시고 있으나 당신들은 술을 마시지 마세요' 이런 식으로 설교를 할 수는 없을 것이다. 목사 중에서도 술은 음식 중의 하나로 생각하며 술을 즐기는 경우가 있다.

술에 인 박힌 목사들에게서는 하나님께서 바라시는 경건의 자세를 볼 수 없다. 직업적 목사는 안 된다. 하나님의 사람으로 온전함을 향해 노력해야 할 것이다. 말과 행동에 모범이 되어야 한다.

6) 알코올 문제쯤은 목회의 우선순위가 아니라는 것이다

전영복 박사는 그의 책 《기독교상담의 이론과 실제》의 머리말에서 "교역자들은 과중한 업무와 시간 제약으로 상담의 필요성은 알면서도 상담을 목회활동에 쉽게 접목시키지 못한 채 안타까워한다"고 말한다.[348]

목회처럼 다양한 사업이 어디 있겠는가? 교회는 다양한 사람들로 구성되어 있다. 성격과 취향이 각각 다른 각계각층이다. 직업의 다양성, 생활수준의 높고 낮음, 지식의 더하고 덜함, 건강의 유무, 사고의 다양성 등이다. 날이 갈수록 교인들의 다양성은 복잡해질 것이다. 요즘은 우리나라가 다민족 국가가 됨으로 다민족들이 교회로 오고 있다. 백의민족이나 배달민족이란 말은 이제 없어졌다. 다양한 교인들로 인해 교회의 색깔이 옛날 같지 않게 달라졌다. 이젠 교회의 교육도 변하고 있다. 이전처럼 우리 아이들만을 위한 교회가 아니라 다민족의 자녀들을 위한 프로그램이 필요하다. 그들도 우리나라 국민이요, 자라면 우리의 영토를 지켜 주는 군인이 될 것이다.

능력 있는 교회에서는 교육과 언어와 예배의 방식도 새롭게 개발하고 있다. 다민족으로 구성되는 우리나라에서는 사람의 신체 조건과 그 성향과 적성이 다르다. 자라난 토양도 기후도 다르다. 몸이 아프면 처방하는 약도 다를 수 있고 음식도 다르다. 그들 중에는 마약성의 음식을 주로 먹고 살아온 사람들도 있다. 결국은 중독의 다양성이 내재해 있다고 보아야 한다. 중독의 종류도 다양하고 보

---

348) 전영복, 《기독교상담의 이론과 실제》, p.2.

면 교인 중에서도 다양한 중독에 접한 사람들이 없다고 할 것이 아니다. 다양한 교인 가운데는 여러 가지의 문제가 존재한다.

마치 고린도 교회가 술에 익숙해짐으로 문제가 심각해진 것처럼, 오늘의 우리 교회에도 알코올이 들어왔다. 거의 모든 중독은 술과 관련이 있다. 술로 인해 2차 중독, 3차 중독으로 이어진다. 술을 마시고 음주운전으로 사고를 유발한다든지, 술에 취해 새로운 여흥을 즐기기 위해 2차, 3차를 간다든지, 그래서 음란한 행동을 한다든지, 다투고 싸우는 일, 술로 인해 살인사건이 일어나게 된다. 고린도 교회가 술로 타락했고 음란한 교회가 되었고 타락한 대표적인 교회가 된 것이다.

알코올은 육체적, 정신적, 영적으로 병들게 한다. 예수님은 차라리 불구로 하나님의 나라에 들어가는 것이 더 낫다고 말씀하셨다 (막 9:43). 정신적으로 건강해야 천국 백성이 되는 것이다. 목사는 금주에 대해 일 년에 몇 차례라도 설교를 통해 경각심을 갖게 해야 할 것이다. 목사의 느슨한 생각이 문제. 목사부터가 영적으로 건강해야 한다.

지금 현실이 알코올이 사회와 교회에서 보편화되어 있는데 이걸 어떻게 하지 말라 하라 하겠는가, 또는 자기들이 알아서 할 것이지 하는 생각은 안 된다. 술을 마시는 것으로 구원을 얻을 수 없다고는 말하지 않는다. 그러나 그것은 믿음의 행위에 관한 문제다.

7) 알코올 문제에 대한 시비는 시대에 뒤떨어진 것이라는 이야기이다

알코올이 신앙생활에 지대한 영향을 미친 것은 사실이다. 알코올을 성경의 중요한 교리문제로 취급할 것은 아닌 듯하나 교리문제와 비슷하게 취급해야 할 것이다. 알코올의 영향이 너무도 크기 때문이다. 성경에서는 알코올 문제를 많이 다루고 있다. 알코올로 인해 벌어진 사건들은 우리가 알코올에 대해 관심을 갖기에 충분하다. 성경이 우리로 하여금 무관심하도록 알코올에 대해 방치해 버린 것은 아니다. 알코올은 우리의 짐작보다 훨씬 더 교회와 사회에서 심각한 문제를 안고 있다. 그런데 우려할 것은, 알코올 문제를 옛날식으로 하면 안 된다는 것이다. 세상에 술 마시지 않는 사람이 어디 있느냐는 식으로 생각하기 쉽다. 성경에서의 알코올 문제는 이 시대의 변화와는 다르다.

8) 술에 대한 선입견이 있다

목사는 목양적 차원에서 중독자가 무슨 일로 술을 마실 수밖에 없는지에 대한 이유를 알아야 한다. 상담이란 자신이 내담자의 입장에 서는 것이다. 상대방을 인정하면서 긍정적인 자세를 가져야 한다. 상대방을 충분히 이해할 필요가 있다. 이것은 예수님의 방법이다. 술꾼을 죄인으로만 정죄해 버리면 안 된다. 누구나 술꾼이 될 수 있다. 알코올 중독은 사람을 가리지 않는다.[349]

우리는 다 타락한 조상의 후손이다. 술을 싫어하다 보면 사람까지도 싫고 미워지게 된다. 그러나 전혀 예수 믿을 수 없을 것이라 여겼던 사람이 어떻게 예수를 믿고 교회 안에서 집사가 되고 장로

---

349) 하종은, op.cit., p.85.

가 되어 봉사와 헌신으로 섬기는 것을 우리 주변에서 얼마든지 볼 수 있다. 한국 초대교회의 유명한 길선주 목사나 최봉석 목사 같은 이들이 한 예가 될 수 있다. 알코올 중독자나 다른 중독자를 정죄하지 말아야 한다. 이것이 목회자의 사명이요, 책임이라 할 것이다.

술을 마셨다고 해서 그 술꾼이 당장 죽어야 할 사람은 아니다. 한국 초대교회에서의 술 마시는 사람에 대한 전도방법은 '술을 끊고' 교회 나오라고 했다. 알코올 의존자나 중독자를 죄인으로 취급해서는 안 된다. 또 그들을 멀리해서도 안 된다. 교인들의 가정에도 술을 마시는 아버지나 아들이 있다. 더구나 지금은 알코올이 가정 깊숙이 들어와 있다. 술에 대한 선입견이란 술을 좋게 보자는 뜻이 아니다. 술을 죄악시만 하면 안 된다는 것이다.

3. 목회상담적 지침

알코올은 사용되지 않는 곳이 없다. 가정 안에 깊이 스며들어 있다. 음식을 만드는 데에도 알코올이 음식 맛을 내는 데 주요 부분이다. 셰프들의 요리를 보면 반드시 술이 들어가야 한다.

목사가 알코올에 무관심한 이유가 이상의 이유 말고도 또 있을 것이다.

사실 목사는 알코올이 확실히 나쁘긴 나쁜데 과연 알코올이 어떻게 나쁜가에 대하여는 모른다. 막연하게 알코올이 나쁘다는 전통적인 한국 기독교의 주장에 따라 나쁘다는 인식을 가지고 있을 뿐이다. 그래서 알코올에 대하여 모르기 때문에 무관심하다. 교인들 중에 알코올에 취한 사람이 있는지 없는지 모른다. 알더라도 그것을 문제화하려고 하지 않는다. 해결하지 못할 바에야 그냥 모른 척하는 것이 더 낫다고 여긴다. 이에 대한 확신이 없기 때문에 알코올에 취한 목사와 교인들이 많지 않은가?

알코올에 취한다는 것은 우상숭배에 속한다. 알코올은 하나님을 거역하는 존재인데 하나님보다 알코올을 더 사랑하는 것이 우상이다. 알코올이란 하나님과의 거리를 두게 하는, 경건생활의 방해물인 것이다. 알코올이 사회나 가정에서 보편화되어 있는데 알코올에 시비를 하면서 목회를 할 필요가 있느냐는 것이다. 현실적으로 그보다 더 크고 문제가 되는 것들이 많은데 하면서 술을 피하면서 목회를 하려고 한다. 술이란 알코올 성분이 있는 것을 말한다. 실제로 성경에는 술(와인)의 유익한 점을 말하기도 했는데 그러면서도 결국은 알코올이 나쁘다고 성경은 강하게 말하고 있는데 이 부분을 어떻게 봉합할 것인가에 두려움을 갖고 있다.

확실히 알코올을 멀리하는 것은 하나님을 가까이하는 데 큰 도움이 된다.

제3장
한국교회의 중독의 현주소

1. 술에 취한 대한민국

　도로교통공단 실태 조사에 따르면, 2017년도에 음주운전으로 월 평균 36명이 목숨을 잃었고 2,780여 명이 부상을 입었다. 주목되는 것은 30대의 젊은이들의 음주운전이 심각하다고 한다. 그럼에도 음주운전이 기승을 부리고 있단다.[350]

　도로교통공단은 2016년 10월 오비맥주와 업무협약(MOU)을 체결하여 음주운전 근절 및 무분별한 음주와 관련된 사회 분위기를 개선하고, 교통사고로 인한 사회적 손실을 줄이기 위해 다양한 음주운전 예방 프로그램을 공동추진하고 있다. 그러나 이것만으로는 안 된다.

　2011년 세계보건기구(WTO)가 발표한 한국의 알코올 중독률(18세

---
350) 중앙일보(2018. 9. 21).
　도로교통공단에서 가장 최근에 조사한 도로 위에서의 살인운전, 음주운전으로 인한 사망사고에 대한 통계를 볼 수 있다.

이상 성인 중 알코올 의존 남용자 비율)은 6.76%로 세계 평균 3.6%의 1.8배 수준이다. 알코올 도수가 높은 증류주의 1인당 소비는 소주를 즐겨 마시는 한국이 9.57리터로 세계에서 제1위다. 한국주류산업협회에 따르면, 2011년 한 해 동안 한국인이 소비한 소주는 무려 33억 병으로 하루에 900만 병 이상이 팔렸다.

영국의 국제주류시장연구소(WSR)가 밝힌 2011년 전 세계 고급 위스키 판매현황에서도 한국은 출고량 68만 8,000상자로 1위다. 의료현장에서 분석하는 우리나라 알코올 중독의 현주소는 훨씬 더 심각하다. 우리나라 인구의 6%가 당장 전문적인 치료를 필요로 하는 알코올 중독 환자로 파악되고 있다. 일상적으로 폭음을 하는 음주문화와 방치된 환자를 고려한다면 잠재 환자는 600만 명이 넘을 것으로 추정된다. 알코올 중독이 일반적으로 '가족병'으로 불리는 점을 감안한다면 우리나라 전체 인구 중 2,400만 명(4인 가족 기준) 이상이 이 질환으로 고통받고 있다고 본다.

우리나라 사람들은 중독성이 강하다. 어느 민족이나 전염성이 있지만 말이다. 한 가지 일에 몰두하게 되면 다음의 일에 감정이 쉽게 사그라든다. 러시아 월드컵에서도 잘 나타난다. 축구전이 열리기 전부터 우리는 아무리 '죽음의 조'라 할지라도 16강을 넘어 4강으로까지 꿈을 갖고 그것이 현실이 되기를 바라며 마치 신앙이듯이 응원을 했다. "적어도 16강에 올라야지." 그러다 스웨덴에 지고 거의 시들어 가고 있다가 세계의 강호 독일

술에 중독된 자

의 전차군단과 맞붙었을 때 거의 생각도 못하게 2:0으로 이겼다. 이건 기적에 가까웠다. 이 순간 16강에 오르지 못한 그 서운함은 어디로 날아가 버리고 말았다. 그러는 동안 이웃 나라인 일본은 16강에 올라 있다. 우리는 16강이 아니었다. 이것이 문제였다. 일본만 아니었다면 얼마나 좋았을까? 밤새워 축구를 보면서 닭갈비에다 술을 들이킨다. TV에서는 술을 어떻게 먹어야 하는지까지도 앞서 선전을 한다.

신형 TV나 냉장고가 나왔다고 하면 주부들이 백화점 앞에 줄을 선다. 남보다 먼저 사고 말아야 직성이 풀린다. 아이들의 과외공부도 그렇다. 학부모들이 남보다 한 곳이라도 더 보내기 위해 미쳐버린다. 과외비를 대기 위해 별짓을 다한다. 이렇게 우리는 중독성이 강하다. 한국 남성의 알코올 중독 평균 유병률은 20%에 달한다.[351]

술의 특성은 사람을 미치게 한다. 하나님께서도 진노하실 때 술을 사용하기도 하신다. 사람은 술을 마시면 비틀거리고 미친다(렘 25:16). 사람들은 우상을 섬기는 데도 미쳐 버린다(렘 29:26). 열방이 바벨론의 포도주를 마시고 미쳤다(렘 51:7).

음주로 인한 사회 경제적 비용은 여타 다른 질환에 비교할 수 없을 정도로 막대하며, 위험음주로 인한 자살 및 사망에 따른 경제적 비용 또한 크다. 특히 30, 40대가 많다. 음주로 인한 성범죄, 가정폭력, 음주운전이 전반적으로 증가하고 있다. 한국의 음주문제는 광범위하고 심각하다. 우리 사회는 일상 속 음주를 조장하고 있는 환경이다. 용이한 주류판매의 접근성이 문제다. 언제 어디서나 술을 쉽게 구할 수 있다. 술을 늦게까지 파는 주점, 24시간 편의점

---

351) 최은영,《약물 중독》(학지사, 2008), p.11.

의 주류 판매, 술 판매가 자유로운 음식점 등은 더욱 술에 취하게 만든다.[352]

이해국 교수(한국중독포럼 상임이사)는 우리나라의 일상 속 음주 조장의 환경에 대해서 다음과 같이 몇 가지를 지적한다.

> 공공장소에 대한 규제가 없어 음주로 인해 그 피해가 심각한 점
> 쉽게 마실 수 있는 일상화된 공공장소에서의 음주
> 주류광고 규제에 대한 사각지대
> 미디어 기술 발달로 새로운 매체로 확대되는 광고시장, 시공간의 제약이 없다는 점
> TV, 라디오 등 전통매체 중심인 현행 주류광고 기준이 적용되지 못한 점[353]

TV, 라디오를 통해 아이들이 술 광고를 하는 나라는 한국이 유일하다. 맥주 광고를 보면 술 마시고 싶은 마음이 생기게 한다.

음주로 인해 발생되는 사회적 비용도 적지 않다. 국무총리실 산하 한국보건사회연구원은 음주로 인해 발생하는 질병과 사고로 인해 우리 사회의 비용이 무려 연간 7조 3,698억 원에 달한다고 한다. 이 비용은 정부의 2013년도 건강보험 지원예산(6조 5,131억 원)보다 더 많은 액수다. 국민들이 술만 안 마셔도 건강보험예산을 많이 줄일 수 있다.

폭음문화가 일반화된 우리나라는 술 마시는 일을 예사로 생각

---
352) 보건복지부, 2018년 알코올 정책토론회, p.13.
353) Ibid. pp.16-17.

한다. 그러니 자녀들이 술 마시는 일도 예사다. 심지어는 자녀들과 함께 술을 마시고 권하기까지 한다. 아예 주도라 하여 술 먹는 것을 가르치기도 한다. 이런 문화이기 때문에 우리나라는 알코올에 취한 나라가 되고, 알코올에 비틀거리고 있다. 알코올 중독에 무너지는 소리가 우리나라 곳곳에서 일어나고 있는데 위정자들이나 국민들이, 그리고 교회 지도자들이 꿈쩍도 않고 있다.

알코올 중독은 많은 질병을 유발한다. 마치 암이 전이되는 것과도 같다. 알코올은 제2차 질병과 사고를 가져온다. 고혈압이나 당뇨, 암과 같은 심각한 질병으로 바라보는 사회적 인식 전환이 절실하다. 술 취해서 벌어지는 폭력과 살인 등의 범죄가 매우 심각하다. 알코올 중독의 증상이 단계적이듯 알코올 중독의 범죄도 다양하게 번진다.

알코올성 정신질환으로 병원을 찾는 수가 연간 8만 명에 이른다고 한다. 국가건강보험공단의 분석에 따르면, 알코올성정신장애질환 진료환자 수는 2007년 6만 6,196명에서 2012년에는 7만 8,357명으로 5년간 18.4%, 연평균 4.3%씩 증가했다. 2011년 교육과학기술부에서 발표한 '학생 음주·흡연 등 약물사용실태' 자료에 따르면 십대 청소년 음주율도 높다고 한다. 전국 800개교 중고생 7만 5,643명을 조사한 결과 '지난 한 달 동안 한 잔 이상 술 마신 적이 있다'고 답한 학생이 20.6%였다. 이들 중 1회 평균 음주량이 소주 5잔 이상인 남학생과 소주 3잔 이상인 여학생, 이른바 '위험음주학생'은 48.8%였다.

2. 중독, 교회 밖의 일이 아니다

알코올 중독 문제는 크리스천과 거리가 먼 교회 밖, 다른 나라 이야기가 아니다. 알코올 치료는 반드시 교회가 나서야 한다. 목사에게는 알코올 남용자나 중독자, 그리고 다른 중독자도 목회 영역이다. 교인들 중에 알코올 중독자가 과연 없는가? 이미 중독자가 되어 교회로 입교하는 자도 있을 것이다.

신약의 고린도 교회를 살펴보자. 이탈리아와 그리스 사이의 아드리아 바다(Adriatic sea, 행 27:27)를 발칸 반도의 보석이라 부른다. 고린도는 그리스에서 가장 활발한 상업도시로 번창한 항구도시다. 항구의 특성상 무역인이나 상인과 어부들이 드나드는 곳으로서 물질적으로 부유하고, 문화가 개방되어 퇴폐적이고 도덕적으로 문란하기로 악명이 높다. 아드리아 바다의 노을은 아름답기가 세계적으로 유명하다. 상인이나 어부들이 저녁노을을 바라보며 노을에 취하고 술에 취한다. 주변의 많은 사람들이 도덕적으로 부패했다고 한다. 이런 고린도에는 아프로디테(Aphrodite)라는 여신전이 있고 천여 명의 여사제(sacred prostitute)들이 있었다. 이들은 매춘부였다. 종교 다원주의가 팽배했다. 이런 사람들로 고린도 교회의 교인이 구성되었다. 이들은 거리낌 없이 범죄를 자행했다. 이에 성경에서 고린도 교회를 타락한 교회라 부른다.[354]

---

354) '아드리아'(Adriatic) 바다는 성경에서 단 한 번 나온 이름이다(행 27:27). 아드리아 바다는 이탈리아와 아가야 사이에 위치한 바다를 총칭한다. 사도 바울이 타고 간 배가 로마로 가는 도중에 유라굴로라는 태풍을 아드리아 바다에서 만났다. 역사가 요세푸스는 "바울이 탄 배는 이곳에서 침몰했다"고 기록했다. 또 로마의 시인 호레이스는 "아드리아는 변덕스러움이 끊이지 않는 바다"라고 기록한다.

목사나 중직자들 사이에 알코올에 '인 박힌 자'가 없는가? 술에 취한 목사들도 적지 않다는 이야기다. 술을 좋아한 어느 목사는 교회 이름으로 된 카드를 이용하여 친구들과 술을 마셨다가 영수증이 교회로 갔다. 그렇게 교회에서 쫓겨나는 경우가 있다.

사례1) 어느 초등학교 교사인 장로의 이야기다. 교사 중에 장로가 더러 있다. 교사들끼리 회식을 할 때가 많은데 회식 때에 장로들이 술을 잘 마신다고 한다. 술을 안 마시는 장로는 술은 안 마시고 안주만 먹으니 "당신은 어째서 비싼 안주만 먹느냐"라고 시비를 건다는 것이다. 안주만 먹었던 장로가 집에 와서 아내에게 "당신은 복 있는 사람이다"라고 말하더라는 것이다.

사례2) 어느 목사가 저녁에 골목길을 가는데 자기 교회 장로가 술을 먹고 비틀거리며 걸어왔다. 목사는 보기가 민망해서 그 길을 피해서 다른 길로 갔다고 한다. 그 이유는 무엇일까? 만약에 술 취한 장로와 목사가 만났다면 그 장로는 수치심을 가졌을 것이고, 혹 교회를 떠났을 것이다. 목사는 그 장로를 잃을까 봐 피해 주었다. 이것이 한국교회의 실정이다.

3. 절주냐, 금주냐?

기독언론인 버라너커 네핑어 박사가 말한 "크리스천들이 술을 마셔도 좋은가?"는 논쟁을 일으키는 '뜨거운 감자'다. 성경에서는 술 취함을 단죄하는 데다 크리스천은 온전한 정신으로 경건해야 한다는 것이다. 물론 많은 크리스천 중에서도 알코올 음용 자체는 죄가 안 된다고 말하는 이들도 있다. 바울이 고린도전서에서 말하기를, "음식(고기와 술)은 아무것도 아니다. 우리가 먹지 않는다고 해서 더 못사는 것도 아니요 먹는다고 해서 더 잘사는 것도 아니니라. 그런즉 너희의 자유가 믿음이 약한 자에게 걸려 넘어지게 하는 것이 되지 않도록 조심하라"(고전 8:8-9) 하였다. 사람의 잘못된 양심으로 다른 사람이 시험 들지 않도록 조심해야 한다는 것은 바로 술의 위험성을 말해 준다. 크리스천이 술에 취해 있거나 '주정'을 하는 모습은 보기 사나운 것임에 틀림없다.[355]

솔로몬은 "무엇이든지 내 눈이 원하는 것을 내가 금하지 아니하며 무엇이든지 내 마음이 즐거워하는 것을 내가 막지 아니하였으니"(전 2:10)라고 말했다. 솔로몬은 절제하지 않는 쾌락주의자(Hedonist)였다.

사람은 욕망이 말하면 듣는다. 에덴 동산에서부터 내려온 죄성이다. 우리 모두는 절제의 은사를 사모해야 하며, 절제를 훈련해야 한다. 그러나 중독에 빠진 사람들도 수없이 절제하려고 노력했을 것이다. 그러나 결국은 절제를 시도하는 그 자체가 헛되고 그것이 문제를 해결해 주지 못함을 알게 되고, 실패할 때마다 자기의 연약함을 알고 좌절하고 낙망할 것이다. 인간은 어쩔 수 없다. 다른 방법은 없다. 나 스스로의 능력으로 절제하는 것을 포기해야 한다. 그리고 더 '높은 능력자'(highest Power) 되신 하나님께 맡기고 의지하

---

355) 기독언론인 버나너커 네핑어 박사의 "교회 안의 골칫거리, 알코올".

고 겸손히 그의 자비하심을 따라야 한다.[356]

중독자는 '절주'의 가능성에 집착한다. 적당히 마시면 된다는 것이다. 이들은 결심을 하고도 다시 마심으로 절주에 실패하고 만다. 그러면서도 절주에 성공할 수도 있지 않을까 하는 불확실한 행운을 바라고 있다. 중독자는 폐인이 되고 죽음에 이르기까지도 절주를 시도한다. 절주를 시도하다가 실패를 반복하는 병이다. 영화 "죽은 시인의 사회"(Dead Poem Society)의 주연으로 세계적인 배우였던 로빈 윌리엄스(Robin Williams, 1951-2014)는 20년간 단주에 성공했었으나 얼마 후 조금씩 술을 입에 대면서 알코올 중독이 재발했다. 재활원에 들락날락하더니 결국은 중독으로 세상을 떠났다. 절주는 불가능하다. 단주를 해야 한다. 첫 잔을 마시지 않는 것이 가장 중요하다.[357]

알코올 중독 치료 박사인 허근 신부는 "술을 덜 마시는 절주도 금물"이라 했다.[358]

'금주'는 술을 먹지 않는 상태뿐만 아니라 다른 사람까지도 먹지 않게 하는 것이며, 술 제조까지도 하지 않는 것을 말한다. '단주'는 자기 자신이 술을 끊는 것을 말한다. 자기 자신이 문제이기 때문이다. 다른 사람의 술에 대해서는 관심이 없다. 금주라 하고 자기 의지와 노력으로 술을 마시지 않고 그날그날을 살아가는 것을 단주라 하고, 절주는 자신이 술의 양이나 도수를 줄여 가는 경우를 말한다.

미국의 경우, 주 2회 이상 술을 마시면 알코올 중독 초기로 본다.

---

356) Edward T. Welch, 《중독의 성경적 이해》, pp.273-274.
357) 하종은, op.cit., p.129.
358) 중앙일보(2012. 7. 24).

알코올 중독자를 보는 시각부터가 다르다. 한국은 병을 다 키워 놓은 후에 고쳐 보자고 생각한다. 수전증 같은 질병이 나타나기 전에는 알코올에 중독되었다고 생각하지 않는다. 미국의 알코올 중독에 대한 인식과 학문적 연구는 한국보다 30년 이상 앞선다. 한국은 마약이나 알코올 중독과 관련해 연구하고 상담하는 전문인력이 매우 부족하다.

술에 대해서 크리스천들은 전통적으로 3가지 입장을 견지해 왔다.

첫째는, 철저한 금주다. 보수주의 입장의 교파에서 주장한다.

둘째는, 허용주의다. 대개 진보주의 입장의 교파에서 주장한다. 가끔은 금하면서도 실제적으로는 술을 허용해 주는 입장이다.

셋째는, 개방이다. 주로 가톨릭과 같은 교회가 취하는 태도인데, 술을 허용할 뿐만 아니라 술을 개방한다. 사제나 신도들이 마음 놓고 마신다. 허용하면서 자제하라고 말한다. 술을 허용하기 때문에 신부까지도 알코올 중독에 빠지는 경우가 있다. 알코올 중독 상담이나 그 치료방법에도 앞서 간다. 알코올을 허용, 개방하기 때문에 알코올 중독이 많고 자신들의 대책이 필요하기 때문이다.

반대로 알코올에 대하여 보수적인 입장에서는 알코올 중독에 두려움을 느끼지 않는다. 개신교도들은 술을 안 마시는 것으로만 여긴다. 사실은 그것이 아닌데 말이다.

중세 유럽의 가톨릭 교회에서는 교회에서나 가정에서 술을 빚어 먹기도 했다. 루터도 그랬고, 루터의 아내 '카타리나 폰 보라'는 수녀 시절 맥주를 만들던 양조사였다. 수도원에서 만드는 '비어'도 있었고, 또 '구세주 맥주'(Salvator)라는 술도 있었다. 이런 물을 대신한

술의 전통이 중세 교회를 붙잡고 오늘날까지 내려옴으로 알코올이 주는 악영향이 인류에 미친 것이다.[359]

많은 사람들이 성경에는 술을 마시지 말라는 율법적인 구절은 없다며 적당히 타협하려는 미온적인 태도를 갖는다. 그러나 성경은 명확하게 규정하고 있다. 성경은 "술 취하지 말라 이는 방탕한 것이니 오직 성령으로 충만함을 받으라"(엡 5:18)고 하였다. 성도는 술의 지배가 아니라 성령의 지배를 받아야 한다고 한다. 또 성경은 술로 인한 여러 죄악에 대한 결과들을 자세히 설명해 주고 있다. 적어도 '술 취함'(drunken)만은 피해야 할 것이다.

사람은 먹어야 살 수 있다. 하나님께서는 세상의 시작에서부터 사람들은 먹어야 살 수 있도록 만드셨다. 그래서 하나님께서는 당신이 창조하신 인간을 위하여 필요한 좋은 환경과 먹을 것을 준비하셨다. 그러나 하나님께서는 인간의 속성을 아시고 먹을 것과 먹지 말 것을 분명히 하셨다. 이것저것을 다 먹으라고 하지 않으셨다. "동산 각종 나무의 열매는 네가 임의로 먹되 선악을 알게 하는 나무의 열매는 먹지 말라"(창 2:16-17)고 하셨다.

> "사람이 떡으로만 살 것이 아니요 하나님의 입으로부터 나오는 모든 말씀으로 살 것이라"(마 4:4).

---

[359] 백경학의 맥주에 취한 세계사, 중앙일보(2018. 6. 23).

4. 교회 안의 술과 교회 밖의 술

기독교가 한국에 들어오기 전부터 우리나라 사람들은 술을 많이 마셨다. 유럽 지역처럼 물이 없어서가 아니었다. 술을 물처럼 마셨고, 집에서 각각 담가서 먹기도 했고 주막에서 사 먹기도 했다.

지금으로부터 반세기 전만 해도 마을마다 주막이 많았다. 일제 강점기에는 일본 순사들에게 들킬까봐 숨어서 술을 만들어 마시기도 했다. 선교사들이 한국에 와 보니 한국은 술 때문에 망할 것처럼 보여 술을 없애는 운동을 했다. 가난한 백성이 술에 취해 정신이 없었다. 술은 노동력을 잃게 한다. 또 술은 사람을 게으르게 만든다. 자연히 더 가난해질 것이기에 선교사들은 금주운동을 했다.

그래서 선교사들은 교인들에게 술을 마시지 말 것을 강조했다. 그 후로 '금주'가 교리가 되다시피 했다. 그것이 '교회에 나오려면 술을 끊고 오너라'는 보수적인 전도방법이 되었다. 결국 크리스천이 증가할수록 자연히 술이 줄어들었다.

선교사들이 펼친 한국 백성들의 금주운동도 알고 보면 미국과 비슷했다고 볼 수 있다. 그들은 미국 역사에서 경험한 바가 있었다. 1920년의 헌법 18조(금주법) 수정안이 의회에서 통과된 일로부터 1840년 절주운동이나 1919년의 볼스테드 법에서 미국이 알코올 중독으로 많은 어려움을 당했다는 사실을 역사를 통해 알았을 것이다. 선교사들이 한국에 와 보니 한국 백성들이 알코올로 인해 문제가 심각함을 느끼고 금주운동을 하게 되었다고 볼 수 있다. 술을 마시느냐 안 마시느냐, 어느 것이 교리에 맞느냐, 또는 천국에 가느냐 못 가느냐의 문제보다도 금주한 교인으로 인해 사회가 더 깨끗

금주가

해진 것은 사실이다. 술주정뱅이가 많은 마을에 점점 술이 줄어든 것이다.

한 가지 확실한 것은, 크리스천이 술을 마시느냐 안 마시느냐의 문제는 율법의 문제도 아니요 순전히 개인의 문제이지만, 이 시대의 교인들 중에도 상당수가 술을 마신다는 이야기다. 술을 마시면 가난해진다(잠 21:17, 23:20-21). 어떤 사람은 월급의 절반이 술값으로 나간다. 논을 팔아서라도 술을 마신다. 중독자가 된 것이다. 형제에게 걸림돌이 되지 말라(롬 14:13-23).

다음 곡은 1931년 우리나라 최초의 여성 작곡가이자 성악가인 임세배가 작사·작곡한 찬송 금주가(temperance song)이다.[360]

금주가

1. 금수강산 내 동포여, 술을 입에 대지 마라
   건강지력 손상하니 천치 될까 늘 두렵다
   (후렴) 아– 마시지 말라 그 술, 아– 보지도 말라 그 술
   우리나라 복 받기는 금주함에 있나니라

2. 패가망신 될 독주는 빚도 내서 마시면서

---

360) 임세배는 이화여대를 졸업하고 미국으로 이민을 갔다.

자녀교육 위하여는 일전 한 푼 안 쓰려네

3. 전국 술값 다 합하여 곳곳마다 학교 세워
　　자녀수양 늘 시키면 동서문명 잘 빛내리

4. 주님 주신 내 재능과 부모님께 받은 귀태
　　술의 독기 받지 말고 국가 위해 일할지라

5. 거절의 방법

먼저 사도 바울이 디도에게 준 교훈을 살펴보자. 사도 바울은 디도에게 경건치 않는 정욕에 대해 '아니오'(Just Say No; 딛 2:2)라고 말해야 한다고 권면한다. 나이 든 남자, 나이 든 여자, 젊은 남자, 젊은 여자에게 '절제'(self-controlled; 딛 2:4-5)가 필요하다는 것이다. 그것이 방종이든지 알코올이든지 말이다. 젊은 남자들에게는 '신중하라'(self-controlled; 딛 2:6)고 했는데 이 말도 절제하라는 말이다. 바울은 참 아들 디도에게 옳지 못한 일에는 '아니오'를 말하라고 한다. 우리의 욕망이 원할지라도 '아니오'라고 말할 수 있는 용기가 필요하다. 알코올 앞에서는 더욱 '아니오'가 필요하다. 사람에게는 그런 용기가 쉽지 않다. 그러나 하나님의 힘으로는 가능하다.[361]

　술이나 마약을 권유받게 되는 경우에 어떻게 거절해야 할 것인가? 주로 단주나 절주를 하려고 하는 사람들에게 해당된다. 가능하

---
361) Edward T. Welch, op.cit., pp.294-295.

면 중독 상담자는 효과적인 거절 방법도 연구해서 중독자가 효과적으로 성공할 수 있는 길을 마련해야 할 것이다.[362]

'성공적으로 거절하기'에 대해 몇 가지를 제시하고 있다. 몸짓이나 음식 대안을 제시하기, 단호하게 "No"라고 말하기, 대화주제 바꾸기 등이다.[363]

필자는 1971년 군종장교로 임명을 받고 강원도 양구에 있는 부대로 파송을 받았다. 그때 부대에서는 군종 과장이 새로이 부임해 왔다면서 환영 파티를 열었다. 모든 참모들이 ㅁ자로 된 연회석 식탁에 둘러앉았을 때 필자도 정해진 자리에 앉았는데 테이블 위에는 각각의 술병들이 놓여 있었다. 소개를 한 다음 연대장이 차례로 술을 따를 때 모든 참모들이 겸손하게 술잔을 받았다. 내 차례가 되었다. 연대장이 술을 따르려 할 때 "연대장님, 저는 지금까지 술을 입에 대 본 일이 없습니다. 참으로 죄송합니다"라고 정중하게 거절했다. 그때 주변 참모들이 웅성거리면서 "목사님, 받는 체만 하고 받아서 상 아래로 내려놓으세요", "그냥 입만 대고 마세요" 등등 여러 방법을 말해 준다. 나보다 주변 참모들이 더 안달한다. 그때 훌륭하신 연대장(김종범 대령, 그 후 육군본부 교육과장으로 가셨음)은 "좋습니다. 목사님에게는 사이다를 드리세요"라고 말했다. 그 후부터는 회식이나 모임이 있어 가면 반드시 내 앞에는 술 대신 사이다나 환타가 놓였었다. 그 연대장은 필자에게 좋은 분으로 기억된다.

에드워드 T. 웰치(Edward T. Welch)는 말하기를, 분명히 '아니오'라고 말해야 한다. 그러지 않으면 솔로몬과 같은 사람이 된다고 말한

---

362) Newgate Institute, op.cit., p.88.
363) Tracey J. Jarvis, Jenny Tebbutt, Richard P. Mattick, Fiona Shand 공저, op.cit., p.176.

다. 돈과 시간만 있으면 무엇이든지 원하는 대로 할 수 있다는 것이다.[364] 솔로몬은 절제하지 않는 쾌락주의자(Hedonist)였다.

여러 책에서도 술을 거절하는 기술을 제시하고 있다. 술을 거절하는 방법이 여럿 있다. 한국 풍습으로는 점잖게 술을 거절하기가 힘들다. 상담자는 내담자에게 '당신은 술을 마시지 않을 권리가 있다'는 것을 상기시킬 필요가 있다. 그리고 '성공적인 거절하기'를 가르쳐야 한다. '몸짓', '음색', '말의 내용'으로 거절하기를 익히면 좋다. 몇 가지를 제시하고 있다. 'No'라고 말부터 하기, 대안 제시하기, 대화 주제 바꾸기 등이다.[365] 이런 거절 방법은 일반적일 수 있으나 크리스천들은 무엇보다 "오늘은 안 되겠네요" 하는 '변명이나 애매한 대답'을 피하고 담대하게 "내 몸에 전혀 도움이 되지 않네", "겨우 술을 끊었네", "의사가 술을 끊으라고 충고했네" 하는 등으로 거절해야 한다. 거절하는 데도 용기가 필요하다. 용기가 없는 사람은 술을 끊기가 어렵다. 될 수 있으면 술자리를 피하는 것이 좋다.

6. 목회상담적 지침

지금 알코올은 교회와 사회의 구별이 없어졌다. 술이 들어갈 만한 곳엔 다 들어갔다. 사실 교회 밖의 술과 교회 안의 술을 구분할 순 없다. 그러나 술의 해독을 말하려고 할 때 교회는 그 심각성을 알아야 할 것이라는 생각에서다. 술에 교회가 점령되어 버린다면

---

364) Edward T. Welch, op.cit, p.273.
365) Tracey J. Jarvis, Jenny Tebbutt, Richard P. Mattick, Fiona Shand 공저, op.cit., p.175.

문제가 크다. 어찌 보면 교회도 술에 정복되고 있다고 봐야 할 것이다. 성직자들도 술 마시는 일에 아무런 거리낌이 없어 보인다. 그래서 대한민국은 술에 흔들리고 있다는 것이다.

술이 개방된 가톨릭에서는 많은 신부들이 술에 중독되었고, 지금도 중독자의 길을 걷고 있는 이들이 많다. 병이 있으면 약을 연구할 것이다. 알코올 중독에 시달리기 때문에 가톨릭에서는 알코올 중독을 치료하는 연구를 하고 있다. 그들은 개신교에서는 찾아볼 수 없는 연구기관을 운영하고 있다.

가톨릭에 비하면 개신교는 얼마나 다행스러운가? 그러므로 어렸을 때의 신앙교육이 중요하다는 뜻이다. 개신교에서는 술을 마시지 않아야 한다는 것이 교리에 가까울 정도이다 보니 교회에 출석하는 사람은 술을 안 마신다는 것을 상식으로 알고 있다.

절주만 가지고는 안 된다. 절주는 금주가 아니기 때문이다. 절주는 술을 잘 마시는 자에게 술을 줄일 것을 권면하는 것이지 중독자의 길을 막는 것은 아니다. 크리스천은 성경이 가르친 대로, 또 성경 역사의 사실대로 술을 금하는 것이 중요하다.

'금주냐, 절주냐?'가 아니라 단호하게, '금주'라고 해야 한다. 금주는 성공이고, 절주는 실패의 길을 계속 걷게 된다. 어떤 경우 술을 거절하기가 곤란할 때도 있지만, 그러나 용감하게 거절해야 한다. 요즘은 거절할 권리가 커졌다.

제4장

중독 치유 전략

그러면 중독에 대한 기독교적 대안이 무엇이겠는가?

1. 기도가 첫 번째 전략이다
(First Strategy is Powerful Prayer)

이르시되/

기도 외에 다른 것으로는/

이런 종류가/

나갈 수 없느니라// (마가복음 9장 29절)

근본적인 알코올 중독 치유는 하나님께서 하시는 일이란 것을 말해 왔다. 성경이 줄곧 말하고 있고, 성경을 읽으면 알 수 있도록 역사적 사건을 통해 증거들을 보여주고 있다. 우리가 할 일은 기도

다. 우리의 기도를 통해서 하나님은 불치의 병이요, 영원한 현대판 천형이라고 불리는 알코올 중독으로부터 우리와 우리의 자녀들을 해방시키실 것이다. 기도와 말씀을 통해서 성령께서는 사람의 마음속에서 역사하심으로 심령의 변화를 겪게 된다. 기도 없이는 아무것도 할 수 없다는 것을 우리 크리스천은 체험해 왔다. 기도가 없으면 아무것도 되는 것이 없다는 것도 확신하고 있다. 기도가 무기요, 전략이다. 무엇보다 기도다. 육체적인 병도 감당하지 못하는 우리가 정신적이고 영적인 짐을 어떻게 스스로 감당할 수 있단 말인가? 성경은 기도함으로 목적을 이룬 산 증거를 말해 준다.

중독 치유는 인간이 할 수 있는, 즉 정신의학자나 약학자나 심리학자나 유명한 상담학자가 할 수 있는 분야가 아니다. 심지어는 목사의 직위가 할 수 있는 것도 아니다. 오로지 하나님께서 하실 일이다. 알코올 중독자를 위해서 개인이 기도해야 할 것이고, 가족들이 기도해야 할 것이며, 교회가 합심해서 기도해야 할 것이다.

성경을 보면 "기도 외에 다른 것으로는 이런 종류가 나갈 수 없느니라"(막 9:29)고 했다. 크리스천은 그동안 기도로 많은 것을 해결해 본 경험이 있다. 그러므로 확신이 있다. 이런 신앙을 가지고 기도의 힘을 모아야 할 것이다. 그런 의미에서 중보적인 기도가 필요하다. 예수님은 죽은 지 나흘이나 되어 부패된 나사로를 순식간에 살리시는 능력을 가지셨다(요 11:43-44). 병든 자를 위해 기도하라 했으니 기도를 열심히 해야 한다. 기도하다가 신유의 은사를 받고 병도 낫게 되고, 기도로 변화를 받고 술이라는 말만 들어도 구토가 생기고 알코올 중독에서 해방을 받기도 한다. 하나님께서 쓰시려면 어떤 어려운 질병에서도 고쳐 쓰실 것이다.

기도보다 더 힘 있는 것은 없다. 2019년 2월 6일 미국 조찬기도회에서 트럼프 대통령은 미국 상하의원들을 비롯하여 세계 각국에서 초청받은 1,500명의 내빈들이 모인 자리에서 두 사람의 상원의원들에게 기도를 받았다. 두 상원의원들이 트럼프 등에 손을 얹고 기도할 때 청중들은 손을 들고 함께 기도했다. 미국의 파워는 성능 좋은 무기가 아니라 기도이다. 기도가 미국의 힘이다. 무기는 사람을 죽이는 것이지만 기도는 사람을 살리는 일이다. 우리나라도 이승만 대통령이 국회에서 취임할 때 성경 위에 손을 얹었고 이윤영 의원의 기도를 받았다. 이런 지금의 미국이 부럽다.

모든 사람을 위해 기도하라. 알코올 중독자를 위해, 그 가족을 위해, 결과를 보장받지도 못하면서 끝없는 수고를 하는 치료자들을 위해 기도하라.

믿고 구하라(마 21:22).

끈질기게 기도하라(눅 18:1).

예수 이름으로 기도하라(요 14:13-14).

2. 알코올 중독자를 껴안아라(hug the addict)

목회자나 교회가 알코올 중독자를 멀리할 수 없다. 선교 초기에는 술을 끊고 교회 나오라고 전도했으나 요즘은 교회 나오면 술을 끊을 수 있다며 전도방법도 달라졌다. 술이 너무나 우리 사회에 편만해 있기 때문에 술과 무관한 사람이 그리 많지 않다. 어떤 환자라도 예수님이 하셨듯 목회자나 교회는 용납한다. 알코올 중독자도 관심의 대상이다. 교인들 중에도 알코올 중독자가 있기 때문이다. 술주정뱅이의 문제는 교회와 국가의 책임이다. 예수님도 모든 사람을 껴안으셨다. 모든 사람들이 외면한 문둥병자도, 간음한 여인도 껴안으셨고 사회에서 멸시받은 세리도 불러서 당신의 제자로 삼으셨다.

죄인 된 사람을 불러 목사로, 지도자로, 성도로 삼아 주신 예수님의 사랑과 인자하심을 본받아 중독자를 끌어안아야 한다. 하나님의 은혜로 변화를 받게 되면 그를 통해 무슨 일을, 어떻게 큰 역사를 행하실지 하나님의 생각을 어떻게 알겠는가?

목회자들이 어떻게 하느냐에 달려 있다. 우선 목회자들이 중독의 심각성을 빨리 이해하는 것이 급선무다. 불행하게도 지금의 상태는 중독의 환부가 커졌는데도 그 위기감을 느끼지 못하고 있다. 목사나 지도자들의 중독 인식에 대한 저변확대가 있어야 한다.

그 중독의 환부가 사회로부터 교인으로, 신부는 두말 할 것 없고 목사나 성직자들에게까지 침투하고 있다는 것을 누구나 알아야 할 것이다. 그러나 또 한편 다행한 것은 일부 지도자층에서는 대안을 위해 고민하고 있으며, 알코올 중독이나 마약 중독, 그리고 일반적인 중독의 치료를 위해 노력하고 있음에 희망적이다.

교회는 중독을 껴안아야 한다. 무슨 질병이든지 치료보다는 예방이 중요하나, 이미 중독된 자를 외면할 수는 없다. 중독된 성도들은 신앙생활을 제대로 할 수 없다. 이들을 위한 '중독 회복의 예배'가 필요하다. 따라서 이것은 회복의 예배가 되어야 한다. 알코올 중독자도 누군가의 품을 사모하게 된다. 중독에서 자유로워질 수 있는 길이 무엇인가를 찾는다. 그리스도의 사랑으로, 십자가의 사랑으로, 중독자나 의존자들을 포근하게 껴안아 주어야 한다. 그들은 가정에서도 외면을 당할 수 있다. 사회에서도 인정을 받지 못할 수도 있다. 그러므로 그들은 외롭다. 그들과 가까이에서 기도와 찬송과 예배를 함께하면 그들의 마음에 여유와 감동의 틈새가 생길 것이다.

중독자뿐만 아니라 그들의 가족까지도 함께 껴안아야 한다. 중독자의 가족도 중독자를 돌보다 보면 중독자처럼 환자가 되어간다. 중독자의 마음을 거스르지 않기 위해서 중독자의 비위를 맞추다 보면 자연히 중독자와 같게 된다. 가족도 중독자처럼 환자라는 것을 알아야 한다. 오히려 중독자는 회복할지라도 중독자의 식구들은 여전히 중독의 영향에서 벗어나지 못하기도 한다.

3. 고난을 각오하라(Prepare for hardship)

알코올 중독은 그 어느 중독보다 더 무섭다. 천천히 중독되면서 회복도 늦어진다. 암은 죽어도 빨리 죽을 수 있으나 알코올 중독자는 대개 얼른 죽기보다는 끝까지 주변을 괴롭히다가 죽는다. 그 피해는 고스란히 가족에게로 돌아간다. 가정경제가 파탄이 나며, 부부간이나 자녀교육에 심각한 문제를 가져온다. 뿐만 아니라 사회적인 비용도 너무 커 국가경제에도 악영향을 끼친다. 술로 인해 발생하는 비용이 건강보험료보다 더 많이 소요되고 있다.

알코올 중독 치료자는 고난 받을 것을 각오해야 한다. 크리스천 상담자 한 사람이 고난을 피해 간다면 더 많은 중독자는 갈 곳이 없다. 그런 점에서 크리스천 상담자의 책임이 크다. "고난 당한 것이 내게 유익이라"(시 119:71, 67), 고난이 유익하기 때문에 하나님께서는 우리에게 고난을 주신 것이다. 중독 치료자 자신만을 생각한다면 말할 수 없는 고난일 것이다. 그러나 중독자만이 아니라 중독자 가족들의 고난은 어떠하겠는가? 억지로 오 리를 가자는 사람에게 오히려 십 리를 가주는 일은 영혼 구원을 위한 적극적인 일이며 고난을 각오하는 일이다(마 5:41-42).

의학계에서도 중독의 치료와 재활의 부분이 얼마나 어려운지 중독 치료 전문가를 3D업종이라 한다. 위험하고(danger), 비위생적(dirty)이며, 어렵다(difficult)는 것이다. 알코올 중독자나 중독 치료자 둘 다 불쌍한 사람이라고 한다.[366] 그 중독에 대해 절망감을 느끼는 것은 비단 중독자와 가족만은 아니다. 치료자도 절망한다. 그래서 알코올 중독자를 치료하는 것은 정신과 의사들조차 기피하는 분야다.[367]

---

366) Tracey J. Jarvis 외 저, 신성만 외 역, 《중독상담과 재활》, p.5.
367) 하종은, op.cit., p.6.

4. 절대 포기하지 마라(Never Give Up)

알코올 중독은 치료가 어려운 불치의 병이라고 하지만 그렇다고 노력을 포기해서는 안 된다. 우리의 노력은 중독자의 고통을 덜어 주는 일이 될 것이다. 알코올 중독 치료는 그 어느 중독보다 힘들다. 치료를 많이 해도 그 결과는 장담할 수 없기 때문이다. 치료에 걸리는 시간에 비해 효과가 크지 못하다는 뜻이다. 노력한 것만큼 효과가 적기 때문에 중독 치료자나 상담자가 자포자기하기 쉽다. 중독자도 마찬가지로 효과가 크지 못하면 낙심해 버린다. 상담자에게 신뢰를 주지도 않는다.

'견딘다'는 것은 중요하다. 지금의 아픔과 고통을 참고 견디어야 한다. 현실은 어렵고 불안하다. 그러나 오늘을 포기해서는 안 된다. "생명으로 인도하는 문은 좁고 길이 협착하여 찾는 자가 적음이라"(마 7:14)고 이미 주께서 말씀하셨으니 우리는 낙심해서는 안 된다. 어려운 현실에서 일어나야 한다. 다윗은 이런 현실 앞에서 하나님의 말씀을 의지하고 일어났다(시 12:5).

요한복음 11장을 보면 다시 살아난 나사로의 사건이 나오는데, 이는 많은 것을 시사해 준다. 예수님은 죽은 지 나흘이나 되어 썩은 냄새가 나는 나사로를 향해 "나사로야 나오라" 부르시고 "풀어 놓아 다니게 하라"고 하셨다(요 11:43-44). 절대 포기해서는 안된다는 것이다. 사람은 불가능해도 하나님께는 가능하다. 바울은 "내게 능력 주시는 자 안에서 내가 모든 것을 할 수 있느니라"(빌 4:13)고 했고, 모든 역경 속에서 "일체의 비결을 배웠노라"(빌 4:12)고 했다. 하나님께서는 내가 할 수 없는 데까지 갔을 때 일어나라 하신다. 이런 의미의 말씀은 성경 여러 곳에서 발견할 수 있다.

'점진적 성화'(Progressive sanctification)라는 게 있다. 무엇이나 급하게 되는 것만은 아니다. 내면의 유혹과 전쟁을 치르고 우리 마음을 책망하는 과정을 말한다. 어쩌면 일평생을 살면서 온전한 성화를 위한 우리의 싸움은 더 커질 것이다. 하나님은 주님의 재림 때까지 우리 속에 있는 죄들과 싸우도록 계획하셨을 것이다. 알코올 중독과의 전쟁은 끝없는 전쟁이다. 그렇다고 포기할 수는 없지 않은가? 알코올 중독자는 자기들이 전쟁한다고 생각하지 않는다. 오히려 전쟁은 끝나고 승리했다고 여긴다. 그래서 술 한 잔의 유혹도 무시하면서 마시게 된다.[368]

술과의 전쟁은 영적 전쟁이다. 사탄과의 전쟁이다. 죄와의 전쟁이다. 중독의 뿌리는 인간의 원죄에 기인하기 때문이다. 사탄과의 전쟁이기 때문에 우리는 더욱 포기할 수 없다. 중독자나 치료자가 포기하지 않고 영적 전쟁을 할 때 성령께서는 우리를 도우실 것이다. 평생을 두고라도 한 영혼이 구원을 얻는다는 것이 하나님께서 바라시는 일이니만큼 힘들다고 결코 포기하지 말자.

세상 사는 일에 쉬운 일은 없다. 다만 정도의 차이가 있을 뿐이다. 중독자나 치료자에게는 '낙심'이 따라온다. 낙심이 지나치면 '포기'가 따라온다. "실패는 할 수 있으나 포기는 말아야 한다"는 말이 있다. '낙심'이나 '포기'는 사탄이 주는 걸림돌이다. 개혁자 루터가 낙심해 있을 때 루터의 아내는 "하나님이 죽었다"고 울었다. 우리는 하나님이 죽기 전에는 포기해서는 안 된다. 예수님에게도 '낙심'이 찾아왔으나 이기셨다. 바울은 "선을 행하되 낙심하지 말라"(갈 6:9)고

---

368) Edward T. Welch, op.cit., p.309.

했다. 우리의 상황과 현실은 순식간에 변하지 않는다.

다윗에게도 낙심이 찾아왔다(시 42:6). 다윗은 낙심될 때에 하나님을 찾았다. 지난날에 베푸신 하나님의 은혜를 생각했다. 그리고 낙심이나 포기도 하나의 죄임을 알고 용기와 힘을 얻어 더 역설적으로 하나님께 헌신했다(시 42:11).

5. 투자를 아끼지 마라(Don't Spare your investment)

세계는 마약이나 알코올 중독으로 얼룩져 있다. 기독교 신자 5% 미만인 러시아에 마약과 알코올은 심각하다. 중독자를 위한 교회를 세워 하나님의 말씀으로 변화를 가져온 교회도 있다. 마치 재활센터와 같다. 사실 교회는 중독자를 위한 재활센터의 역할을 해야 한다. 죄에 중독된 사람들을 하나님의 말씀으로 새롭게 변화시켜 하나님의 사람으로 만드는 것이 교회가 할 일이다. 재활센터와 같은 교회에서는 만병의 의사이신 예수가 빠져서는 안 된다.[369]

실제로 교회가 육신의 괴로움을 당한 중독자들을 위해 무엇을 얼마나 투자하고 있는가? 특히 말하고 싶은 것은 알코올 중독자의 자녀를 위한 투자가 급하다고 본다. 알코올 중독자의 가정에서 자란 아이들의 고통은 심각하다. 중독자 부모의 권위 앞에서 움츠리고 고통을 감내하며 노예처럼 살고 있다는 것도 생각해야 할 것이다. 알코올 중독 가정에서 자란 아이나 비알코올 가정에서 자란 아이나 마찬가지로 사회를 통해 희생을 당하고 있다.

---

[369] 티오노프 알렉, 알코올 마약 중독자 섬기려 세운 교회, 2018, 다음카페.

미래를 위해 여기서 구해내야 한다. 교회는 피나는 기도와 함께 시설과 물질을 투자해야 한다. 필자가 알기로는 상당한 어려움을 당하고 있다. 외로운 길을 가는 치료자들에게 따르는 고통이 많다. 교회는 하나님의 백성들이 이 땅에서 건강하게 사는 것이 하나님의 뜻인 줄로 알고 기도와 함께 물질의 투자를 아껴서는 안 된다.

한국질병관리본부의 2018년 국민건강 통계에 따르면, 성인 인구의 10% 이상이 알코올에 중독되었다는 보고다. 하루 평균 13명이 술로 인해 사망에 이르는 등 음주의 사회 경제적 비용이 연간 10조 원에 달하는 수준이다. 2016년 정신질환 실태조사에 따르면, 평생 알코올로 인한 의존과 남용 증상이 있는 알코올 사용 장애 추정 환자 수는 139만 명에 육박한 것으로 나타났다. 이러한 상황에도 불구하고 지역사회의 알코올 중독자를 위한 치료, 재활 인프라 부족으로 정신건강서비스 이용 비율은 12.1%에 그치고 있어 치료와 재활을 위한 인프라 구축이 미흡한 실정이다.[370]

교회는 미래의 고난과 어려움을 거절해서는 안 된다. 미래를 위한 지금의 아픔을 거절하는 것은 꿈을 버린 것이다. 개인도, 교회도 마찬가지다. 금방 그 효과가 나타나기를 바라고 있다. 또 그런 곳에 투자하고 싶어 한다. 수고는 적게 하고 얻을 것을 얻자는 생각인데 결코 잘한 생각이 아니다. 시간을 투자해야 한다. 잘한 사람을 잘하게 하는 것도 좋지만 죽을 사람을 살려서 성공케 하는 일은 더 의미가 있다.

우리나라의 건강보험료보다 술로 인해 소요되는 치료비가 더 많다. 술만 없어도 건강보험료는 없어도 될 정도다. 그것을 잘 알면서

---

[370] 보건복지부, 2018년 알코올 정책토론회.

도 나라에서는 금주에 관심이 없고 술을 통해 세금을 거두어들이는 일에 혈안이 되어 있다. 술로 인해 백년대계가 무너지고 있다. 예방에 투자해야 한다. 치료가 시급하지만 예방의 효과는 더 크다. 알코올 중독은 서서히 중독됨으로 그 치료도 오래간다. 이 모든 것이 우리 조상과 우리들의 책임이니만큼 우리의 시간과 돈을 투자해서 우리 후손들이 알코올 중독에 말리지 않게 해야 할 것이다.

6. 희망을 가져라(Have hope)

중독자나 중독 상담자는 중독에서 해방 받을 수 있다는 희망을 가져야 한다. 혹 중독으로 죽을지라도 그 영혼이 하나님의 사람으로 거듭났다면 그 영혼은 주의 백성으로 주의 나라에 갈 것이다. 육체의 병보다는 영혼이 구원받을 수 있기 때문이다. 아무리 어려운 것이라도 하나님께서는 하실 수 있다. 중독에 빠졌을지라도 하나님께서는 그 사람을 그 중독으로부터 회복시키실 수 있다.

사람은 환경 속에서 그 무엇에 중독되어 살고 있다. 근본적으로 인간은 죄에 중독되어 있기 때문에 생활 속에서 중독이 되어 살아간다. 크리스천들도 본래는 죄에 중독되었다. 회개하고 죄로부터 용서를 받는다면 그 영혼은 구원을 받게 된다. 그러므로 육체를 괴롭히는 중독을 치유하기 위해 노력해야겠지만, 그보다 더 큰 것은 그 영혼이 죄의 중독으로부터 자유함을 얻고 구원받도록 기도해야 할 것이다. 이것이 하나님의 원하시는 목표요, 그리스도가 이 땅에 오신 이유다.

예수님도 십자가에 함께 못 박힌 살인자 죄수가 죽는 순간 회개할 때에 구원을 선포하셨다. 그런고로 생명이 멈출 때까지 일할 수 있고, 이것이 구원받을 기회다. 그때가 어느 때인가를 모르는 우리는 한 생명을 위한 희망을 버리지 말아야 한다.

7. 기쁨이 있음을 기억하라(Remember the joy)

중독과의 전쟁은 끝없이 지속된다. 그리고 당신은 몸과 마음이 지쳐갈 것이다. 그때는 중독환자가 문제가 아니라 나의 문제로 고민하게 된다. 이 일을 그만두어야 할 것인가? 아니면 그래도 계속해야 할 것인가? 갈등을 해야 한다. 상담자와 치료자에게 옛 정욕과 욕심이 그리고 불평과 불만이 고개를 들고 일어난다. 큰 문제 때문이 아니라 피곤하고 지치면 짜증도 생길 수 있다. 알코올 중독 치료자에게는 변호사나 의사들처럼, 아니 일반 목회자들에 비해 보수도 적을 수 있어 생활의 위협을 느낄 수 있다. 이런 환경과 조건이 나의 사명을 수행하는 데 두려워하도록 점점 목을 조여온다. 이렇게 될 때 환자와의 싸움만이 아니라 나 자신과의 내적 전쟁도 치러야 할 형편이다. 당신은 이런 때 어떻게 하려는가? 하나님의 도움을 청하라. 당신이 다른 사람을 돕듯이 당신에게는 하나님이 계시다는 것을 기억해야 한다. 하나님께 물어라, 기도하라. 하나님은 반드시 당신에게 필요한 생각과 계획을 말씀하실 것이다.

하나님께서는 당신의 형편과 처지와 마음의 생각을 이미 알고 계신다. 정말로 필요한 것을 준비하셨다가 주실 것이다. 아브라함이 이삭을 하나님께 번제로 드리기 위해 모리아 산으로 올라갈 때 그의 손에는 칼과 불을 들었다. 이때 아브라함의 심정은 어떠했을까? 믿음이 있어서 평안했을까? 당신은 아브라함의 마음을 이해해 보려는 생각이 있는가?

> 믿음의 주요 또 온전하게 하시는 이인 예수를 바라보자/
> 그는 그 앞에 있는 기쁨을 위하여 십자가를 참으사/
> 부끄러움을 개의치 아니하시더니/
> 하나님 보좌 우편에 앉으셨느니라///(히브리서 12장 2절)

중독자들은 순간을 위하여 살며 미래를 보지 못한다. 그러나 복음의 능력은 갑자기 변화하는 순간과 같은 미래가 있다. 술주정뱅이 탕자가 돌아올 때에 아버지는 얼마나 기뻐했을까?

> "아직도 거리가 먼데 아버지가 그를 보고 측은히 여겨 달려가 목을 안고 입을 맞추니"(눅 15:20).

주정뱅이의 이런 놀라운 변화와 이를 통한 아버지의 기쁨도 있다는 성경의 교훈과 사실에 위로를 받고 힘을 얻어야 한다. 예수님의 잃은 양 비유를 묵상해 보라.

> "이와 같이 죄인 한 사람이 회개하면 하늘에서는 회개할 것 없는 의인 아흔아홉으로 말미암아 기뻐하는 것보다 더하리라"(눅 15:7).

알코올 중독자 한 사람이, 또는 죄인 하나가 회개하고 고침을 받고 하나님의 사람이 되었을 때의 기쁨을 생각해 보라.

8. 상급이 있음을 기억하라(Remember your reward)

"보라 내가 속히 오리니 내가 줄 상이 내게 있어 각 사람에게 그가 행한 대로 갚아 주리라"(계 22:12).

성경에 상급에 대한 이야기가 많다. 하나님은 자신을 위해 수고하는 종들에게 상급을 주실 뿐만 아니라 맡겨진 일에 충성한 사람에게 상급 주시기를 좋아하신다. 예수님께서도 비유를 들어서 '상급'에 대한 교훈을 하셨다(마 25장). 약속하신 하나님께서는 반드시 주실 것이다. 특히 알코올 중독 질환을 치료하기 위해 수고할 때 하나님께서는 그 수고를 아시고 결국에 가서는 큰 상(보수)을 주실 것이다. 이렇게 말할 수 있는 것은, 알코올 중독이 끝을 모를 정도로 과연 희망이 있는가를 의심할 만한 것이기에 그렇다. 중독자나 치료자가 함께 피곤하고 눈에 보이는 효과가 적기 때문에 피차 낙심하고 넘어지기 쉽다. 너무도 만성적이기에 가정과 자녀들과 모든 능력이 소모되고 말기 때문이다.

하나님께서는 아브라함에게 "나는 네 방패요 너의 지극히 큰 상급이니라"(창 15:1) 하셨다. 우리에게 있어서 상급은 하나님이요 예수님 자신이시다. 바울은 디모데에게도 전도사로서 사명을 다할 때 하나님께서 의의 면류관을, 상급을 주실 것이라 했다(딤후 4:7-8).

중독과의 전쟁은 힘은 들지만 싸울 만한 가치가 있다. 구약의 레위 지파는 다른 지파가 받았던 땅을 할당 받지는 못해도 그 땅보다 하나님을 더 가까이에서 섬길 수 있는 위대한 사명의 상급을 받았다.

9. 공동체 노력(Priority is Companionship)

한국에서는 상담학이 미국이나 선진국들처럼 조직적으로 체계를 이루어 온 학문이 아니다. 더구나 중독학은 더 그렇다. 지금까지 한국에서 언제 중독에 관심을 가질 여유가 있었는가? 우리나라가 개발도상국가로 진입하면서, 문명이 발달하면서 얼마나 많은 것에 갑자기 도취되었는가? 먹고 마시고 쓰고 버리고를 반복하면서 얼마나 낭비가 심했는가? 그런 중에 '중독'에 대한 생각을 해볼 겨를도 없었다. 아무도 모르는 중에 중독 환자가 되어 버린 것이다.

대한민국에서 마약학과가 H대학에서 처음으로 생겼었는데 몇 년 하다 보니 관심을 가질 학문이 아니라는 것 때문에 지원자가 없어서 다른 학과로 바뀌었다가 얼마 전에 다시 마약학과가 부활되었다. 다시 문을 여는 이유가 무엇일까? 미국에는 알코올, 니코틴, 마약 중독 '치료소'가 있다.

10여 년 전 일이다. 미국에서 마약치료전문가 목사가 교포 중독자 자녀들과 한국인 중독 자녀들의 마약치료를 위해 한국에 '마약중독치료소'를 세우려고 했다가 정부에서 허가가 나질 않아 세우지 못했다. '한국이 마약 중독자 수입국이냐'는 것이다.

미국의 경우 마약으로는 우리보다 약 20년쯤 앞서고 있다고 전문가들은 말한다. 한국은 '빨리빨리' 문화로 무엇이나 빠르기 때문에 중독도 20년 이후에는 미국처럼 될 것이라 내다보는 학자도 있다. 예방에서 치료시대가 되면 치료비는 엄청나게 들어갈 것이다. 미국은 이미 예방단계를 넘었고 치료단계에 있지만 한국은 아직 '예방단계'라 할 것이다.

국가나 교회가 관심을 가져야 한다. 사실 국가와 교회를 별개로 생각하면 안 될 것이다. 교인은 곧 국민이기 때문이다. 국가의 치료비도 교인들의 세금에서 지출한 것이니 말이다. 한국도 드러나지 않은 것뿐이지 마약이 얼마나 흥행하고 있는가? 대개 마약은 숨어있지만 알코올은 드러나고 있다. 국가와 또는 사회와 교회가 공동의 노력을 해야 한다고 본다. 보다 더 효과적인 전략일 것이다.

교회 지도자들은 교인들을 모으기에만 바쁘지 실상은 내적으로 가정들이 곪아가고 있고 무너지고 있는데 그 곪는 소리나 무너지는 소리를 듣지 못하고 있든지, 아니면 들려도 들으려고 하지 않고 애써 외면하고 있는 것 같다. 설교자 소강석 목사는 그의 칼럼에서 이 시대의 목회자와 교회들을 책망하고 있다. 교회 지도자들이 '하나님의 나라 건설'(Kingdom Builder)에는 관심이 없고 '개인의 성'(Castle Builder)만 쌓고 있다고 설파한다.

중독사역을 위해 무엇보다 중요한 것은 목회적 치유를 위한 인식의 저변 확대다. 중독 치유를 목회에 적용하려는 노력이 필요한데, 치유적 환경을 조성하고, 치유상담전문 사역자를 양성하는 등 중독 치유를 위한 전문 역량을 구축해야 한다. 또한 중독 치유를 위한 교회의 인적, 물적 자원을 배분하고, 교회 전체의 치유 역량

강화를 통해 교회가 중독이라는 어둠의 권세를 대항하는 강력한 영적 진지가 되려는 노력이 필요하다.

이동현 목사는 중독 치유를 위한 대안으로 '기독교중독 치유공동체'의 설립을 제안한다. 공동체적 삶을 통한 공동체 치유가 중독을 치유하는 가장 강력한 방법이라는 이유에서다. 이를 통해 교회에 중독 치유를 위한 자조 모임을 활발히 세워 나가는 것과 동시에 중독 치유를 사명으로 하는 치유공동체를 세워 나가기 위해서다.

중독 치유는 교회의 사명이다. 이를 위한 교회의 역할과 자리매김이 필요하다. 목회자나 지도자들의 중독에 대한 인식의 저변 확대가 있어야 한다. 치유적 환경을 조성해야 하며, 중독 치유를 위한 전문인력을 양성해야 한다. 이를 위해 교회는 인적, 물적으로 투자하는 일을 해야 한다.

10. 목회상담적 지침

"기도 외에 다른 것으로는 이런 종류가 나갈 수 없느니라"(막 9:29) 하신 주님의 말씀을 기억한다. 귀신의 왕 바알세불과 같은 알코올 중독으로부터 해방을 시키는 데는 기도라야 할 것이다. 하나님께서 모든 것을 하시되 우리는 우리대로 해야 할 사명과 본분이 있는 것이 사실이다. 응답에는 고난도 따른다. 예수님의 '긍휼함'을 본받고 우리도 중독에 매어 괴로워하는 자들을 불쌍히 여기고 기도해야 할 것이며, 고난도, 시간도, 돈도 가능한 대로 투자해야 할 것이다. 하나님께서는 우리를 위해 독생하신 아들 예수 그리스도를 이 땅에 보내시는 투자를 하셨고, 예수님은 십자가에서 목숨을 바치는 투자를 하셨다. 그 은혜로 내가 살고 우리가 살았다.

야고보 선생의 말을 기억하라(약 5:13-16).

① 너희 중에 고난 당하는 자가 있느냐 그는 기도할 것이요
② 즐거워하는 자가 있느냐 그는 찬송할지니라.
③ 너희 중에 병든 자가 있느냐 그는 교회의 장로들을 청할 것이요 그들은 주의 이름으로 기름을 바르며 그를 위하여 기도할지니라……주께서 그를 일으키시리라.
④ 너희 죄를 서로 고백하며 병이 낫기를 위하여 서로 기도하라 의인의 간구는 역사하는 힘이 큼이니라.

중독자를 위하는 일은 목회의 일부분이다. 성한 사람만, 그리고 넉넉한 사람만을 위한 목회는 그리스도 정신의 목회가 아니다. 주님께서는 병든 자와 육신이 불편한 자들을 얼마나 사랑하셨는가? 교회의 나이 많고 경험도 있으며 여유가 있는 교역자나 중진들을 불러 기도를 받는다는 것은 하나님께서 아름답게 보실 일이다. 치료자에게 오는 고난은 "그리스도의 고난에 참여하는 것으로 즐거워하라"(벧전 4:13)고 하였다.

제5장

중독 전문 상담자 양성

1. 상담자의 자질

1) 상담자는 상담의 이론과 기술에 대한 지식을 갖추어야 한다

이상적 상담자의 자격을 이렇게 말한다.

> 내담자에게 공감과 존중을 표한다.
> 내담자와 지지적인 관계를 형성한다.
> 사례에 대한 과정을 자세히 기록한다.
> 창의적이고 상상력이 풍부해야 한다.
> 적절한 상식과 사회적 지식을 갖추어야 한다.
> 행동하는 사람이다.[371]

---
371) Ibid., p.27.

성경적 상담자는 성경을 알아야 한다. 성경을 모르는 목사가 어디 있는가 말하겠지만 성경 속에서 하나님께서 이스라엘과 어떻게 상담하셨는가, 그리고 예수님의 상담은 어떤 것이었는가에 대해 관심을 가지고 연구해야 할 것이다. 즉 성경을 알고 클라이언트에 대한 예비지식을 가지고 있으면 답을 쉽게 얻을 수 있다. 성경을 기초로 하지만 인간의 발달과정이나 심리기제를 파악하고 있으면 상담의 효과는 크다. 서울대 이장호 교수는 상담자는 전문인으로서 전문가의 태도가 필요한데 "상담자는 내담자를 보다 효과적으로 도울 수 있는 방법에 관하여 꾸준히 연구 노력하는 것을 의무로 삼아야 한다"고 말한다.[372]

성경을 가지고 지도하는 데도 테크닉이 필요하다. 하나님께서 나에게 주신 달란트는 다양하다. 그 달란트를 이용해야 한다. 성경 속에는 수많은 상담들이 있다. 구약에서는 하나님과 아브라함의 상담, 또 욥과 엘리후의 상담이 있고, 신약에 와서는 그 대표적인 예로 예수님의 수가 성 여인과의 상담 등이 있다. 그 상담에서 하나님은 또 예수님은 어떻게 상담을 이끌어 가셨는지를 연구해 볼 일이다. 목회는 상담이다. 하나님께서 나를 목사로 세우실 때는 양을 살필 수 있는 충분한 역량인 달란트를 주셨다. 기도하고 잘 이용하면 자질 있는 상담자가 될 것이다.

2) 상담자는 내담자의 인격을 존중해야 한다

사람이 하나님 앞에서 동등한 것처럼 상담자는 내담자와 동등

---
372) 이장호, 《상담심리학 입문》, p.669.

하다. 마치 "유모가 자기 자녀를 기름과 같이"(살전 2:7) 자상하고 사랑하고 따뜻해야 한다. 알코올 중독자를 정신없는 사람으로가 아닌, 나와 같이 정신과 인격이 있음을 인정해야 한다. 함부로 대하지 말라는 것이다. 억압하거나 짓누르는 강압적인 자세는 금물이다. 중독자이어서 그렇지, 그 사람도 하나님의 형상을 입은 나와 똑같은 사람이다. 내 경험이나 내 말만 하지 말고 내담자의 말을 경청하는 것이 중요하다.

3) 상담자는 영혼 구원에 대한 사명감이 투철해야 한다

크리스천 상담자는 구원에 대한 열정이 있어야 한다. 영혼에 대한 관심이 일반 상담자와 다른 점이다. 일반 상담자는 알코올 중독을 질환으로만 알고 이것을 어떻게 치료할까 하는 것만 고민한다. 그러나 크리스천 상담자는 병든 자의 영혼을 불쌍히 여긴다. 예수님은 자기에게 나아오는 자를 불쌍히 여기셨다(마 14:14; 막 6:34). 질병으로서의 중독보다는 영혼의 질병, 죄의 중독으로부터 해방시키려는 영혼 구원에 열정을 기울여야 한다. 겉사람보다는 속사람에 대한 관심이다. 예수님은 "온 갈릴리에 두루 다니사 그들의 회당에서 가르치시며 천국 복음을 전파하시며 백성 중의 모든 병과 모든 약한 것을 고치셨다"(마 4:23). 크리스천 중독상담자는 예수님의 마음을 본받아 한 마리의 잃어버린 양을 찾아 헤매는 목자의 심정과 병든 자에 대한 긍휼한 마음과 모든 사람들의 영혼 구원에 대해 사명감을 가져야 한다. 예수님은 질병을 치료한 것으로 끝나지 않고 영혼을 살피셨다.

존 녹스(John Knox)는 "주님, 나에게 스코틀랜드를 주십시오. 아니면 죽음을 주십시오"라고 기도했다. 영혼 구원은 우리를 그리스도의 일꾼으로 부르심의 본질이다. 교회가 아무리 화려하고 지도자가 아무리 출중해도 영혼 구원에 대한 열정과 애씀이 없다면 주님을 기쁘시게 할 수 없다. 한 마리의 잃은 양을 안고 기뻐하시는 주님을 보라. 이 사명이 투철할 때 낙심이나 좌절이 없다.

중독자를 중독에서 해방시키는 것은 중독자를 얼마나 사랑하는 마음인가에서 비롯된다. 주님은 이러한 사람을 찾으신다. 주님은 질병으로 만연해 있는 세상에서 지금도 "내가 누구를 보내며 누가 우리를 위해 갈꼬?" 하고 찾으신다. 이 부름에 "내가 여기 있나이다, 나를 보내소서"라고 응답해야 한다(사 6:8).

이것이 일반 상담자와 다른 점이다. 기독상담자는 영적 상담자다. 인간의 육체를 건강케 하는 데 목적이 있는 것이 아니라 내담자의 영혼 문제를 다루어야 한다. 결국에는 상담의 목표가 영혼 구원에 있으니만큼 내담자의 영혼을 사랑해야 한다.[373]

4) 성령 충만함의 체험이 있어야 한다

성령 충만은 단순히 예수를 믿는 것과는 다르다. 성령 충만은 주님께 철저히 지배당함으로 얻어지는 열매다. 중독 치료자는 성령의 내주하심으로 이 어려운 중독 치료를 인내하며 감당할 수 있다. 예수님도 성령 충만의 삶을 사셨기에 3년 반 만에 역사의 흐름을 바꾸실 수 있었다. 사탄을 이길 수 있는 영적인 힘은 오직 성령의 충

---

373) 손경환,《왜 성경적 상담인가》, pp.56-57.

만함으로부터 온다.

크리스천의 구원은 단 일회적이지만 성령의 충만은 항상 기도하고 노력해야 한다. 알코올 중독에서 근본적으로 벗어나려면 하나님의 말씀과 기도와 성령의 역사로 변화를 받아야 한다. 모든 중독의 뿌리인 원죄를 해결해야 육신의 질병도, 알코올 중독도 해결할 수 있다. 성경적 중독 치유에는 성령의 충만함을 체험해야 한다. 초대교회에서도 성령의 체험으로 회개의 역사가 일어났고 질병도 고침을 받았으며, 복음을 이방인에게 전파하는 담대함을 얻었다.

2. 중독 상담 전문인을 양성해야 한다

과거에는 상담자들과 신경학자들이 치료에 대한 자신들의 접근 방식을 내세우며 함께 공동으로 협조할 수 있는 여러 전문 분야의 필요성을 무시했다.[374] 기독교 상담자들은 심리학자나 전문의 도움 없이도 오직 하나님 홀로 사람을 변화시키실 수 있는 능력이 있다고 주장했다.[375]

성경 없이는 중독 상담자가 될 수 없다. 진정한 중독 상담자는 하나님이신 예수 그리스도이시다.

알코올 중독이 불치병이라 하여 고칠 수 없는 질병으로 여기고 쉽게 포기해서는 안 된다. 어려운 것은 사실이다. 그러나 노력까지도 포기하는 것은 하나님의 능력과 권세를 무시하는 것이 된다. 노

---

374) Ibid., p.28.
375) 이렇게 철저하게 전문성을 분리시키는 주장이 여전히 존재하긴 하지만 점점 쇠퇴하고 있다. 게리 콜린스, op.cit., p.755.

력은 질병으로부터 고통을 덜어주는 일이 된다. 하나님은 고치실 수 있다. 예수님을 마음에 모시고 그 말씀대로 사는 자는 중독에서 해방 받을 수 있다. 어떤 경우는 훈련과 경험이 부족하나 의욕만 앞서는 상담자 때문에 치료에 실패하는 경우가 있다. 만약 당신이 약물 중독자와 다른 중독자를 상담하기에 훈련과 경험이 부족한 상담자라면 경험이 많은 숙련된 상담자와 중독자와 그 가족들을 도울 수 있는 의료진과 함께 일할 수 있어야 할 것이다.[376]

심리학자들은 경우에 따라서 하나님에 대한 경외와 존중함이 없고 자기 자신에 대한 존중만 있다. 근본적으로 사람이 사람을 고칠 수 없다. 창조주 되신 하나님만이 고치실 수 있다. 하나님께서 사람을 창조하실 때 당신의 사랑으로, 당신의 가치로 우리를 만드셨기 때문이다. '가치관'(self-worthy; 무게)을 아는 것, 크리스천은 자존감이 아닌 가치관을 갖고 살아야 한다. 자존감을 높임으로 어디서나 자기가 높다고 생각한다. 중독이란 마음, 감정, 행동에서 돌아설 자세를 가져야 한다. 이것이 하나님께 항복하는 것이다.

세상적 회복, 즉 중독의 질병에서의 회복은 일시적인 것이다. 알코올 중독자가 술을 안 마신다 할지라도 여전히 재발할 가능성을 가지고 있기 때문이다. 그러므로 일시적으로 또는 수년을, 더 나아가 수십 년을 술을 안 마신다고 하여 그 사람이 알코올 중독에서 해방되었다고 말할 수 없는 것이다. '안 마신다'는 것에서 일어나 그 이상으로 하나님께로 돌아와 하나님의 선하신 목적대로 살아야 한다. 또 알코올 중독에서 자유로워졌다고 해도 또 다른 중독으로 갈 수 있다. '중독'이란 말이 성경에 없지만, '새로운 피조물'이 아니면

---

376) Ibid., p.755.

중독으로 살고 있다는 것이다.

세상에서는 전인건강으로 회복되었다고는 하지만 사실은 건강한 게 아니라 중독되기 전의 상태로 돌아가는 것이다. 본래의 죄인의 상태로 돌아왔다는 말이다. 질병에서 회복되었다고는 할지라도 우리는 '새로운 피조물'로 돌아가야 한다(고후 5:17). 그리스도를 우리의 삶 속에 초대할 때 우리는 창세 전으로 돌아가게 된다(엡 1:4). 사람으로서는 알 수 없는 치료와 회복이 있는 그곳, 하나님만이 하실 수 있는 영적 경지로 우리를 인도하신다. 하나님께서는 피조물인 우리를 그의 높으신 방법으로 인도하신다. 새로운 피조물이 될 때 우리는 하나님이 원하시는 일을 할 수 있다(엡 6:12).

중독이란 우리가 원치 않는 곳으로 인도한다. 중독자들은 기도도 잘못된 기도를 하게 된다. 예를 들면, "하나님, 제게 집을, 좋은 자동차를, 백인여자를 아내로 주세요" 하는, 마치 백인들에게 억눌려 사는 흑인들의 기도처럼 하게 된다. 오히려 "제가 하나님께로 더 나아가게 해주세요, 말씀에 순종하는 자가 되어야겠어요, 저를 바꿔 주시고 준비된 사람이 되게 해주세요"라고 기도해야 한다. 새 피조물이 될 때 중독에서 해방되는 삶이 된다. 약물 중독이든 비약물 중독이든 간에 하나님과의 관계에서만 해결할 수 있다. 하나님께서는 중독을 이기게 하신다.

중독 상담에도 진리가 아닌 인간적인 지도가 있다. '벌거벗은 임금님 이야기'처럼 사람에게서 사랑받기를 원하는 임금은 좋은 이야기만을 듣기 좋아한다. 즉, "이 옷을 입으면 아름답게 된다고 한다. 왕은 좋아서 그런 옷을 만들어 달라고 했다. 이 옷은 왕은 볼 수 없으나 다른 사람들은 볼 수 있는 옷이라고 했다. 사람들은 '저 왕은 벌거벗은 왕'이라고 했다"는 것이다. 도덕적인 가치는 남의 말에 의한 것이 아니라 하나님의 말씀을 따라야 한다.

미국 해전대학(Naval War Collage)에서 국가 안보문제를 가르치는 톰 니콜스 교수는 그의 《전문지식의 죽음》(The Death of Expertise)이라는 책에서 "지금은 전문가의 지식이 몰락하는 시대라고 한다. 일반적으로 보통 사람들도 전문가만큼이나 뭘 알고 있기 때문에 전문가가 말하면 '나도 너만큼 알아' 하면서 잔문가의 말을 듣지 않으려고 한다. 전문가의 의견에 귀를 기울여야 한다는 생각 자체에 사람들이 반감을 갖게 되었다는 것이다. 사람들은 식당에서 음식을 주문하듯 전문가들이 어떤 문제건 즉각 해결해 주기를 바란다. 전문가의 어떤 조언을 들으려 하지 않는다"고 말한다. 일반적으로 원하는 것을, 이미 만들어진 것 중에서 선택하기를 바란다. 자기들의 삶을 개선하거나 공동체를 위한 최선의 정책을 선택하는 문제에 있어서 더 이상 전문가의 조언을 듣기를 싫어한다.[377]

한 예로 미국의 트럼프 대통령은 그의 대선 유세 기간 중에 "전문가는 끔찍해"(The experts are terrible)라는 말을 쏟아냈다. 이 말은 전문가나 지식인들이 보통 사람들의 삶을 엉터리로 인도한다는 것이다. 이런 생각은 지금의 미국 사람들의 상태를 대변한 말이다. 트럼프가 대통령이 된 것이다. 비전문가들은 자기들의 생각에 맞지 않은 말을 하게 되면 전문가들에게 화를 낸다. 무엇을 선택할지 망설이는 경우가 많다. 이것을 '결정장애'(indecisiveness)라 부른다. 망설이는 이유는 정보가 너무도 많다는 것이다. 정보홍수시대에 살고 있는 현대인은 자기 결정을 늦춤으로 더 문제가 커진다는 것이

---

377) 톰 니콜스, 《전문지식의 죽음》(오르마, 2017), p.17.

다.[378]

전문가란, 학위와 같은 자격증을 소지하는 것도 중요하고, 물론 오랜 경험을 쌓아야 할 것이며, 동료 전문가들의 인정과 해당분야에서 일정한 업적을 이룬 사람들이다.

3. 예수 전문가가 필요하다

지금은 전문가 시대다. 가수, 탤런트, CEO, 배우, 셰프, 노동자, 경찰 등 한 분야에서 성공하면 교수로 채용된다. 우리나라의 경제가 어려웠을 때, 미국이나 호주 아니면 유럽으로 이민 가기가 어려웠을 때 '병아리 감별사'로 이민을 간 사례가 많았다. 그런데 아무나 병아리 감별사가 되는 것은 아니었다. 손이 작고 날렵하며 눈이 예민한 재주 좋은 한국 사람들이 감별사가 되기에 적합했다는 것이다.

종교계에서는 한때 '이단 감별사'란 말이 유행하였다. 어떤 기구에 '이단대책위원회'가 있어서 거기서 '이단'이라고 결정하면 이단이 되어 버린다. 진짜 이단은 놓치고 괜한 사람을 이단으로 몰아 버리는 경우도 있다. 또 이단으로 지목되었던 사람이 이단이 안 되어 버린 경우도 있다.

세상이 너무도 정신없이 돌아감에 따라 심리상담 전문가가 속출하고 있다. 심리상담 전문가 간판의 수가 교회 수보다 많다고 한다.

이런 가운데 알코올로 인해 대한민국의 기둥이 흔들릴 정도가 되었으니 알코올 중독 전문가도 적지 않다. 사실 그만큼 알코올이

---

378) 하지현, 《대한민국 마음 보고서》(문학동네, 2017).

한국을 지배하고 있다는 증거이기도 하다. 알코올 중독으로부터 본연의 인간으로 되돌리려는 인문학적인 중독 치료도 중요하지만 인간의 내적 중독, 즉 죄로 인해 오염된 중독으로부터 해방시켜 참 하나님의 사람으로 만들려는, 즉 '영혼 구원'을 이루는 신본주의적인 기독교 알코올 중독 전문가가 절실히 필요하다. 죄로 인해 병든 인간의 영과 육을 함께 치료하기에는 '예수'가 빠지면 안 된다. 예수님은 만병의 의사이시다.

> 가르치는(Teaching) 교사로,
> 전파하는(Preaching) 선교사로,
> 병든 자를 고치는(Healing) 의사로(마 4:23)

예수님은 이 땅에 계실 때 불쌍한 인간들의 육신의 질병, 정신적 질병, 영혼의 질병을 고쳐 주셨다. 예수님은 영혼을 구원하기도 하시고, 육신의 병을 고치셨던 전문가였다.

예수님은 자기 앞에 나아오는 사람들을 '불쌍히' 여기셨다. 병자나 사람들을 볼 때 불쌍히 여기는 예수님의 마음을 가져야 한다. 가장 약한 자들과 고통을 함께 나눌 수 있는 사람이어야 한다. 예수님 전문가는 이처럼 예수님의 마음을 아는 자다.

> 예수 닮기를 원하는 자
> 사람을 불쌍히 여기는 자
> 순교를 각오하고 예수를 따를 수 있는 자
> 이런 각오와 신앙이 있는 사람이 '예수 전문가'다.

아들러(Alfred Adler, 1870-1937)는 "치료기술은 바로 자기 자신"이라고 했다. 아들러의 '성격이론'(Theory of Personality)은 자기 자신의 열등한 힘으로 의식적이고 긍정적으로 끊임없이 투쟁하여 '자기실현'(self-realization)에 도달해야 한다.[379] 아들러의 이런 이론은 인간들도 할 수 있다는 희망을 주는 것 같으나 결국은 하나님의 창조적 권위와 능력을 무시한 것이다. 심리학자 아들러의 이론은 성경의 방법과 대치된다.

기독상담자는 사명이 '영혼 구원'에 있으니 예수 전문가가 되어야 한다.[380] 타락한 연약한 인간이 어떻게 자기의 힘을 발휘할 수 있어서 자기를 치료할 수 있겠는가?

'예수 전문가'(Jesus expert)란, 예수에 대해서 잘 아는 사람이다. 예수에 대해서 잘 알려면 성경을 읽고, 알고, 그 속에서 하나님의 원하신 것이 무엇이며, 이 땅에서 예수님이 인간을 어떻게 보셨는가를 알아야 한다. 성경에 의해서 치유가 가능하다면 성경의 주인공이신 예수님을 알아야 한다. 성경을 읽고 배우는 것이 능사가 아니라 말씀에서 능력을 얻어야 한다. 다양한 전략가(multicomponent

---

379) 아들러의 성격이론(Theory of Personality): 인간이란 선천적 요구에 의해 움직이는 사회적 존재이며, 자신의 운명을 스스로 개척해 나가는 자율성과 책임을 강조함으로써 인본주의 성격이론에 영향을 주었다. 인간은 자아인식을 통해 자신의 환경을 개선하고 운명을 개척하려는 능력을 가지고 있는, 보다 긍정적이고 희망적인 존재라고 한다. 이것을 창조적 자아라 한다. 인간은 자신이 행동주체로서 자아실현을 향해 필요한 행동계획을 이끌어 나갈 수 있는 목적의식을 가진 존재라는 것이다. 또 아들러의 자아개념에는 '창조적 자아'(creative self)라는 게 있다. 이것은 인간은 환경에 이끌리어 행동하는 존재, 그런 연약한 존재가 아니라 자신의 열등한 여건을 극복하고 운명을 개척해 나가는 능력을 지닌 창조적 존재라는 것이다. 인간이 무엇을 하고자 하는 최종목표에 관한 사고과정은 공격적이고 강력해지는 것과 우월하게 되는 것이다.
380) Newgate Institute, op.cit., p.59.

strategies)가 필요하다.[381]

유의해야 할 것은 전문가 시대에 자칭 '예수 전문가'가 여기저기서 속출하고 있다. 예수님 시대에도 가짜 하나님 전문가들이 많았다.

> "화 있을진저 외식하는 서기관들과 바리새인들이여 너희는 교인 한 사람을 얻기 위하여 바다와 육지를 두루 다니다가 생기면 너희보다 배나 더 지옥 자식이 되게 하는도다"(마 23:15).

자기의 권리나 위치나 재물을 쌓고 보존하기 위한 자기 성(castle)을 쌓으려는 사람들이 예수님 시대에 있었던 것처럼 지금도 그런 사탄의 세력은 예수님의 이름을 빙자하여 지금까지도 이어 오고 있다. 이런 사람들은 진정한 예수 전문가라고 볼 수 없다. 예수님께서 말씀하셨다.

> "보라 그리스도가 여기 있다 혹은 저기 있다 하여도 믿지 말라…그리스도가 광야에 있다 하여도 나가지 말고 보라 골방에 있다 하여도 믿지 말라"(마 24:23-26).

예수께서 말세에 그렇게 되리라고 말씀하신 것처럼 지금이 그렇다. 성경도 자기 입맛대로 해석해서 선량한 사람들의 생각과 판단을 흐리게 하는 잘못된 예수 시대의 바리새인적인 사람도 많다. 예

---

381) Ibid., p.97.

수 행세를 하는 이단자들도 있어 신앙의 무장으로 종말론을 향해 가는 신자들을 현혹하는 잘못된 '가짜' 예수 전문가가 속출하고 있다.

> 예수님의 교훈을 가감 없이 바로 가르치는 전문 교사,
> 복음의 액면 그대로를 어디서나 전하는 전문 목사와 선교사.
> 예수님의 자비한 마음을 본받아 병든 자를 불쌍히 여기며,
> 영혼을 깊이 사랑하는 예수님을 닮은 의사로서의 예수 전문가가 필요하다.
> '진짜 예수쟁이!'

| 감사의 말 |

    가장 먼저, 이 책이 세상에 나올 수 있도록 도와준 여러분들에게 감사의 인사를 드린다.

    나를 지도해 주신 미국의 알코올마약중독상담협회장인 철학박사 벨즈먼(Belzman) 목사와 Newgate Institute in KOREA 총장이신 김종원 박사, 내가 몇 권의 시집을 낼 때도 관심 있게 꼼꼼히 들여다보며 의욕적으로 그 전문성을 가지고 충고와 지도를 아끼지 아니한 친구 월간목회 대표 박종구 박사, 학문을 한 조각 떼어 주듯 인터뷰와 전문적 조언에 도움을 준, 특히 성경 원어에 대해 물을 때마다 싫은 내색 없이 도움을 준 전 총신대 대학원장 서철원 박사, 정성스럽게 편집해 준 쿰란출판사 이형규 장로와 직원들.

    평소에도 그렇지만 이 책이 출간되는 데 필요한 재정으로 뒷받침해 준, 나에게는 존경하고 사랑하는 브리스길라와 아굴라 부부 같은 ○○회사 사장 문명철 집사와 류성귀 집사에게 한없는 감사를 드린다. 강의나 담소 때에 나의 강의와 이야기를 도란도란 듣고 "어떻게 목사가 이런 것을 연구했냐"며 흥미 있고 경이롭게까지 여기며 응원해 준 많은 분들, 그들은 다 나에게 용기를 준 분들이다.

마지막으로 우리 가족에게 고마움을 전한다. 영문이 서툴고 컴퓨터에 익숙하지 못한 나, 나이 탓으로 돌리겠지만, 익혔다 금방 잊어버린 나에게 바쁜 시간을 내서 때때로 도와 준 유학파 아들 김일석 장로와 UCLA 출신 윤연경 집사 부부, 의학이나 약리학에 문외한인 나의 책 출간하기 전 관심 있게 읽어 준 아들 같은 사위 외과의사 황상일 박사와 딸 김경아 가정의학과 전문의 부부가 겸허하게 묵언으로 지켜봐 준 것에 깊은 고마움을 갖는다.

　끝으로 항상 나의 글의 첫 번째 독자요, 나의 동반자요, 친구이자 멘토로서 자주 나에게 영감을 주는 시인이요 수필가인 아내 장보금 선생, 탁월한 상식을 가진 아내로부터 많은 조언을 얻고도 토씨 하나, 콤마 하나도 고치지 않았던 것(특히 시집에서)이 늘 마음에 미안한 짐이 된다. "당신은 중독에 중독되었다"고 말은 하면서도 차 한 잔까지라도 결코 나에게 소홀함 없이 준비하며 기다리고 참아 준 아내에게 독자 앞에서 한 번쯤 감사하다고 말하고 싶다. 다소간에 위로가 되었으면 하는 바람이다.

| 맺는 말 |

    이 책에서는 알코올 중독이 무엇인가에 대해서 말했다. 중독을 인문학적인 방법으로는 해결하기 불가능하다는 것과 성경적 입장에서 중독 문제를 다루어야 한다는 것을 말했다. 중독 치유는 성경적 모델로만 가능하다는 것이다. 중독의 근저에는 인간 타락의 원죄가 도사리고 있다. 모든 중독은 하나님보다 그 무엇을 더 사랑하는 데서 시작한다. 하나님보다 더 사랑하는 것은 우상숭배다. 그러므로 원죄 문제를 해결하는 것이 중독 문제를 해결하는 것이다. 이것이 복음적이다.
    이 책을 진정으로 읽는 독자에게는 놀라운 축복이 될 것이다. 본인에게도 자녀들에게도 부부간에도 신앙적으로 경제적으로 건강에도 심지어는 교회적으로도 말이다. 대한민국은 술 천국이다. 술은 식품 중의 하나로 보편화되고 세계화되어 사람이 마땅히 취할 것으로 여기며 아무런 거침 없이 먹고 마시고 취한다. 농촌에서는 막걸리로 도시에서는 소주로 취하고 젊은 이들은 혼합주로 밤을 새워 마시는 그래서 모두가 중독 환자가 되어 가고 있다. 공원이나 거리에서 술과 담배를 피우고 있는 젊은이들을 보면 장래가 암울해진다.
    미국이나 러시아에서 그리고 유럽에서도 한때는 금주법이 있었으나 그것도 잠깐이요 금주법 뒤에는 더 큰 문제가 도사리고 있었다. 수입이 금지되면 밀주가 생겨나고 가짜 술이 생겨나서 건강에

알코올 중독
그 예방과 치유

치명적인 악영향을 미친다. 알코올 중독은 암처럼 금방 죽고 사는 결과가 나타나는 게 아니라는 것 때문에 사람들은 서서히 데워지는 물 속에 들어 있는 개구리처럼 아주 느슨해져 죽어가고 있다.

술은 분명히 세상에서 가장 영향력 있는 사탄의 무기다. 한번 술을 입에 댄 사람들은 대개가 거부할 수 없이 술 앞에서 무너지고 만다. 기껏해야 정부에서도 술 값이나 담배 값을 올려서 덜 마시고 덜 피우게 한다는 정책을 쓴다. 아무짝에도 쓸모 없는 일이다. 값이 오르면 사람들은 잠시 머뭇거리다가 다시 입에 댄다. 값의 오르고 내림은 아무 의미가 없다. 다만 정부에서 받아낸 세금의 수입만 많아질 뿐이다.

사람들의 마음과 자세가 중요하다. 술이나 마약은 하나님과 더불어 사는 일에 하등의 유익도 없다. 경건을 해치는 일일 뿐이다. '딱 한 잔만' '이번만' '조금씩만' '절제하면 되지' '반주로 한 잔만' 이런 저런 핑계는 모든 사람이 해 온 역사와 전통이 있는 핑계다. 핑계는 스스로가 속는 말이다. 술에 대한 탐욕은 우리 속에 있는 사탄의 진과 같은 원죄에서 싹터 나온 것이다. 술이 크리스천의 가정으로 침투하고 있다. 롯의 가정으로 노아의 가정으로 오래 전부터 이미 들어갔지만 오늘에도 술이 가정의 냉장고로 음식으로 변신하여 크리스천의 가정으로 자신 있게 드나들고 있다.

천국 가신 지 벌써 수십 년이나 된 아버지가 생각난다. 나는 이 책을 쓰면서 짊어지고는 갈 수 없던 술을 배 속에 채우고는 갈 수 있다던 술에 능하신 아버지를 생각하였다. 술은 미워하면서도 술 취한 아버지를 한 번도 미워해 보지 않았던 나는, 나의 착함을 고맙게 생각한다. 나는 알코올에 취해 밤에 들어온 아버지를 마땅히 미워하고 원망했어야 할 내가 왜 그랬는지 미워하질 않았다. 아마도 아버지가 나를 미워하거나 못살게 굴지 않았기 때문일 것이다.

나는 목사가 된 후에도 알코올 중독을 공부하고 알기 전에는 나의 아버지가 알코올 중독자라든지 내가 알코올 중독자의 아들이었다고 생각해 본 일이 없었다. 실은 당시에는 중독이라는 단어도 없었을 때였으니까. 그저 배 불러 죽은 병으로만 알았다. 술을 좋아하셨다던지 일을 하시려면 어쩔 수 없이 마셨을 것이라는 동정론이 우세했다. 그러면서 나는 아버지의 중독을 숨겨왔다. 말을 내는 것부터가 싫었다. 그렇다고 해서 아버지의 중독이 면제되는 것은 아니었다.

술과의 전쟁은 주님 오실 때까지 치러야 할 끝없는 전쟁이다. 그렇다고 해서 포기할 수는 없지 않은가? 상황과 현실이 너무도 어렵고 힘들지만 우리나라도 초대 선교사들처럼 금주운동이 일어나야 할 것이다. 하기는 경건해야 할 교회의 지도자들도 술에 취해 비틀거리는 판에 무슨 말이 필요하겠는가마는. 술 때문에 2차 3차 사건사고가 생긴다. 사건사고의 70-80%가 술로 인한 사고라는 통계다.

알코올 중독
그 예방과 치유

술을 마시지 말자. 마시면 자신도 모르게 중독자가 되고 쉽게 고쳐질 수 없는 질병이 된다. 결국에는 중독자도 망하고 자녀들의 교육도 망가지고 직장에도 충실할 수 없으며 경제적인 파국을 당하면서 못 견딘 마누라는 자녀와 가정을 박차고 나간다. 결국에는 가정이 무너지고 사회에 짐꾸러기가 되고 만다. 우리나라는 OECD 국가에서 술 소비 1위를 차지하고 있으며 자살률 1위 이혼율도 1위다. 술이 원인이라면 술은 우리의 원수다.

참고문헌

영문서적/번역서

David G. Myers, *Psychology 2*, Worth, 2010.

Newgate Institute, *The Addiction Professional*, 2010.

David Capuzzi, Mark D. Stauffer, 신성만·김성재·김선민·서경현·전영민·권정옥·이은경·박상규·김원호·박지훈·손슬기 옮김, 중독상담, 박학사, 2013.

Tracey J. Jarvis, Jenny Tebbutt, Richard P. Mattick, Fiona Shand 공저, 신성만·전영민·권정옥·이은경·조현섭 공역, 중독상담과 재활, 학지사, 2010.

Josheph R. Volpicelli, Helen M. Pettinatia, Thomas McLellan, Charles P. O'Brien, 김성곤 옮김, 알코올 및 약물중독 질환을 위한 BRENDA 치료, 하나의학사, 2002.

게리 콜린스(Garry R. Collins), 한국기독교상담·심리치료학회 옮김, 정동섭 감수, New 크리스천 카운슬링, 두란노, 2008.

래리 크랩(Lary Crabb), 영적 가면을 벗어라, 나침반, 2005.

로렌스 골드스톤(Lawrence Goldstone), 임옥희 옮김, 죽음의 해부, 레드박스, 2009.

모리모토 안리(Morimoto Anri), 강혜정 옮김, 반지성주의, 세종서적, 2016.

베르트 휠도블러(Bert Hölldobler), 에드워드 윌슨(Edward Wilson), 임항교 역, 초유기체, 사이언스북스, 2017.

빅터 프랭클(Victor Frankl), 유영미 옮김, 영혼을 치유하는 의사, 청아출판사, 2017.
엔디 메리필드(Endi Marryfield), 아마추어, 한빛비즈, 2018.
에드워드 웰치(Edward T. Welch), 김준 옮김, 중독의 성경적 이해, 국제제자훈련원, 2013.
올리비아 랭(Olivia Laing), 작가와 술, 현암사, 2017.
존 밀턴(Johon Milton), 조신권 옮김, 복락원, 아가페, 2010.
톰 니콜스(Tom Nicols), 전문지식의 죽음, 오르마, 2017.
톰 히크먼(Tom Hickman), 사용설명서 술, 뿌리와 이파리, 2005.
하워즈 민즈(Harwards Minz), 머니와 파워: 지난 천년을 지배한 비즈니스의 역사, 경영정신, 2002.

한글서적

강경호, 종교중독의 정체와 상담, 한사랑가족상담연구소, 2018.
김경덕, 비밀의 정원, 소원나무, 2015.
김병오, 중독을 치유하는 영성, 대서, 2013.
김상곤, 한국교회와 Nevius 선교정책, 장로회총회신학회, 1968.
김상철, 중독, 누가, 2014.
김세민, 그리스도가 이끄는 삶, 밴드오프퓨리탄스, 2013.
_____, 다른 복음, 부흥과 개혁, 2011.

김준·백소진·박훈정, 알코올 중독의 상담과 재활, 총신대학교출판부, 2014.

김중원 편역, 알코올 중독 내일이면 끊으리라, 하나의학사, 1997.

김충렬, 알코올 중독과 목회상담적 치료, 한들출판사, 2011.

_____, 알코올 중독과 상담치료, 한국상담치료연구소, 2010.

김학민, 태초에 술이 있었네, 서해문집, 2012.

김흔중, 성서의 역사와 지리, 엘맨, 2006.

대한신경정신의학회, 신경정신과학, 하나의학사, 1997.

대한임상노인의학회 편역, Oouchi yasuyoshi, Itou Hideki, Miki Tethurou, Toba Kenji, 고령자 생활습관병 진료의 실제, 한국의학, 2005.

박상규, 정신건강론, 학지사, 2014.

박상규·강성군 등 7인 공저, 중독의 이해와 상담실제, 학지사, 2011.

박상규·김성조·김교헌·서경헌·신성만·이형초·천영민 공저, 알코올 중독, 학지사, 2013.

박종구, 그러므로, 오늘 우리는, 쿰란출판사, 2017.

_____, 주어를 바꾸면 미래가 보인다, 신망애, 2007.

박호봉, 이단적 성향의 신앙, 예수제자원, 2015.

배성태, 마약류 실체, 조은, 2011.

배철현, 인간의 위대한 여정, 21세기북스, 2017.

서임수, 청소년과 종교와 삶, 앰애드, 2011.

서철원, 교의신학(구원론), 쿰란출판사, 2018.

소강석, 치유되지 않는 상처는 없다, 쿰란출판사, 2005.

손경환, 왜 성경적 상담인가, 미션월드, 2011.

_____, 성경적 상담, 은혜출판사, 1998.

신재정·황인복·김석산 등, 알코올 및 약물 중독환자를 위한 집단치료, 하나의학사, 2008.

이숭녕, 국어대사전, 약진문화사, 1998.

이장호, 상담심리학 입문, 박영사, 1987.

이정균·김용식 공저, 정신의학, 일조각, 1995.

이철호, 문학으로 모든 질병을 치료한다, 수필과 비평사, 2014.

이현수, 현대인의 중독심리, 싸이앤북스, 2018.

임효주, 어느 알코올 중독자의 죽음, 쿰란출판사, 2004.

_____, 나도 중독자였다, 선양, 2017.

장후용, 학교폭력 및 약물예방 상담과정, 조은, 2008.

전영복, 기독교상담의 이론과 실제, 미드웨스트, 1999.

정남훈·박현주, 알코올 중독, 학지사, 2013.

정정숙, 상담사례집1, 베다니, 1999.

_____, 상담사례집 2, 베다니, 1999.

_____, 상담사례집 4, 베다니, 2003.

_____, 성경적 가정사역, 베다니, 1994.

조현삼, 관계행복, 생명의 말씀사, 2011.

주왕기, 약물남용, 도서출판 세계사, 1999.

최은영, 약물중독, 학지사, 2008.

최하석, 알코올 중독, 하나의학사, 2005.

하종은, 왜 우리는 술에 빠지는 걸까, 소울메이트, 2014.

하지현, 대한민국 마음보고서, 문학동네, 2017.

셰익스피어, 4대 비극, 아름다운 날, 2015.

김경준, "중독은 스트레스 때문에 생기는 질병인가?", 중독의 종합적 이해(3).

이정숙·김수진, "여성 알코올 중독자의 음주경험", 정신간호학회지, 한국간호과학회 정신간호학회, 2000.

이해국, "중독에 대한 100가지 오해와 진실", 중독포럼, 2013.

보건복지부, 2018년 알코올 정책 토론회.

빛에스더 칼럼, "성경은 최고의 문학작품이다", 2007. 10. 19.

티오노프 알렉, 알코올 마약 중독자 섬기려 세운 교회, 2018, 다음카페.

한국마약퇴치운동본부, 2005 마약류 퇴치 심포지엄.

알코올 중독, 그 예방과 치유

1판 1쇄 인쇄 _ 2019년 7월 25일
1판 1쇄 발행 _ 2019년 7월 30일

지은이 _ 김상곤
펴낸이 _ 이형규
펴낸곳 _ 쿰란출판사

주소 _ 서울특별시 종로구 이화장길 6
편집부 _ 745-1007, 745-1301-2, 747-1212, 743-1300
영업부 _ 747-1004 FAX 745-8490
본사평생전화번호 _ 0502-756-1004
홈페이지 _ http://www.qumran.co.kr
E-mail _ qrbooks@gmail.com / qrbooks@daum.net
한글인터넷주소 _ 쿰란, 쿰란출판사
등록 _ 제1-670호(1988.2.27)
책임교열 _ 박은아·송은주

© 김상곤 2019   ISBN 979-11-6143-269-4 93230

책값은 뒤표지에 있습니다.
이 출판물은 저작권법에 의해 보호를 받는 저작물이므로 무단 복제할 수 없습니다.
파본(破本)은 구입처에서 교환해 드립니다.

알코올 중독, 그 예방과 치유

미 알코올 중독 예방 상담 전문가 자격증

▲ 알코올 마약 상담사 기독교 협의회

2012년 벨즈만 박사에게 LAS
(미 알코올중독예방상담전문가) 자격증을 받다.

ACADC(미 기독교알코올마약카운셀러협회)
사무실에서

ACADC LAS(미 알코올중독예방상담전문가) 자격증 공부를 함께한 이들

ACADC 한국 대표 김종원 박사와 함께

1991년 반(反)우루과이라운드 한국기독교대책위원회
집행위원장으로서 미 국무성을 방문하여 기자회견을
하는 김상곤 목사